Las profecías de Nostradamus

Presagios desde 1547 hasta el siglo XXI

Las profecías de Nostradamus

Presagios desde 1547 hasta el siglo XXI

Francisco Caudet Yarza

LIBSA

C/ San Rafael, 4
28108 Alcobendas (Madrid)
Tel.: (34) 91 657 25 80
Fax: (34) 91 657 25 83
e-mail: libsa@libsa.es
www.libsa.es

Edición: Equipo Editorial LIBSA

ISBN: 84-662-0350-8
Depósito Legal: TO-238-05

Impreso en España/*Printed in Spain*

Contenidos

En esta edición se ofrecen al lector distintas vías para profundizar en la vida y obra de Michel de Notredame:

Te burlas también de los profetas que Dios
escoge entre sus hijos y los hace salir
de la multitud, a fin de predecir
tu futura desdicha; pero no haces más que reírte.
Ya sea que del gran Dios de la inmensa eternidad
haya de Nostradamus *el entusiasmo excitado,*
ya sea que el demonio, bueno o malo, le haya agitado...
Como un oráculo antiguo de años sin cuento,
ha predicho la mayor parte de nuestro destino.

Pierre de Ronsard

Introducción: Biografía y comentarios

Nostradamus –versión latinizada de su apellido para unos, para otros apelativo a manera de seudónimo por él escogido; para la gran mayoría único nombre por el que se le conoce y reconoce–, nacido Michel de Notredame el 14 de diciembre de 1503 en la localidad francesa de Saint-Remy (Provenza), perteneciente a una familia semita que ya había obsequiado a Francia con varios médicos ilustres.

Era hijo natural de René y Jacques de Notredame.

De pequeño disfrutaba con la compañía de sus abuelos, Jean de Saint-Remy y Pierre de Notredame (médicos privados del rey Renato y de su hijo, el duque de Calabria y Lorena), quienes le iniciaron en el gozo de la lectura, los idiomas y el estudio; fue sorprendente que el pequeño Michel aprendiese con extraordinaria habilidad latín, griego y hebreo, manisfestando así mismo una provechosa inclinación hacia las matemáticas. Andando el tiempo, sería su abuelo Jacques quien habría de abrirle las puertas hacia la futura inmortalidad, iniciándole en el estudio de las ciencias astrales.

Michel cursó estudios en Aviñón y en la Escuela de Medicina de Montpellier, de donde hubo de salir con celeridad extrema como consecuencia de la peste bubónica que asolaba a la población (1525-29), ejerciendo ya en aquel entonces como médico sin que hubiese recibido la licenciatura en Narbona, Toulouse y Burdeos, regresando con posterioridad a Montpellier para titularse como doctor en Medicina, sentando sus reales poco después en Agen, atendiendo a la llamada de Scaligero[1].

---

[1] SCALIGERO, Giulio Cesare (1484-1558). Humanista italiano nacido en el castillo de Riva, cerca del lago de Garda. Dedicado al estudio de los clásicos y la medicina, que ejerció desde 1528 hasta su óbito. En respuesta al *Ciceronianus* de Erasmo, redactó dos discursos en tono y términos peyorativos, descalificando al humanista holandés (que profesaría en los Padres Agustinos) con escalofriantes calumnias. Al margen de esta cuestión, debe admitírsele como un autor prolífico envuelto de continuo, eso sí, en la polémica, la discrepancia y la controversia. Se citan como sus obras más significativas: *Comentarii in Hippocratis librum de insomniis* (1538), *De causis linguae latinae* (1540) e *In libros duos Aristotelis inscriptos de plantis* (1566). (*Nota del autor.*)

En aquella localidad contrajo matrimonio por primera vez, del cual nacieron dos hijos que, poco tiempo después, junto con su madre, perderían la vida a causa de la terrible epidemia. Nostradamus en busca del olvido y el consuelo, emprendió un largo viaje de más de dos lustros de duración. En realidad, la vida del que con el devenir de la historia sería reconocido por el mundo entero como un erudito de la profecía, como el *summun* de la videncia, fue poco romántica. Tras un casamiento aburguesado que la muerte truncó con brutalidad extrema, Michel contrajo segundas nupcias con una viuda adinerada, Anne Posart Gemelle, que puso en la existencia del profeta una gran estabilidad económica de la que Nostradamus carecía y realmente necesitaba, incluso para controlar su equilibrio emocional, instalándose en Salon-de-Provence, donde en una casa que dicen aún puede verse, pasó los últimos veinte años de su vida. Al margen de la medicina, fue fabricante de horóscopos, almanaques, confituras y colorantes para las damas, no manifestando el menor escrúpulo a la hora de prestar dinero a muy crecido interés, a soñadores como Craponne, el ingeniero del primer canal de la Crau. Célebre ya que en los últimos años de su vida (y padre de numerosos hijos a los que sabía querer, si damos crédito a una carta dirigida a César, «su debilidad paternal»), sus costumbres y formalidades continuaron en el ámbito de la sencillez y la prudencia, aunque la visita a Salon de Catalina de Médicis y del rey Carlos IX le llenase de legítimo orgullo (1564).

Cierto es que adquirió el respeto y admiración de sus conciudadanos que le tenían por un cristiano ejemplar, presente en la misa y fiel defensor de la vida espiritual y religiosa. Aunque, como no todo lo que reluce es oro, el tiempo convirtió a nuestro protagonista, a la vez, en un hombre temido y odiado, tras la publicación en diez volúmenes de *Las centurias*, libros que narraban las consecuencias de sus proféticas visiones. Pero si temido y odiado era por los estratos ínfimos de la sociedad, los supersticiosos y, ¡como no!, por la propia Iglesia católica, no ocurría igual con la Casa Real francesa y la aristocracia de su tiempo, que le concedieron absoluta credibilidad, maravillándose así mismo de los resultados proféticos que, sucesivamente, fueron evidenciándose, hasta llegar al extremo de que las cortes europeas lo calificaron como «la voz de Dios», siendo muchos los ricos y nobles de toda Europa que le rindieron pleitesía y solicitaron sus servicios astrológicos.

Nadie sabe –ni ha sabido– con certeza los métodos, artes o técnicas que controlaba y dominaba Michel de Notredame, pero lo cierto es que hubo de admitirse –y se sigue admitiendo porque las evidencias obvian la duda y la incredulidad– el elevado porcentaje de aciertos surgidos de sus predicciones. Unos aseguraban sin aceptar réplica ni controversia, que el profeta era un genio, un iluminado del cielo, pero otros se desesperaban ante la posibilidad de que sus poderes hubiesen nacido en los abismos infernales controlados por el ángel caído –Satanás–, mientras que sus colegas en la ciencia médica le tildaban de embustero, embaucador, falaz e impostor, y los poetas y filósofos coetáneos del vidente, sumidos en un auténtico marasmo de confusiones, confesaban la mayor de las impotencias a la hora de entender e/o interpretar sus entelequias de futuro.

Es indiscutible que su éxito y fama podían debatirse, pero no ignorarse por ser un hecho palpable y fehaciente. Michel estaba ahora relajado, tranquilo, ajeno a sus apólogos y exégetas, a sus detractores y acérrimos enemigos.

Cuando las primeras sombras de la noche se cernían sobre el cielo de Salon-de-Provence, y lógicamente enmarcaban el cómodo hogar de la calle de la Poissonerie, Michel colgaba su bata de herbolario por la sotana de cristiano apostólico, encerrándose en el reducido ático de la casa, envuelto por astrolabios, inciensos, varillas de virtudes, espejos mágicos y el cuenco de latón donde escenificar oráculos. Así, pues, todas las luces dejaban de brillar cuando el manto de la noche cubría el lugar, exceptuando aquella que alumbraba a Nostradamus concentrado en sus mágicos artilugios y volcado en las lecturas por llegar. Es *vox populi* el asombroso blanco alcanzado por las flechas (cuartetas) del vidente en la diana del mundo; en algunos casos el acierto es en verdad alucinante, casos en los que Nostradamus predice la Revolución Francesa, el auge de Napoleón en una Francia insegura y tambaleante, el estallido de la Segunda Guerra Mundial con sus trágicos líderes, Hitler, Mussolini e incluso Franco (que no pasó de ser un actor invitado pero que, ideológicamente, dio cobertura en todo momento al fascismo y al nazismo de uno de los mayores genocidas de que nos da testimonio la historia), el asesinato de John Fitzgerald Kennedy...

Decíamos unos párrafos atrás que nadie ha penetrado nunca en el intríngulis profético/adivinatorio del iluminado. Se dice, dicen, que Nostradamus empleaba un método interpretativo y de predicción procedente de arcanos ancestrales, que utilizaba un especie de legado alquimista surgido de los inicios astrológicos y empleado por predecesores suyos que, no se sabe por qué, jamás alcanzaron la fama universal y el renombre de Michel. Se insiste en el único hecho (al parecer) probado de que se sumía en algo parecido a un éxtasis astrológico contemplando el resplandor de una vela (aceptando este supuesto se podría considerar a Nostradamus como el precursor –incluso, inductor– de las técnicas empleadas muchos años después por el neurólogo francés Jean Martin Charcot, que tras admitir la presencia de la psicopatología en muchas enfermedades nerviosas, la histeria principalmente, aplicó métodos curativos provocando un éxtasis similar al de nuestro personaje, a través de oscilaciones luminosas y de la hipnosis por magnetismo), al tiempo que observaba un cuenco de latón lleno de agua que hervía, entre otras muchas cosas, siendo a partir de aquí donde se yergue la barrera de impenetrabilidad que oculta celosamente a la curiosidad pública el *modus operandi* de Michel de Notredame.

No obstante, parece ser que existen ciertas evidencias aclaratorias en una carta dirigida por el profeta a su hijo César, donde le habla de la metodología por él utilizada para establecer sus oráculos. La epístola es poco conocida e incluso podría ponerse en entredicho su fiabilidad total, pero... Al igual que todos los escritos de Nostradamus, el texto está redactado en un lenguaje lejano a la ortodoxia literaria, enrevesado y de difícil comprensión aunque, a decir de algunos, si se entra en la filosofía de determinados matices cabe la posibilidad de obtener algún aspecto concreto sobre la magia y obra del misterioso, genial y único Nostradamus.

Extraeremos a continuación algunas secuencias de la mencionada carta, las que a nuestro criterio puedan familiarizarnos más con la obra del vidente, ya que es muy extensa, amén de no ilustrarnos en exceso coparía un espacio que autor y editor necesitamos para la transcripción de las diez centurias y sus correspondientes cuartetas.

Transcribimos pues:

«Tu tardía llegada al mundo, César, hijo mío, me insta a poner por escrito, con el deseo de ofrecerte este recuerdo una vez producida mi desaparición física, lo que, del porvenir, la divina esencia me ha permitido asumir merced a las revoluciones astronómicas. Es provecho común de la humanidad que te hago este legado, fruto de un largo peregrinar de ininterrumpidas vigilias nocturnas en el interior de una vida ya longeva...

»Y porque es designio de Dios que, en el presente, no estés aún abierto a las luces naturales que Él ha dado a esta playa terrena, y que deba recorrer en soledad y bajo el signo de Marte los inicios de tu infancia, y que no hayas alcanzado siquiera las etapas más sólidas en que sería posible mi compañía y que, en consecuencia, tu entendimiento, todavía frágil hoy, no puede absorber nada de esta búsqueda en la que estoy inmerso y que por el estricto cumplimiento de las leyes naturales y físicas concluirá con mi desaparición.

»Considerando que para el humano, los eventos futuros se diluyen en un océano de incertidumbres, estando regidos y gobernados por el infinito poder del Señor, que no cesa de inspirarnos, y esto, no merced a tránsitos dionisiacos ni de oscilaciones delirantes, sino, en verdad, por las figuras astronómicas que Él nos propone: "fuera del beneplácito divino no existe quien pueda aventurar con certeza inequívoca los aconteceres fortuitos y particulares, ni tampoco si no ha sido alentado por el soplo del espíritu profético".

»Recordando también que desde épocas pretéritas, he predicho, con gran antelación y precisando los lugares, aconteceres que efectivamente se produjeron, previsión que siempre atribuí al don de la inspiración recibida de Dios; que, así mismo, he anunciado como inmediatos algunos infortunios o venturas que, prontamente vinieron a afectar los sectores por mí augurados entre todos los que se extienden bajo las distintas latitudes; que luego he preferido silenciar mis labios y no dar al orbe mis vaticinios, renunciando incluso a reunirlos en un epistolario ya que tanto temía para ellos la denigración del tiempo, y no sólo del tiempo que transcurre, sino también, y sobre todo, de la mayor parte de las épocas que están por llegar: pues los reinos de después se mostrarán bajo formas de tal punto insólitas, porque su legislación, creencias y hábitos cambiarán tanto comparándolos con los de ahora, a tal extremo que se les podría decir antagónicamente irreconciliables, que, de haber intentado esbozar tales reinos de acuerdo con su futura realidad, las generaciones venideras, quiero decir, aquéllas que, teniendo todavía el rigor aún vigente, se sentían para siempre seguras en sus fronteras, sociedades, forma de vivir y fe, esas

generaciones, afirmo, no hubiesen asimilado cuanto escuchaban y habrían venido en condenar furiosamente su relato, por tanto verídico, el que demasiado tarde será aceptado por los siglos.

»Refiriéndome en fin a lo cierto de esta palabra del redentor: "no darás a los perros lo que pertenece a la santidad, no arrojarás las perlas a los cerdos, por temor a que las pisoteen y volviéndose junto contra vosotros, os despedacen".

»Por tales razonamientos había decidido privar de mi lengua al pueblo y al papel de mi pluma.

»Pero me parece, César, que me expreso aquí con un vocabulario casi indescifrable.

»Retornando a mi exposición he de decirte que hay otro método adivinatorio secreto, que nos llega oralmente y bajo el manto poético del "sutil espíritu del fuego". Esto surge en algún momento, como causa de una elevada contemplación de la realidad astronómica, ese sutil espíritu del fuego que se adueña de nuestro entendimiento. Entonces nuestra atención se hace más vigilante, en particular a las percepciones auditivas: comenzamos a escuchar frases con cadencia rítmica, sin temor alguno y olvidando toda vergüenza, largas series de máximas, correctas para ser transcritas. ¡Pero qué! ¿No es cierto que eso ocurre igualmente por la dádiva adivinatoria, y no procede de Dios, del Dios que trasciende el tiempo y que nos otorga los demás dones?

»Aunque, hijo mío, haya puesto delante el término "profeta", no creas que yo me quiero atribuir categoría tan elevada y sublime, sobre todo contemplando este momento. No está escrito: "aquel que hoy es calificado de profeta, ¿no habrá sido antiguamente definido como vidente?" Profeta, en verdad, es por definición aquel que ve las cosas situadas completamente al margen de la posibilidad del conocimiento natural, y no digo tan sólo del hombre, sino también de todo ser creado. Que si tu creyeses que el profeta pudiera, en virtud de la llama profética, la más resplandeciente, captar el todo de una cosa, sea divina, o aún humana, yo te respondería que es imposible, visto que dicha cosa extiende en cualquier dirección ramificaciones indefinidas.

»Sí, hijo mío, los designios de Dios son inescrutables; y si la virtud que engendra las causas venideras puede caminar por largo tiempo en estrecha relación con el conocimiento natural, las causas que nacerán de ella escaparán sin duda a este conocimiento natural: partirán, en efecto, de otro de sus orígenes, el último y más concluyente de todos, el "libre arbitrio"; esto hace que no sabrán adquirir ninguna condición capaz de hacerlas conocer antes de su realización, ni por humanos augurios, ni por inteligencia sobrehumana ni poder escondido bajo la bóveda celeste. Lo cual resulta así mismo de este hecho supremo: "una eternidad total que reune en sí todos los tiempos".

»En esta hora, César, mi hijo estimado, has de comprender lo que hallo a través de mis revelaciones astronómicas, las cuales se concatenan en todos los puntos con aquello que me ha revelado la inspiración: encuentro que la espada letal se cierne sobre nosotros, bajo la forma de peste, de guerra más cruenta de lo que haya podido verse en tres vidas humanas, y de hambruna; encuentro que ese acero descenderá sobre la tierra, volviendo a caer otras muchas veces. Porque los astros se manifiestan al regreso cíclico de esos infortunios, porque también está dicho: "yo pondré a prueba sus iniquidades con una barra de hierro y yo los castigaré a golpes de vergas".

»Yo encuentro también desventuras mil acaecidas a consecuencia de lluvias torrenciales y las describo detalladamente "aunque en posiciones inconexas entre sí", en estas cuartetas puntualizando lugares, fechas y el término prefijado. Y los hombres que lleguen tras de mí sabrán de la verdad de lo que digo al ver realizadas algunas de esas profecías, de igual que algunos han sabido ya, como lo he hecho notar a propósito de mis predicciones anteriormente constatadas. Es cierto que entonces yo me expresaba con claridad meridiana, hoy en cambio esconde las significaciones bajo algunas nubes pero "cuando sea rasgado el velo de la ignorancia" el sentido de mi vaticinio se aclarará cada vez más. Concluyo, César; toma este don de tu padre, Michel de Notredame, que anhela gozar del tiempo necesario para explicarte cada una de las profecías de las cuartetas; y que ruega al Dios inmortal que Él quiera darte larga vida y próspera felicidad.

De Salon. Este 1 de marzo de 1555.»

Una de las cuartetas habla del sepulcro de Nostradamus:

Centuria IX

VII

Quien primero profane el sepulcro
sin que al punto no lo ocluya,
reo será de grandes penas
que absolutamente nadie probar podrá.

INTERPRETACIÓN

Era el 1791 y la revolución francesa alcanzaba su punto álgido cuando, en una noche lóbrega de cielo ennegrecido y amenazante, un grupo de guardias nacionales procedentes de Marsella, borrachos hasta la saciedad, decidieron entrar en una iglesia con el pérfido objetivo de saquearla. En su ebria y atropellada búsqueda tropezaron con el ataúd donde reposaban los restos de Nostradamus. La complicidad de la noche y los efluvios alcohólicos que enturbiaban su cabeza hicieron que los saqueadores atropellasen el esqueleto del profeta esparciendo trozos de huesos por todos los rincones. Uno de los enloquecidos derramó vino en el interior del cráneo bebiendo en él como si de una copa se tratase. Algunas gentes del lugar que acompañaban a los soldados en la improvisada y tétrica fiesta, retaron al bebedor para hacerlo, ya que se suponía que quien utilizara el cráneo de Nostradamus como reci-

piente en el que beber adquiriría los dones y facultades del vidente. Pero no se le hizo saber al desgraciado, o si se le hizo no quiso escuchar, el vaticinio que Michel dejara escrito (cuarteta que encabeza esta secuencia). Al otro día, el soldado que había hecho burla del anatema y profanado los restos de Nostradamus pereció en una emboscada cuando regresaba de Marsella con sus compañeros, a causa de un certero disparo efectuado por un simpatizante monárquico. El esqueleto deshonrado fue devuelto a su sepulcro, portando al cuello un medallón en el que se había grabado: año 1700. Era el medallón que Michel de Notredame mandó enterrar con él, considerando que sería aquella fecha la del siglo de su profanación.

Es ésta una evidencia indiscutible –una de tantas, claro– de los poderes y sorprendentes dotes adivinatorias del doctor en Medicina, del fabricante de horóscopos, almanaques, confituras y colorantes para damas, del prestamista, del más insigne de los videntes, del profeta por antonomasia.

De Nostradamus, nacido Michel de Notredame.

Últimas voluntades de Michel de Notredame

El testamento para el señor y maestro Michel de Notredame, doctor en Medicina, astrónomo, consejero y médico privado del rey:

El año de la Natividad de nuestro Señor de mil quinientos sesenta y seis y el decimoséptimo día del mes de junio, sepan todos los presentes y los que en el futuro este escrito verán. Como no existe nada más cierto que la muerte ni nada tan incierto que su hora es por esto que delante y en mi presencia Joseph Roche, notario real y escribano juramentado de la presente ciudad de Salon-de-Provence diócesis de Arlés, que firma al pie, y de los testigos más adelante citados, se presentó en persona el maestro Michel de Notredame, doctor en Medicina y astrónomo de la susodicha ciudad de Salon-de-Provence, consejero y médico privado del rey, el cual se considera y está en su sano juicio, habla bien, ve y oye. Aunque esté debilitado como consecuencia de una enfermedad corporal y avanzada edad de la cual él está actualmente aquejado, queriendo proveer mientras vive sobre sus bienes que Dios le ha dado y concedido en este mundo perecedero, a efecto de que tras su óbito no exista cuestión, ni discrepancia sobre los aludidos bienes; por esto dicho maestro Michel de Notredame de su buen deseo puro y veraz querer, propio movimiento, deliberación y voluntad ha hecho, ordena y establece su testamento nuncupativo, disposición y ordenanza final y extrema voluntad de todos y cada uno de sus bienes que el Señor le ha otorgado y prestado en este mundo mortal de la forma y manera que sigue:

«En primer lugar el dicho maestro Michel de Notredame, a quien conocemos como Nostradamus, testador en este acto como buen, verdadero y fiel seguidor de Cristo ha encomendado su alma a Dios, rogándole al creador que de acuerdo con sus designios y cuando Él le llame a rendir cuentas le tenga piedad, compasión y misericordia y le halle un lugar en el reino eterno del Edén; y puesto que después del alma el cuerpo es la cosa más digna de este siglo, por esto dicho maestro Michel Nostradamus, testador, quiere y ordena que una vez su alma se haya elevado de su cuerpo hacia la instancia divina, su cuerpo sea trasladado a sepultura en la iglesia del convento de San Francisco del dicho Salon-de-Provence y entre la gran puerta de ella y del altar de Santa Marta, allí donde ha querido que se haga una tumba contra la muralla; y así ha querido y ordenado que su dicho cuerpo sea custodiado con cuatro cirios de una libra la pieza; y así mismo ha querido y ordenado el dicho testador que todas sus exequias y funerales sean hechos a discreción de sus ejecutadores testamentarios más adelante citados.

»También ha legado y querido y ordenado el dicho testador que sean entregados a trece pobres seis sueldos para cada uno solamente pagables después de su deceso, los cuales pobres serán elegidos a criterio de sus ejecutadores testamentarios que oportunamente serán nombrados; y también ha legado y deja dicho el maestro Michel Nostradamus, testador, se entregue a los frailes de la Observancia de San Pedro de Canon un escudo solamente pagable una vez inmediatamente después de su desaparición física; y ha legado así mismo y deja el dicho testador a la capilla de Nuestra Señora de los Penitentes Blancos de dicho Salon-de-Provence un escudo pagable una vez tras de su muerte; igualmente ha legado y lega a los frailes menores del convento de San Francisco de este Salon-de-Provence dos escudos pagaderos una sola vez al punto que se produzca su muerte.

Igualmente ha legado y deja el susodicho testador a la honesta niña Magdalena Besaudine, hija de Loys Bezaudin, su primo hermano, la suma de diez escudos de oro pistolas, los cuales ha querido le sean entregados cuando ella sea colocada en matrimonio y no de otra forma, de tal manera que si la mencionada Magdalena viniera a morir antes de ser desposada ha querido y quiere dicho testador que el presente legado sea nulo.

»De igual modo ha legado y deja dicho el maestro Michel Nostradamus, testador, a la niña Magdalena de Notredame, su hija legítima de la señora Ana Ponsarde, su mujer en común la suma de seiscientos escudos sol de oro pagaderos por una única vez solamente el día que ella sea colocada en matrimonio; e igualmente ha legado y lega dicho maestro Nostradamus, testador, a las niñas Ana y Diana de Notredame sus hijas legítimas y de la citada señora Ana Ponsarde, su mujer en común, a cada una de ellas la suma de quinientos escudos de oro pistola pagables el día que sean colocadas en matrimonio y en el caso en que dichas niñas, Magdalena, Ana y Diana, todas o una de ellas viniesen a morir en pupilaje o de otra manera sin herederos legítimos y naturales, en tal caso ha sustituido a cada una de las dichas, sus herederos más adelante enumerados.

»Así mismo ha legado y deja el maestro y testador Michel Nostradamus, a la ya mencionada señora Ana Ponsarde, su esposa bien amada, la cantidad de cuatrocientos escudos de oro pistolas, los cuales el dicho testador ha querido sean entregados a la repetida Ponsarde, su esposa, en el mismo instante en que se produzca el

fin terreno del dicho testador y, en el caso de que ella contrajera nuevos desposorios, quiere el testador que los citados cuatrocientos escudos sean restituidos a sus herederos en adelante nombrados; y si la dicha Ponsarde no llegara a contraer segundas nupcias, en tal supuesto ha querido el testador que ella pueda legar y dejar esos cuatrocientos escudos a uno de sus hijos del dicho testador, aquel o aquellos que la señora Ana Ponsarde determine, e igualmente ha legado y lega el testador a la dama Ponsarde, su mujer, el uso y habitación de la tercera parte de toda la casa de dicho testador, la cual tercera parte ella escogerá de acuerdo voluntad y deseo, gozando en tanto que viva viuda en su nombre de dicho testador.

»Y también concede y deja a doña Ana Ponsarde una caja de nogal llamada la caja grande que se encuentra en la sala de la casa del dicho testador, junto con la otra pequeña próxima a ella cerca del lecho, y también el lecho marital que está en la sala citada con su *bassaque,* colchones, cojín, almohada, cobertor de tapicería, cortinas y dosel que se encuentran en ese lecho, y así mismo seis sábanas, cuatro toallas, doce servilletas, media docena de platos grandes, media docena de tazas, dos jarras, una jarra grande, media docena de platos pequeños, y una jarra pequeña, una jarra para poner agua y un salero, todo esto en estaño, y otros muebles de la casa que le sean necesarios según su situación, tres botas para guardar su vino y una menuda pila cuadrada que se halla en el sótano; los cuales muebles, después del fin de la mencionada Ponsarde o en el caso de matrimoniar nuevamente, ha querido dicho testador vuelvan a sus herederos aquí más adelante nombrados; legando del mismo modo y lo deja el dicho testador a la señora Ana Ponsarde, su esposa amada, todas sus ropas, vestimentas, sortijas y joyas para de ellas hacer de acuerdo con su placer y voluntad.

»También ha prelegado y prelega dicho maestro Miguel Nostradamus, testador, todos y cada uno de sus libros que tiene a aquel de sus hijos que aprovechará más el estudio y que haya “aspirado más el humo de la lámpara”, los cuales libros junto con las cartas que se encontrarán en la casa del citado testador no ha querido de ninguna manera sean inventariados ni descritos sino que sean amarrados en paquetes y canastas hasta que aquel a quien estén destinados llegue a la edad de hacerse cargo de los mismos y puestos en una habitación de la casa del citado testador.

Así mismo ha prelegado y prelega dicho testador a César de Notredame, su hijo legítimo y de la citada señora Ponsarde, su mujer en común, la casa donde vive actualmente; e igual ha prelegado y prelega el testador, la copa de su propiedad de plata sobredorada y lo mismo las grandes sillas de madera y de hierro que se encuentran en la mencionada casa, quedando de todas maneras el legado hecho a la ya repetida Ana Ponsarde, su mujer, en su fuerza y virtud entretanto que ella viva viuda y en el nombre del dicho testador; y la tal casa quedará como bien común e indiviso en lo que respecta al uso entre los dichos César, Carlos y Andrés, sus hermanos, hasta que todos los dichos hermanos, hijos del dicho testador, lleguen a la edad de veinticinco años, después de ese período la dicha casa será enteramente del dicho César para que haga de ella según su placer y voluntad; quedando siempre de todas maneras el legado hecho a la dicha Ponsarde su madre, en lo que respecta a la tal casa en su fuerza y virtud.

»Y de la misma manera dicho testador ha prelegado y prelega a dicho Carlos de Notredame, su hijo legítimo de dicha señora Ana Ponsarde, su mujer en común, la suma de cien escudos oro pistolas una única vez, los cuales cien escudos el dicho Carlos podrá tomar sobre la herencia antes de partir cuando alcance la edad de veinticinco años e igualmente ha prelegado y prelega dicho testador a Andrés de Notredame, su hijo legítimo de dicha señora Ana Ponsarde, esposa en común, la suma de cien escudos de oro pistolas una vez solamente, los cuales cien escudos dicho Andrés podrá tomar y levantar sobre toda la herencia antes de partir y cuando cumpla como se manifiesta los veinticinco años de edad.

»Y porque la institución de heredero es el principio y fundamento de cada testamento sin la cual todo testamento se ha convertido y hecho nulo y sin valor; por esto, aquel citado maestro Michel de Notredame testador de buen grado, en pura y franca buena voluntad, en todos y cada uno de sus otros bienes muebles e inmuebles presentes y futuros derechos, nombres y cuentas y acciones, deuda cualesquiera que sea, donde ellas sean nombradas, situadas o asentadas y sobre cualquier especie, nombre o cualidad que sean, ha hecho, creado y establecido, y por estas presentes hace, ordena, crea y establece y ha nombrado y nombra de su propia boca por sus nombres y apellidos sus herederos universales y particulares: a saber, los dichos César, Carlos, Andrés de Notredame, sus hijos legítimos y de la tantas veces citada señora Ana Ponsarde, su esposa en común, por iguales partes y porciones, sustituyéndolos uno al otro si llegasen a morir en pupilaje o de otra manera sin herederos legítimos y naturales; y si dicha señora Ana Ponsarde, su mujer, estuviera encinta e hiciera un hijo o dos los ha hecho herederos igualmente como los otros con igual sustitución; y si ella hiciera una o dos hijas, les ha legado y deja dicho testador a aquélla y a cada una de ellas la suma de quinientos escudos pistolas con los mismos pagos y sustituciones que a las otras y también ha querido y quiere dicho testador que sus citados hijos e hijas no puedan colocarse en matrimonio si no es con el beneplácito y consentimiento y buena voluntad de dicha Ana Ponsarde, su madre, y de los más próximos parientes de dicho testador; y en el caso de que todos vinieran a morir sin herederos legítimos y naturales, ha sustituido dicho testador al último de ellos las dichas señoritas Magdalena, Ana y Diana de Notredame, sus hermanas e hijas de dicho testador.

»Y porque el dicho testador ve que su herencia consiste la mayor parte en dinero contante y deudas, ha querido el dicho testador que cuando sean exigidos dichos dineros contantes y deudas sean entregados en manos de dos o tres comerciantes solventes con ganancia y provecho honesto; y también porque ha visto que sus hijos son de corta edad y quedan constituidos en pupilaje, los ha proveído de tutora y administradora testamentaria de sus personas y bienes, a saber: la dicha señora Ana Ponsarde, su mujer, de la que especialmente se confía siempre que se obligue a hacer buen y leal inventario, no queriendo de todas maneras que ella pueda estar obligada a vender algún mueble o utensilio de la casa de la citada herencia y esto mientras ella

viva viuda y en el nombre de dicho testador, prohibiendo toda alienación de muebles de cualquier clase que sea de manera que sean guardados y después divididos a los citados niños y herederos cuando sean como está dicho de la edad de veinticinco años; la cual tutora tomará y recobrará el provecho y ganancia del citado dinero que será puesto en manos de dichos comerciantes para del dicho provecho alimentarse ella y sus dichos hijos calzarse y vestirse y proveerse de lo que sea necesario según su calidad, sin que de dichos frutos ella sea obligada a rendir alguna cuenta sino solamente proveer a sus hijos como está dicho; prohibiendo expresamente dicho testador que sus citados herederos puedan pedir parte de su citada herencia en aquello que se conservará en dinero mientras no sean de edad de veinticinco años, y tocante a los legados hechos a sus citadas hijas se tomarán sobre los fondos de dinero que será colocado en manos de los anunciados comerciantes cuando ellas vengan en matrimoniar según los antedichos legados; queriendo además dicho testador que ninguno de sus hermanos del dicho testador tenga ni pueda tener ningún manejo o cargo de dicha herencia; por el contrario ha dejado el total cuidado y gobierno de ella y de la persona de sus citados hijos a la antes dicha señora Ana Ponsarde, su mujer.

»Y a ese fin de que éste, su presente testamento, pueda ser ejecutado en la mejor forma aún en aquello que toca y concierne las ataduras lastimeras de su alma; por esto, el dicho maestro Nostradamus, testador, ha hecho y ordenado sus fiadores ejecutores testamentarios de su presente testamento como sigue: Palamides Marcq, escudero, señor de Chasteauneuf, y señor Jacques Sufren, burgués del dicho Salon; a los cuales y a cada uno de estos ha dado y da el dicho testador plenos poderes, facultad y autoridad para ejecutar su presente testamento y para hacerlo y tomar de sus bienes y hacer todo aquello a que verdaderos ejecutores testamentarios son autorizados y tienen costumbre de hacer.

»El cual su presente testamento ha querido y quiere el dicho maestro Michel de Notredame, testador, ser y debe ser su último testamento nuncupativo, disposición y ordenanza final de todos y cada uno de sus bienes el cual entiende hacer valer por título y no como testamento codicilo donación por causa de muerte o de cualquiera otra manera y forma que él pudiera valer, aboliendo/anulando y revocando todos los anteriores testamentos codicilos, donaciones por causa de muerte y otras últimas voluntades por él redactadas anteriormente ante notario, hechos y pasados, quedando éste, el presente, presente en toda su fuerza y virtud; así ha querido y requiere de mí dicho suscrito notario y testigos más adelante nombrados guardar recuerdo de su dicho vigente testamento y cosas contenidas en él los cuales testigos él ha conocido bien y nombrado por sus nombres y apellidos y los cuales testigos de la misma manera han conocido al citado testador, y que yo ante dicho notario redacte y ponga por escrito su presente testamento para servir a sus citados herederos y otros a quienes pertenecerá en tiempo y lugar como es justo.

E inmediatamente el dicho maestro Nostradamus –nato Michel de Notredame–, testador, ha dicho y declarado en presencia de los testigos más adelante nombrados tener en dinero contante la suma de tres mil cuatrocientos cuarenta y cuatro escudos y diez sueldos los cuales ha exhibido y mostrado realmente en presencia de los testigos más adelante identificados, en las monedas específicas, como sigue: "primero en treinta y seis nobles rosas, ducados simples ciento uno, angelotes setenta y nueve, dobles ducados ciento veintiséis, escudos viejos cuatro, leones de oro en forma de escudos viejos dos, un escudo del rey Luis, una medalla de oro valiendo dos escudos, florines de Alemania ocho, imperiales diez, marionetas diecisiete, medios escudos sol ocho, escudos sol mil cuatrocientos diecinueve, escudos pistolas mil doscientos, tres piezas de oro dichas 'portuguesas' valiendo treinta y seis escudos, que suman todas las antedichas sumas de dinero contante reducidas juntas la citada suma de tres mil cuatrocientos cuarenta y cuatro escudos y diez sueldos"; y también ha hecho aparecer dicho testador tanto por su libro como por obligaciones y cédulas como por intereses que él tiene adeudos por la suma de mil seiscientos escudos; las cuales sumas de dinero contante han sido colocadas en tres cofres o cajas que se encuentran en la casa del dicho Nostradamus; las llaves de las cuales han sido entregadas la una a Palamides Marcq, señor de Chastauneuf, la otra al señor Martin Mianson cónsul y la otra al señor Jacques Sufren, burgués de dicho Salon-de-Provence, que ellos han recibido realmente, después de haber sido puesto el dinero en las mencionadas cajas (o cofres) por ellos mismos. Hecho, pasado y publicado en dicho Salon-de-Provence y en el estudio de la casa del dicho señor maestro Nostradamus –nato Michel de Notredame–, testador, en presencia de los señores:

- Joseph Raynaud, burgués;
- Martin Mianson, cónsul;
- Jehan Allegret, tesorero;
- Palamides Marcq, escudero, señor de Chasteauneuf;
- Guilhaume Giraud, noble;
- Arnaud Demisane, noble;
- Jaumet Viguier, escudero;
- Vidal de Vidal, fraile, guardián del convento de San Francisco de dicho Salon-de-Provence;

testigos *ad ce requis* y llamados, los cuales testador y testigos yo dicho notario ha requerido a firmar, en mi presencia, según las ordenanzas reales, los cuales han suscrito, excepto el dicho Raynaud testigo que ha manifestado no saber escribir.

»Así firmado en su primer original: Michel de Notredame; Martin Mianson, cónsul; Jehan Allegret, tesorero; Vidal de Vidal, fraile; Barthesard Damysane, testigo; Palamides Marcq, testigo; Jaumet Viguier, escudero y testigo; y Guillaume Giraud, noble y testigo.»

Firma y rúbrica del notario de Roche

«Codicilo para mi señor el maestro Michel de Nostradamus –nato Michel de Notredame–, doctor en Medicina, astrónomo, consejero y médico ordinario del rey.

»El año de la Natividad de nuestro Señor de mil quinientos sesenta y seis y el último día del mes de junio, sepan todos los presentes y los que en el futuro este escrito vean y puedan leer que, ante mí y en presencia de mí, Joseph Roche, notario real y escribano jurado de la presente ciudad de Salon-de-Provence, diócesis de Arlés, que suscribe y de los testigos más adelante nombrados, fue presente en persona el señor maestro Michel de Notredame, doctor en Medicina, astrónomo consejero y médico privado del rey, el cual considerando y sintetizando en su memoria como él dice haber hecho su último testamento nuncupativo, tomado y recibido por mí dicho y suscrito notario en el año presente y el decimoséptimo día del presente mes de junio, en el cual entre otras cosas contenidas en él ha hecho herederos suyos a César, Carlos y Andrés de Notredame, sus hijos, y porque a cada uno le es lícito y permitido de derecho codicilar y hacer sus codicilos después de su testamento por los cuales a su dicho testamento puede aumentar o disminuir o de cualquier otra manera abolir completamente; por esto el dicho maestro Michel de Notredame queriendo hacer sus codicilos y presentemente codicilando y agregando a su dicho testamento, ha legado y lega al dicho César de Notredame su hijo bien amado y coheredero su astrolabio de latón junto con su gran anillo de oro con la piedra cornalina engastada en él, y esto además y por sobre el prelegado hecho a él por el dicho Nostradamus, su padre en su dicho testamento.

»Ha legado y lega así mismo a la niña Magdalena de Notredame, su hija legítima, además de aquello que le ha sido legado por su dicho testamento a saber: “dos cofres de madera de nogal que están en el estudio del dicho codicilante, junto con las vestimentas, anillos y joyas que la dicha niña Magdalena tenga en los dichos cofres, sin que nadie pueda ver ni observar lo que haya en ellos, habiéndola hecho dueña del dicho legado la dicha niña podrá tomar de su propia autoridad sin que sea obligada a tomarlo por mano de otro ni consentimiento de nadie”.

»Y en todas y cada una de las otras cosas contenidas y declaradas en su dicho testamento el dicho maestro Michel Nostradamus –nato Michel de Notredame–, codicilante, ha aprobado, ratificado y confirmado y ha querido y quiere que ellas valgan y tengan siempre valor perpetuo y firmeza y también ha querido el dicho codicilante que el presente codicilo y todo lo contenido en él tenga virtud y firmeza por derecho del codicilo o epístola y por derecho de toda última voluntad y para la mejor forma y manera en que pudiera hacerse; y ha requerido y requiere de mí dicho y suscrito notario por su nombre y los cuales testigos también han conocido al dicho codicilante, por la cual y por lo que el dicho maestro Michel de Nostradamus ha querido que sea hecha un acta a aquellos a quienes de derecho pertenecerá por mí dicho y suscrito notario.

»Hecho pasado y publicado en el dicho Salon-de-Provence y en la casa del dicho codicilante en presencia del señor Jehan Allegret, tesorero; maestro Anthoine Paris, doctor en Medicina; Guilhaume Giraud, denominado Bessonne; Guilhen Heyraud, boticario, y maestro Gervais Berard, cirujano de dicho Salon-de-Provence, testigos requeridos y llamados; los cuales codicilante y testigos, yo, dicho notario he requerido que firmen y rubriquen siguiendo las ordenanzas reales y los que han firmado abajo excepto dicho testigo Giraud que manifiesta no saber de letras.

»Así, firmado en su primer original: Michel de Notredame, Jehan Allegret, Gervais Berard, Anthoine Paris, Guilhen Heyraud, testigos».

[Firma y rúbrica del notario de Roche]

Epílogo a esta introducción

No considera el firmante de esta transcripción –y transcriptor en sí de la presente obra– que sea momento ni exista necesidad que justifique entrar en disquisiciones, entelequias, cábalas, hipótesis, juicios o críticas acerca del *modus operandi* de Michel de Notredame, nuestro popular Nostradamus, el irrepetible Nostradamus, ni que los procedimientos por él utilizados en la estructura y redacción de sus centurias. Esto, entiendo yo, equivaldría a vaciar un océano en un pozo, rizar el rizo de la hipérbole o especular con un millón de utopías más, innecesarias de enumerar.

Cierto que los eruditos y estudiosos sí han diseccionado el comportamiento adivinatorio del astrólogo galo y que todas y cada una de las teorías fruto de esos análisis son tan respetables como discutibles. Yo creo, desde la comodidad del no comprometerse, que la distancia en el tiempo, en principio, y el desconocimiento de determinados condicionantes de la época, dificultan enormemente, por no emplear el término imposibilitan, ahondar en el universo profetizante de Nostradamus, que sería lo mismo que pretender introducirse en su *psyche*[2], hecho éste del todo punto imposible, tan imposible como alcanzar el manantial de su inspiración y la capacidad interpretativa de las lecturas astrales que le sirvieron para legarnos un complicado mundo de predicciones dificilísimo de entender aunque la realidad, notario fiel de la Historia, se ha encargado de probarnos que muchas de aquellas se han correspondido con lo fehaciente de determinados hechos conforme el tiempo ha ido transcurriendo.

Lo expuesto en el párrafo anterior en cuanto a mis propias opiniones, tan respetables y discutibles como las de otros, no significa que vaya a renunciar a exponer a los lectores, en la parte final del presente volumen, algunas de las teorías acerca del modo de interpretar la difícil epopeya de Nostradamus, lo que tampoco quiere decir, en modo alguno, que las comparta o discuta, puesto que la ética y el respeto señalan que se trata de estudios y/o trabajos –acertados o no– efectuados con concienzuda meticulosidad por profesionales (e incluso iniciados) que llevan años, o

[2] Es el alma, el espíritu, o sea, el conjunto de nuestras facultades interiores: inteligencia, memoria, voluntad, afectividad, capacidad de juicio, percepción del mundo exterior a través de los estímulos captados por los diversos órganos de los sentidos (visual, auditivo, táctil)., conciencia de nosotros mismos y de aquello que nos es extraño (hombres y cosas)., etcétera. Para la manifestación de esta facultad, el alma se sirve del cerebro como vehículo de realización. Para los materialistas, agnósticos e incrédulos, que niegan o no admiten la existencia del alma, la *psyche* es el conjunto de funciones cerebrales que ninguna conexión ni nada parecido tienen con aquélla. (*Nota del autor.*).

quizá toda su vida, consagrados con tenacidad numantina y paciencia bíblica a la investigación de la personalidad y devenir profesional y adivinatorio de este atractivo protagonista, veleidoso y diletante, si mucho se me apura, capaz de generar admiración y/u odio pero jamás indiferencia, creador de un mundo de caos y misterios, de profecías, nacido Michel o Miguel de Notredame, y recreado entre nosotros como Nostradamus. Un Nostradamus que de algún modo ha intervenido en la historia y en la vida de todos y cada uno de nosotros.

Por eso, por esa razón e infinidad de ellas que se podrían aportar, cualquier trabajo o simple reseña que tenga por *leit motiv* a Nostradamus no puede obviarse y mucho menos desdeñarse. Una opinión, un pensamiento, una filosofía, una intuición..., todo cabe a la hora de referirse a un personaje tan singular y plural a la vez, tan abstracto, excitante incluso ¿por qué no?, como Michel de Nostradamus.

Un Nostradamus a quien no tembló la voz ni el pulso a la hora de predecir su tránsito, acaecido el 2 de julio de 1566 a causa de una hidropesía: «A su retorno de la embajada, el obsequio del rey puesto en su sitio. Nada más hará. Irá a reunirse con Dios. Parientes cercanos, amigos, hermanos de sangre (le encontrarán) completamente muerto cerca de la cama y del banco».

Esta profecía, como tantas otras, también se cumplió puntualmente.

Nostradamus, llegada la hora, fue a buen seguro al encuentro con su fuente inspiradora, la que le había permitido ser uno de los astros, para así legar a las generaciones venideras el contenido de unas predicciones que extrañamente se desenvolvían entre la *praxis* y el eufemismo, la ciencia y la filosofía; unas predicciones que, fuera como fuese, sólo él había tenido capacidad de encontrar en los abismos interminables del universo.

FRANCISCO CAUDET YARZA

LAS DIEZ CENTURIAS Y SUS CUARTETAS

(Relación completa de las versiones francesa y española de las predicciones de Nostradamus.)

Centuria I

I

Estant assis de nuict secret estude,
Seul reposé sur la selle d'aerain:
Flambe exigue sortant de solitude,
Fait prosperer qui n'est à croire vain.

De noche, sentado y en secreto estudio,
tranquilo y solo, en la silla de bronce:
La débil llama brotando de la soledad,
hace prosperar lo que no debe creerse en vano.

INTERPRETACIÓN

Esta primera cuarteta es más que significativa. Nos cuenta de qué forma Nostradamus recibe las revelaciones que le son mandadas. En soledad, a través de la llama del espíritu, va teniendo las visiones que le permitirán redactar sus profecías. Ya nos avisa que son importantes y que no hay que ignorarlas.

II

La vierge en main mise au milieu de Branches
De l'onde il moulle & le l'imbe & le pied:
Vn peur & voix fremissent par les manches:
Splendeur diuine. Le diuin pres s'assied.

La vara en la mano en medio de Branco
por la onda bañada la orla y el pie:
Un miedo y una voz vibran entre los frágiles:
Esplendor divino. El Divino cerca está.

INTERPRETACIÓN

Esta cuarteta se ha interpretado como si la vara fuera una cruz, es decir, que las revelaciones provienen de lo más sagrado y que el Espíritu Santo está en él.

III

Quand la lictiere du tourbillon versee,
Et seront faces de leurs manteaux couuers,
La republique par gens nouveaux vexee,
Lors blancs & rouges iureront à l'enuers.

Cuando la litera por el torbellino se vuelque,
y los rostros cubiertos por sus capas,
la república por las gentes nuevas humillada,
entonces blancos y rojos juzgarán al revés.

INTERPRETACIÓN

Ésta es la primera profecía que aparece en las centurias y hace referencia a la Revolución Francesa. A lo largo de las cuartetas se verán nuevas alusiones a dicho período.

La litera de la que habla en la primera línea es la que usaban los nobles, antes de la revolución, para trasladarse de un lugar a otro y que era llevada por sirvientes a pie. La capa de la segunda línea alude también a las clases privilegiadas, las únicas que usaban tales ornamentos.

A partir del 21 de septiembre de 1792, Francia es declarada una república y los nuevos personajes que tienen poder desprestigiaron las ideas de aquellos liberales que se oponían a cualquier tipo de violencia y degeneración.

IV

Par l'vnivers sera faict vn monarque,
Qu'en paix & vie ne sera longuement:
Lors se perdra la piscature barque,
Sera regie en plus grand detriment.

Habrá un monarca para el universo,
que en paz y vida mucho tiempo no estará:
Entonces se perderá la barca pesquera,
enfrentándose al mayor desastre.

V

Chassez seront pour faire long combat,
Par les pays seront plus fort greuez:
Bourg & cité auront plus grand debat.
Carcas. Narbonne auront coeur esprouuez.

Perseguidos serán para que dure el combate,
por el campo serán más fuertemente oprimidos:
Burgo y ciudad sostendrán mayores luchas.
Carcasona y Narbonne acabarán extenuadas.

VI

L'oeil de Rauenne sera destitué,
Quand à ses pieds les aisles failliront:
Les deux de Bresse auront constitué,
Turin, Verseil que Gaulois fouleront.

El ojo de Ravenna quedará destituido,
cuando fallen las alas de sus pies:
Los dos de Brescia habrán reconstruido
Torino y Vercelli que galos arrasaron.

VII

Tard arriué l'execution faicte,
Le vent contraire lettres au chemin prinses:
Les coniurez XIIIJ. d'vne secte,
Par le Rousseau senez les entreprinses.

Tarde llegado, la ejecución consumada,
los vientos contrarios, cartas tomadas por el camino:
Los conjurados XIII de una secta,
merced a Rousseau cercenadas las empresas.

VIII

Combien de fois prinse cité solitaire
Seras changeant ses loix barbares & vaines:
Ton mal s'aproche. Plus seras tributaires
Le grand Hardie recouurira tes veines.

Cuantas veces tomada la ciudad solar
serán cambiadas las leyes bárbaras y vanas:
Tu mal se acerca. Ya no más tributaria
la gran Hadria recorrerá tus venas.

IX

De l'Orient viendra le coeur Punique
Fascher Hadrie, & les hoires Romulides,
Acompagne de la classe Libique,
Temples Melites & proches Isles vuides.

De Oriente vendrá el corazón púnico
a hostigar a Hadria y a los herederos de Rómulo y Remo,
acompañado de la flota líbica,
temblando los malteses y los de las vacías islas cercanas.

INTERPRETACIÓN

Esta cuarteta es interpretada por algunos como la invasión de Italia por parte de la Libia de Gadaffi, después de haberlo hecho con algunas otras islas.

X

Serpens transmis en la cage de fer,
Ou les enfans septains du Roy sont pris:
Les vieux & peres sortirons bas de l'enfer,
Ains mourir voir de fruict mort & cris.

Serpientes llevadas en jaulas de hierro,
donde los séptimos hijos del rey son presos:
Los viejos y los padres saldrán de su infierno profundo,
para ver morir su fruto con muerte y grito.

XI

Le mouuement de sens, coeur pieds & mains,
Seront d'accord. Naples, Lyon, Sicile.
Glaiues, feux, eaux, puis aux nobles Romains,
Plongez, tuez, morts par cerueau debile.

El movimiento de los sentidos, corazón, pies y manos
estarán de acuerdo. Nápoles, Lyon y Sicilia.
Espadas, fuegos, aguas luego a los nobles romanos,
caed, matad, muertos por su débil cerebro.

XII

Dans peu dira fauce brute fragile
De bas en haut esleué promptement:
Puis en istant desloyale & labile,
Qui de Veronne aura gouuernement.

A poco dirá la hoz brutal y frágil,
de abajo arriba levantada con presteza:
Luego al instante desleal y débil,
quien en Verona tendrá el gobierno.

XIII

Les exilez par ire, haine intestine,
Feront au Roy grand coniuration:
Secret mettront ennemis par la mine,
Et ses vieux siens contre eux sedition.

Los exiliados por ira, odio intestino,
harán al rey gran conjura:
Secretamente meterán al enemigo por la galería,
y a sus viejos deudos contra ellos alzarán.

XIV

De gent esclaue chansons, chants & requestes,
Captifs par Princes & Seigneurs aux prisons:
A l'aduenir par idiots sans testes,
Seront receus par diuines oraisons.

De la gente esclava canciones, cantos y peticiones.
Cautivos por príncipes y señores en las prisiones:
Al porvenir por idiotas sin cabezas,
serán recibidos por oraciones divinas.

INTERPRETACIÓN

Esta cuarteta alude a la Revolución Francesa, que empezó con la toma de la Bastilla el 14 de julio de 1789. Los miembros de la aristocracia fueron encarcelados y muchos perdieron literalmente la cabeza en la guillotina a manos de gentes que, sin pensarlo demasiado, secundaron los actos violentos.

Para otros esta cuarteta hace referencia al pueblo ruso cautivo de los líderes comunistas. Lo que empieza como una lucha por la libertad acaba siendo una decepción con la Iglesia ortodoxa que fue suprimida durante el mandato comunista. Luego quieren que se prohíban otras religiones para mantener el poder. Las últimas líneas parecen describir un problema ortodoxo.

XV

Mars nous menasse par sa force bellique,
Septante fois fera le sang espandre:
Auge & ruyne de l'Ecclesiastique
Et plus ceux qui d'eux rien voudront entendre.

Marte nos amenaza por la fuerza bélica,
setenta veces hará la sangre esparcirse:
Auge y ruina del Eclesiástico,
y más quienes de ellos nada querrían oír.

XVI

Faux à l'estang ioinct vers le Sagittaire,
En son haut avge de l'exaltation,
Peste, famine, mort de main militaire,
Le siecle approche de renouation.

Hoz en el estanque hacia Sagitario,
cuando mayor su auge de exaltación,
peste, hambruna, muerte por mano militar,
el siglo se acerca a su renovación.

XVII

Par quarante ans l'Iris n'apparoistra,
Par quarante ans tous les iours sera veu:
La terre aride en siccité croistra,
Et grands deloges quand sera apperceu.

Durante cuarenta años el Iris no aparecerá,
durante cuarenta años todos los días será visto:
La tierra árida en sequía crecerá,
y gran diluvio cuando sea visto.

INTERPRETACIÓN

Esta cuarteta quiere profetizar que un futuro gran diluvio tendrá lugar después de 40 años de oscuridad y de sequía.

XVIII

Par la discorde Negligence Gauloise,
Sera passage à Mahommet ouuert:
De sang trempé la terre & mer Senoise,
Le port Phocen de voilles & nerfs couuert.

Por la discorde negligencia gala
será paso a Mahoma abierto:
De sangre empapada la tierra y el mar del Sena,
el puerto foceo de velas y naves cubierto.

INTERPRETACIÓN

La explicación de esta centuria es que existe el riesgo de una invasión musulmana debida a la inoperancia francesa. La vía de entrada será Marsella y llegarán hasta el Sena.

XIX

Lors que serpens viendront circuer l'arç
Le sang Troyen vexé par les Espaignes:
Par eux grand nombre en sera faicte tarç
Chef fruict, caché aux marcs dans les saignes.

Cuando serpientes vengan a circundar al ara,
la sangre troyana vejada por las Españas:
Por ellos gran número habrán sido mermadas.
Jefe huye, escondido en el pantano entre cañas.

XX

Tours, Oriens, Blois, Angers, Reims & Nantes,
Cités vexees par subit changement.
Par langues estranges seront tenduës tentes,
Fleuues, dards Renes terre & mer tremblement.

Tours, Orleans, Blois, Angers, Reims y Nantes,
ciudades vejadas por el repentino cambio.
Por lenguas extrañas se levantarán tiendas,
ríos, dársenas, caballería haciendo temblar tierra y mar.

XXI

Profonde argille blanche nourrit rocher,
Qui d'vn abysme istra lacticineuse,
En vain troublez ne l'oseront toucher,
Ignorant estre au fond terre argilleuse.

Profunda arcilla blanca nutre la roca,
que de un abismo surgirá láctea,
en vano turbados no osarán tocarla,
ignorando ser en el fondo tierra arcillosa.

XXII

Ce que viura & n'ayant aucun sens,
Viendront leser à mort son artifice:
Autun, Chalon, Langres, & les deux Sens,
La gresle & glace fera grand malefice.

Lo que vivirá y no teniendo sentido alguno
vendrá a dañar de muerte a su artífice:
Autun, Chalons, Langres y los dos Senas,
el granizo y el hielo harán gran maleficio.

XXIII

Au mois troisiesme se leuant le Soleil,
Sanglier, Leopart, au champ mars pour côbatre.
Leopart lassé au ciel estend son oeil,
Vn Aigle autour du Soleil voyt s'esbatre.

El mes tercero al levantarse el sol,
jabalí leopardo, en el campo de Marte para combatir.
Leopardo tumbado al cielo extiende su mirada,
un águila alrededor del Sol ve abatirse.

XXIV

A cité neuue pensif pour condamner,
L'oisel de proye au ciel se vient offrir:
Apres victoire à captif pardonner,
Cremone & Mâtoue grâds maux aura souffert.

En la ciudad nueva pensativo para condenar,
el pájaro de presa al cielo acaba de ofrecerse:
Después de la victoria a los cautivos perdonar,
Cremona y Mantua grandes males habrán sufrido.

INTERPRETACIÓN

Atentado de las «torres gemelas» (World Trade Center) de Nueva York en el año 2001.

XXV

Perdu trouué caché de si long siecle,
Sera pasteur demy Dieu honnore:
Ains que la Lune acheue son grand siecle,
Par autres vents sera deshonnoré.

Perdido, encontrado, escondido tanto tiempo,
será pastor semidiós honrado:
Cuando la Luna concluya su gran siglo,
por otros vientos será deshonrado.

INTERPRETACIÓN

Estas profecías permanecerán perdidas durante mucho tiempo y se encontrarán tras el ciclo de la Luna. El pastor, es decir, él mismo, será aceptado por unos y rechazado por otros.

Con ello el propio Nostradamus nos indica que sus profecías no gustarán por igual a todo el mundo. Esta idea es lógica ya que en algunas veces se acusa a personas de crímenes o actos poco honorables.

XXVI

Le grand du foudre tumbe d'heure diurne,
Mal, & predict par porteur postulaire:
Suiuant presage tumbe de l'heure nocturne,
Conflict Reims, Londres, Ettrusque pestifere.

El gran rayo cae de día,
mal y predicho por portador postulario:
Siguiente presagio cae de noche,
conflicto en Reims, Londres, Etrusca bubónica.

INTERPRETACIÓN

Esta cuarteta es la radiografía de lo que les sucedió al presidente de Estados Unidos John F. Kennedy y a su hermano, el senador Robert. El que fuera presidente fue disparado poco después de las 12 del mediodía del 22 de noviembre de 1963, mientras que el senador murió pasados unos minutos de la una de la madrugada, tras pronunciar un discurso, el 6 de junio de 1968.

También se hace referencia en la segunda línea al aviso dado por la profetisa Jean Dixon a ambos hermanos, quienes no le hicieron caso.

La línea final de la cuarteta nos sitúa cronológicamente en la última de las muertes, sucedida mientras en Reims y Londres tenían lugar disturbios estudian-

tiles, y en Pisa y Florencia había riesgo de epidemias a causa de la inundación del río Arno.

XXVII

Dessouz le chaine Guien du ciel frappé,
Non loing de là est caché le thresor,
Qui par longs siecles auoit esté grappé.
Trouué mourra, l'oeil creué de ressort.

Bajo la sierra de Guayana del cielo apaleada,
no lejos de allá se oculta el tesoro,
que por largos siglos ha estado arcano.
Morirá quien lo halle, el ojo atravesado por resorte.

XXVIII

La tour de Boucq craindra fuste Barbare,
Vn temps, long temps apres barque hesperique:
Bettail, gês, meubles, tous deux ferôt grâd tare,
Taurus, & Libra, quelle mortelle picque?

La torre de Boucq temerá la fusta bárbara.
Un tiempo, mucho tiempo después de la barca hespérica:
ganado, gente, muebles, ambos harán gran daño,
Tauro y Libra, ¿qué mortal puntada?

XXIX

Quand le poisson terrestre & aquatique
Par forte vague au grauier sera mis,
Sa forme estrange suaue & horrifique,
Par mes aux meurs bien tost les ennemis.

Cuando el pez terrestre y acuático
por fuerza vaga al suelo sea llevada,
su forma extraña, suave y espantosa,
por mar a los muros muy pronto los enemigos.

XXX

La nef estrange par le tourment marin,
Abordera pres de port incogneu:
Nonobstant signes de rameau palmerin,
Apres mort pille bon aduis tard venu.

La nave extraña por el tormentoso mar
abordará cerca de puerto desconocido:
No obstante los signos de rama de palma,
después de muerte huelga el consejo venido tarde.

XXXI

Tant d'ans en Gaule les guerres dureront,
Outre la course du Castulon monarque:
Victoire incerte trois grands couronneront,
Aigle, Coq, Lune, Lyon, Soleil en marque.

Tantos años en Galia las guerras durarán,
lejos de la carrera del Castulón monarca:
Victoria incierta tres grandes coronarán,
águilas, gallo, Luna, león. Sol en marca.

XXXII

Le grand Empire sera tost translaté
En lieu petit, qui bien tost viendra croistre:
Lieu bien infime d'exigue comté,
Où au milieu viendra poser son sceptre.

El gran imperio será pronto trasladado
en lugar pequeño, que bien pronto crecerá:
Lugar bien ínfimo de exiguo condado,
donde en medio vendrá a poner su cetro.

INTERPRETACIÓN

En el Congreso de Viena de 1814 se decidió desterrar a Napoleón Bonaparte a la isla mediterránea de Elba. Su hasta entonces vasto imperio fue reducido a 220 km^2 en donde colocó su cetro. El 1 de marzo de 1815 Napoleón junto con unos 1.100 granaderos y marineros intentaron reconquistar Francia. El día 20 volvió a

ocupar su cargo de jefe del estado, pero a los 100 días fue derrotado en la batalla de Waterloo.

XXXIII

Pres d'vn grand pont de plaine spatieuse,
Le grand Lyon par forces Cesarees,
Fera abbatre hors cité rigoreuse.
Par effroy portes luy seront reserrees.

Cerca de un gran puente de llanura espaciosa,
el gran Lyon por fuerzas cesáreas,
hará abatir fuera de la ciudad rigurosa.
Por temor las puertas le serán cerradas.

XXXIV

L'oyseau de proye volant à la fenestre,
Auant conflict faict aux François pareure:
L'vn bon prendra, l'vn ambique sinistre,
La partie foible tiendra par son augure.

El pájaro de presa volando a la ventana,
antes del conflicto hace a los franceses honor:
Uno por bueno lo aceptará, uno por ambiguo siniestro,
la parte débil tendrá por buen presagio.

XXXV

Le lyon ieune le vieux surmontera,
En champ bellique par singulier duelle,
Dans cage d'or les yeux luy creuera,
Deux classes vne, puis mourir, mort cruelle.

El león joven al viejo sobrepasará,
en campo bélico por especial duelo,
en jaula de oro los ojos le atravesará,
dos choques y a uno vence la muerte cruel.

INTERPRETACIÓN

Esta cuarteta escrita en 1554 alude a la muerte de Enrique II y es una de las que le dio fama como profeta.

En junio del año 1559 el rey Enrique II de Francia organizó un torneo que duraría tres días en honor al matrimonio entre su hermana Margarita y el duque de Saboya y la de su propia hija con el rey Felipe II de España.

Los dos primeros días se saldaron con victorias del monarca y antes del anochecer de la tercera jornada quiso medir sus fuerzas contra Gabriel, conde de Montgomery y coronel de los arqueros del rey, quien, conociendo los avisos que Nostradamus había dado al rey, rehusó reiteradamente participar en el combate. Tanto insistió Enrique que el joven aceptó. Ambos contendientes lucían escudos con la imagen de un león.

El primer asalto fue favorable al rey, pero en el segundo la mala fortuna hizo que las lanzas se partieran y una astilla se clavara a través del ojo izquierdo hasta el cerebro.

El monarca murió tras una agonía horrible que se alargó diez días.

XXXVI

Tard le monarque se viendra repentir,
De n'auoir mis à mort son aduersaire:
Mais viendra bien à plus haut consentir,
Que tout son sang par mort fera deffaire.

Tarde la Monarquía se arrepentirá,
de no haber dado muerte a su adversario:
Pero acabará mucho más admitiendo,
que toda su sangre por muerte hará deshacer.

XXXVII

Vn peu deuant que le Soleil s'absconde,
Conflict donné, grand peuple dubiteux:
Profligez, port marin ne faict response,
Pont & sepulchre en deux estranges lieux

Un poco antes que el Sol se oculte,
habrá lucha, grandes multitudes justicieras:
Juntas, del puerto marino no hay respuesta,
puente y sepultura en dos lugares extraños.

XXXVIII

Le Sol & l'Aigle au victeur paroistront,
Response vaine au vaincu l'on asseure:
Par cor ne crys harnois n'arresteront,
Vindicte paix par mors si acheue à l'heure.

El Sol y el águila al vencedor juntarán,
respuesta vana al vacuo garantizarán:
Ni cuerno ni puñal podrán ser retenidos,
perdida la paz, con la muerte a tiempo.

XXXIX

De nuict dans lict le supresme estranglé,
Pour trop auoir seiourné blond esleu.
Par trois l'Empire subrogé exanclé,
A mort mettra carte, & pacquet ne leu.

De noche en la cama el supremo estrangula,
por haber permanecido demasiado rubia elegida.
Por tres el imperio reemplazado agotado,
a muerte llevará carta, y paquete no leídos.

XL

La trompe fausse dissimulant folie,
Fera Bisance vn changement de loix,
Histra d'Egypte, qui veut que l on deffie
Edict changeant monnoyes & aloys.

La tromba falsa disimulando locura,
hará Bizancio un cambio de leyes,
saldrá de Egipto, que quiere que se desate
edicto cambiando moneda y valor.

XLI

Siege en cité est de nuict assallie,
Peu eschappé, non loin de mer conflict:
Femme de ioye, retours fils defaillie,
Poison & lettres cachees dans le plic.

Sitio en ciudad es de noche asaltada,
pocos huídos, cerca del mar conflicto:
Mujer de goce, regreso de hijo extenuado,
veneno y cartas escondidos en el pliego.

XLII

Le dix Calendes d'Auril de faict Gotique,
Resuscité encor par gens malins:
Le feu estainct, assemblee diabolique,
Cherchant les os du d'Amant & Pselin.

La décima Calenda de abril de hecho gótico,
resucitado de nuevo por gentes malignas:
El fuego extinto, asamblea diabólica,
buscando los huesos de d'Amant y Pselin.

XLIII

Auant qu'aduienne le changement d'Empire,
Il aduiendra vn cas bien merueilleux:
Le camp mué, le pillier de porphire,
Mis, transmué sus le rocher noilleux.

Antes de que llegue el cambio de imperio,
amanecerá un caso maravilloso:
El campamento enmudecido, el pilar de Porfirio,
puesto, transmutado bajo la roca retorcida.

XLIV

En bref seront de retour sacrifices,
Contreuenans seront mis à martyre:
Plus ne seront moines, abbes, ne nouices,
Le miel sera beaucoup plus cher que cire.

En breve volverán sacrificios,
contraventores serán llevados al martirio:
No habrá más monjes, abates, ni novicios,
la miel será mucho más cara que la cera.

INTERPRETACIÓN

El día 2 de noviembre del año 1789 empezó el proceso de descristianización de Francia. La Asamblea Nacional votó y aprobó una norma para que las propiedades de la Iglesia católica pasaran a manos del estado. Todos los religiosos fueron secularizados y debían demostrar que eran ciudadanos adeptos al nuevo régimen.

Muchos sacerdotes se refugiaron en España, pero las persecuciones fueron cada vez más cruentas, llegándose a proclamar un decreto el 23 de abril de 1793 por el cual se condenaba y se ejecutaba en 24 horas a los religiosos que encontrados dentro del territorio francés no juraran fidelidad a la constitución. Tal decreto provocó la muerte de miles de hombres y mujeres en gran número de ciudades.

XLV

Secteur de sectes grand peine au delateur,
Beste en theatre dressé le ieu scenique,
Du faict antique ennobly l'inuenteur,
Par sectes monde confus & schismatiques.

Sectario de sectas gran pena al delator,
bestia en teatro, levantado el juego escénico,
de hecho antiguo ennoblecido el inventor,
por sectas mundo confuso y escindido.

XLVI

Tout apres d'Aux de Lestore & Mirande
Grand feu du ciel en trois nuicts tombera:
Cause aduiendra bien stupende & mirande,
Bien peu apres la terre tremblera.

Muy cerca de Aux, de Lestore y Miranda,
gran fuego del cielo en tres noches caerá:
Causa sucederá muy estupenda y asombrosa.
Muy poco después será la tierra flagelada.

XLVII

Du lac Leman les sermons fascheront,
Des iours seront reduits par des sepmaines,
Puis moys, puis an, puis tous failliront,
Les Magistras danneront leur loix vaines.

Del lago Leman los sermones enojarán,
días reducidos a semanas,
luego meses, luego años, después todos desfallecerán.
Los jueces condenarán sus vanas leyes.

Interpretación

Los 14 puntos de Wilson –una serie de puntualizaciones que recibieron ese nombre por el presidente de Estados Unidos de América– presentados el 8 de enero de 1918 sugieren por primera vez la Liga de las Naciones, que fue pactada por la Conferencia de Paz de París, con sede en Ginebra. Allí tuvo lugar la primera asamblea el 15 de noviembre de 1920, con representaciones de 41 países. Tiempo después se les unieron 20 naciones más.

Entre 1923 y 1931 la Liga pudo trabajar con relativa estabilidad, pero luego, con la invasión japonesa a Manchuria se inició una década de disturbios y la Liga no pudo hacer nada con el creciente poder de Alemania y Japón, con la invasión por parte de Italia a Etiopía y Albania o con la inestabilidad económica causada por la gran depresión de 1929. A finales del año 1930 los principios de la Liga de las Naciones fueron abandonándose y, tal y como nos predice Nostradamus, sus leyes no fueron efectivas. En el año 1939, el del inicio de la Segunda Guerra Mundial, las reuniones cesaron y se disolvió definitivamente en el mes de abril del año 1946, siendo reemplazada por Naciones Unidas el 26 de junio.

XLVIII

Vingt ans du regne de la Lune passez,
Sept mil ans autre tiendra sa monarchie:
Quand le Soleil prendra ses iours lassez:
Lors accomplir & mine ma prophetie.

Veinte años del imperio de la Luna pasados.
Siete mil años otro tendrá su monarquía:
Cuando el Sol coja sus días dejados,
cuando cumplir y consumada mi profecía.

INTERPRETACIÓN

En esta cuarteta se habla de la consecución de sus profecías. Éstas empiezan durante el ciclo de la Luna (de 1535 a 1895) y se completarán en la era del Sol, es decir, entre 1895 y 2255. Hay quien va más lejos en la interpretación y dice que los siete mil años hacen referencia al séptimo sello, justo cuando empieza el nuevo milenio. Éste es el instante en que sus profecías se producirán tal y como él las visionó.

XLIX

Baucoup auant telles menees,
Ceux d'Orient par la vertu lunaire:
L'an mil sept cens feront grands emmenees,
Subiungant presques le coing Aquilonaire.

Mucho antes tales intrigas,
los de Oriente por la virtud lunar:
El año mil setecientos harán grandes cambios,
subyugando casi el rincón Aquilonario.

L

De l'aquatique triplicité naistra,
D'vn qui fera le Ieudy pour sa feste:
Son bruit, loz, regne, sa puissance croistra,
Par terre & mer aux Oriens tempeste.

De la acuática triplicidad nacerá,
de uno que hará del jueves su fiesta:
Su ruido, loor, reino, su poder crecerá,
por tierra y mar a los Orientes tempestad.

LI

Chef d'Aries, Iupiter, & Saturne,
Dieu eternel quelles mutations?
Puis par long siecle son maling temps retourne
Gaule & Italie, quelles esmotions?

Dignatarios de Aries, Júpiter y Saturno,
¿Dios eterno qué mutaciones?
Después por largo siglo su pérfido tiempo regresa.
¿Galicia e Italia, qué sensaciones?

LII

Les deux malins de Scorpion conioinct,
Le grand Seigneur meurdry dedans sa salle:
Peste à l'Eglise par le noueau Roy ioinct,
L'Europe basse & Septentrionale.

Los dos dañinos de Escorpión en connivencia,
el gran señor asesinado en la sala:
Hedor a la Iglesia por el nuevo rey venido,
Europa baja y septentrional.

LIII

Las! qu'on verra grand peuple tourmenté,
Et la loy saincte en totale ruine,
Par autres loix toute la Chrestienté,
Quand d'or d'argent trouue nouuelle mine.

Pena cuando se vea gran pueblo atribulado,
y la ley santa en total desastre,
por otras leyes toda la cristiandad,
cuando de oro y plata se encuentre nueva mina.

INTERPRETACIÓN

Aquí el profeta alude a la crisis espiritual acontecida en Francia durante la Revolución de 1789. El conflicto era entre el idealismo político que servía para hacer libre al hombre y la religión, la cual estaba en contra de esta total anarquía. La política ganó y la ideología religiosa fue la primera en caer, junto con todas las propiedades.

Esta pérdida de poder de los religiosos causó que tuvieran que demostrar su utilidad como ciudadanos. Mientras, la influencia papal en el país fue anulada y se llegó al extremo que los personajes religiosos tuvieran que jurar su lealtad a la Constitución.

Este desconcierto general promovió actos vandálicos y sacrilegios de la más variada índole: violaciones de tumbas, literatura eclesiástica quemada, destrucción de obras de arte religiosas...

Todo culminó con la imposición de un nuevo culto en 1793 que sustituía a la religión católica en todo el país.

LIV

Deux reuolts faicts du maling falcigere,
De regne & siecles faict permutation:
Le mobil signe à son endroit si ingere,
Aux deux esgaux & d'inclination.

Dos revueltas hechas por el maligno segador,
de reino y siglos hace permuta:
El móvil signo en su sitio se inserta,
a dos iguales y de inclinación.

LV

Soubs l'opposite climat Babilonique,
Grande sera de sang effusion,
Que terre & mer, air, ciel sera inique,
Sectes, faim, regnes pestes, confusion.

Bajo el contradictorio clima babilónico,
grande será de sangre la efusión,
que tierra y mar, aire, cielo será inicuo.
Sectas, hambre, reinos, pestes, confusión.

Interpretación

Esta cuarteta se refiere a la guerra del Golfo, la invasión de Irak y sus consecuencias.

Nostradamus nos habla del pueblo de Babilonia y el sentido de esta mención es debida a que ese territorio ahora lo ocupa Irak. El 24 de septiembre de 1980 Sadam Hussein, habiendo revocado el tratado de 1975 con sus vecinos de Irán, invadió las terminales de petróleo en Abadan. Ahí empezó un conflicto entre estos dos países que costó millones de vidas.

La ambiciones territoriales del régimen de Irak se dirigieron el 2 de agosto de 1990 hacia Kuwait e invadieron sus tierras bajo el pretexto de solventar las largas disputas concernientes a los pozos de petróleo. Bagdad reclamaba Kuwait como parte de Irak.

La tercera línea es interpretada como profecía a la actuación llevada a cabo el 17 de enero de 1991 y que fue conocida como «Tormenta del Desierto», durante la cual hubo un ataque aéreo y terrestre total contra la zona.

Como secuelas de la guerra del Golfo, Nostradamus nos escribe la última línea en la que menciona «hambre» (Naciones Unidas impuso sanciones muy duras a Irak para que se crearan disturbios civiles y Hussein fuera apartado del poder), «pestilencia» (debido a las luchas la infraestructura del país había sido destruida y la falta de agua, electricidad y demás medidas higiénicas causaron la proliferación de enfermedades) y «confusión» (las previsiones optimistas que hacían pensar en una derrota rápida de Hussein no se cumplieron y los demás gobiernos implicados en la lucha no tenían claros los pasos a seguir).

LVI

Vous verrez tost & tard faire grand change,
Horreurs extremes & vindications:
Que si la Lune conduite par son ange,
Le ciel s'approche des inclinations.

Veréis pronto y tarde hacer gran mutación,
horrores extremos y venganzas:
Que si la Luna conducida por su ángel,
el cielo se aproxima a las inclinaciones.

LVII

Par grand discord la terre tremblera,
Accord rompu dressant la teste au ciel,
Bouche sanglante dans le sang nagera,
Au sol la face ointe de laict & miel.

Por gran discordia la tromba temblará,
acuerdo roto levantado la testa al cielo,
boca sangrante en la sangre sumergida,
al suelo la cara untada de leche y miel.

INTERPRETACIÓN

Cuarteta que es una profecía de algunos hechos acontecidos durante la terrible revolución que asoló Francia el 1789.

En el año 1793 los políticos revolucionarios eran fanáticos y los extremistas dominaron a los miembros más débiles. Surgieron discrepancias y crisis en el seno interno de los gobernantes y todo esto dio lugar al período conocido como «El Terror». El 2 de junio 32 miembros de los girondinos, entre los que se encontraba su líder, fueron arrestados porque algunos jacobinos no estaban de acuerdo con sus moderados actos. Se les acusó de traición y la mayoría murieron en la guillotina.

La tercera línea hace una clara alusión a la muerte de Marat, que fue asesinado por Charlotte Corday mientras tomaba un baño. Le fue seccionada la arteria carótida y murió bañado por su propia sangre.

LVIII

Tranché le ventre naistra auec deux testes,
Et quatre bras: quelques ans entiers viura
Iour qui Alquiloye celebrera ses festes,
Fossen, Turin, chef Ferrare suiura.

Trinchado el vientre nacerá con dos cabezas
y cuatro brazos. ¿Cuántos años enteros vivirá?
Día en que Aquiles celebre sus eventos,
Fossen, Turín, jefe Ferrara continuará.

LIX

Les exilez deportez dans les isles,
Au changement d'vn plus cruel monarque
Seront meurtris, & mis deux des scintiles,
Qui de parler ne seront estez parques.

Los exiliados deportados en las islas,
al cambio de un más cruel rey,
asesinados y puestos en la pira,
aquellos que su lengua no sepan moderar.

LX

Vn Empereur naistra pres d'Italie,
Qui à l'Empire sera vendu bien cher:
Diront auec quels gens il se ralie,
Qu'on trouuera moins prince que boucher.

Un emperador nacerá cerca de Italia,
que al imperio le saldrá muy caro:
Dirán con quiénes él se junta,
encontrándosele menos príncipe que matarife.

INTERPRETACIÓN

Napoleón Bonaparte nació en Córcega, cerca de Italia, justo el día después que esta isla se incorporara a Francia. El Senado de este país le nombró su emperador y logró levantar un enorme imperio, aunque a su muerte se perdió gran parte del mismo. Napoleón recibió el nombre de «el carnicero» debido a que sus crueles batallas causaron gran número de bajas en las tropas.

LXI

La republique miserable infelice
Sera vastee du nouueau magistrat:
Leur grand amas de l'exil malefice
Fera Sueue rauir leur grand contract.

La república miserable infeliz,
arrasada por el nuevo magistrado,
su montaña del pérfido exilio.
A Suevia arrebatará su gran contrato.

LXII

La grande perte, las! que feront les lettres,
Auant le ciel de Latona parfaict:
Feu grand deluge plus par ignares sceptres,
Que de long siecle ne se verra refaict.

La gran pérdida, lástima, que harán las letras,
antes que el cielo de Latona sea perfecto:
Hubo gran diluvio más por negados cetros,
que por muchos siglos no se verá rehecho.

LXIII

Les fleurs passees diminue le monde,
Long temps la paix terres inhabitees:
Seur marchera par ciel, terre, mer & onde,
Puis de nouueau les guerres suscitees.

Las flores pasadas disminuido el mundo,
largo tiempo la paz tierras inhabitadas:
Hermana marchará por cielo, tierra y onda,
luego de nuevo las guerras suscitadas.

INTERPRETACIÓN

En esta cuarteta se habla de los efectos que tendrán las dos guerras mundiales que asolarán Europa. El profeta indica que tras estas guerras habrá una paz que durará unos cuantos años pero que una gran guerra volverá a tener lugar.

LXIV

De nuict Soleil penseront auois veu.
Quand le pourceau demy homme on verra:
Bruit chant, bataille au ciel batre apperceu,
Et bestes brutes à parler lon orra.

De noche el Sol supondrá haber visto
cuando el puerco semi hombre se vea:
Ruido, canto, batalla al cielo batir apercibido,
y bestias brutas hablando se oirán.

LXV

Enfant sans mains iamais veu si grand foudre,
L'enfant Royal au ieu d'oesteuf blessé:
Au puy brises fulgures allant mouldre,
Trois souz les chaines par le milieu troussés.

Niño sin manos, jamás vista tan grande locura,
el niño real al juego de bolos herido:
En el pozo rotos fulgurados yendo a moler,
tres bajo las cadenas por la mitad partidos.

INTERPRETACIÓN

Esta cuarteta es una de las muchas que aluden a hechos acontecidos durante la Revolución francesa. Concretamente habla de la pérdida de poder del delfín de Francia y también de la ejecución de sus padres, el rey Luis XVI y María Antonieta, y de su tía paterna.

Al final, el pequeño Luis Carlos, de diez años de edad, murió a las 3 de la tarde del 8 de junio de 1795.

LXVI

Celuy qui lors portera les nouuelles
Apres vn peu il viendra respirer,
Viuiers, Tournon, Montferrant & Pradelles,
Gresle & tempestes le fera souspirer.

Quien desde entonces llevará las noticias,
después de uno vendrá a respirar,
Viviers, Tournon, Montferrant y Pradelles,
granizo y tempestad le hará suspirar.

LXVII

La grand famine que ie sens approcher,
Souuent tourner, puis estre vniuerselle,
Si grande & longue qu'on viendra arracher
Du bois racine, & l'enfant de mammelle.

La hambruna que presiento acercarse,
frecuentemente rondar, para ser universal,
tan grande y larga que llegará a arrancar
del bosque la raíz y del niño el pecho.

LXVIII

O quel horrible & malheureux teurment,
Trois innocens qu'on viendra à liurer
Poison suspecte, mal gardé tardiment.
Mis en horreur par bourreaux enyurez.

¡Oh, qué horrible y desgraciado tormento!
Tres inocentes que serán entregados,
veneno sospechado, mal guardada traición,
puesto en horror por verdugos borrachos.

LXIX

La grand montagne ronde de sept stades,
Apres paix, guerre, faim, inodation,
Roulera loin abismant grands contrades,
Mesmes antiques, & grands fondation.

La gran montaña redonda de siete estadios,
después paz, guerra, hambre, inundación,
rodará lejos abismando grandes regiones,
aún antiguas, y gran fundación.

Interpretación

Esta cuarteta puede ser interpretada de la siguiente forma: la ciudad de Roma, construida sobre siete montañas, es la meca del mundo occidental y cuando caiga –será quemada– empezará una reacción en cadena y muchas naciones se hundirán.

LXX

Pluye, faim, guerre en Perse non cessee,
La foy trop grand trahira le monarque:
Par la finie en Gaule commencee,
Secret augure pour à vn estre parque.

Lluvia, hambre, guerra en Persia no concluye,
la fe muy grande traicionará al monarca:
Por fin en Galia comenzada,
secreto augurio para corta existencia.

Interpretación

La Revolución persa que acabaría con la derrota y posterior expulsión del Sha de Persia fue movida por la fe de los chiítas, fe que venía originada por un exilado iraní, denominado Jomeini, que en ese momento residía en Francia. El monarca persa tuvo que abandonar su país en 1979 exiliándose en Egipto. Al año siguiente, en julio de 1980 murió el Sha. Cuando ya parecía que la paz estaba instalada en

Irán, en noviembre de 1980 empezó la guerra entre este país e Irak, lucha que no acabaría hasta ocho años más tarde.

LXXI

La tour marine troys foys prise & reprise,
Par Espagnols, Barbares, Ligurains:
Marseille & Aix, Arles par ceux de Pise,
Vast, feu, fer pillé Auignon des Thurins.

La torre Marina tres veces tomada y retomada,
por españoles, bárbaros y ligurios:
Marsella y Aix, Arles por los de Pisa,
devastación, fuego, hierro, saqueada Aviñon por Thurinc.

LXXII

Du tout Marseille des habitans changee,
Course & poursuite iusqu'au pres de Lyon,
Narbon, Tholouse par Bourdeaux outragee,
Tuez captifs presque d'vn milion.

De toda Marsella de habitantes cambiada,
carrera y persecución hasta cerca de Lyon,
Narbona, Toulouse, por Burdeos ultrajadas,
muertos y cautivos casi un millón.

LXXIII

France à cinq pars par neglect assaillie,
Tunys, Argal esmeuz par Persiens:
Leon, Seuille, Barcellonne faillie,
N'aura la classe par les Venitiens.

Francia tiene cinco partes por negligencia asediadas,
Túnez, Argel atacados por persas:
León, Sevilla y Barcelona caídas,
no soportará el combate por los venecianos.

LXXIV

Apres seiourné vagueront en Epire,
Le grand secours viendra vers Anthioche:
Le noir poil crespe rendra fort à l'Empire,
Barbe d'aerain se rostira en broche.

Después de haber estado navegarán a Egipto,
el gran socorro vendrá hacia Antioquía:
El pelo negro crespo sujetará el imperio,
barba de bronce se asará en la brochera.

LXXV

Le tyran Sienne occupera Sauonne,
Le fort gaigné tiendra classe marine:
Les deux armees par la marque d'Anconne,
Par effrayeur le chef s'en examine.

El tirano Siena ocupará Savona,
el fuerte ganado soportará combate marino:
Las dos armadas por la marca de Ancona,
por miedo el jefe se examina.

LXXVI

D'vn nom farouche tel proferé sera,
Que les trois seurs auront fato le nom:
Puis grand peuple par langue & faict dira
Plus que nul autre aura bruit & renom.

De un hombre temido tal proferido será,
que las tres hermanas habrán hecho el nombre:
Luego gran pueblo por lengua y hecho dirá,
más que cualquier otro tendrá renombre y fama.

LXXVII

Entre deux mers dreslera promontoire,
Que puis mourra par le mors du cheual:
Le sien Neptune pliera voile noire,
Par Calpre & classe aupres de Rocheual.

Entre dos mares se alza el promontorio,
que luego se extinguirá por la muerte del caballo:
El suyo Neptuno plegará vela negra,
por Calpre y flota cerca de Rocheval.

LXXVIII

D'vn chef vieillard naistra sens hebeté,
Degenerant par sçavoir & par armes:
Le chef de France par sa soeur redouté,
Champs diuisez, concedez aux gendarmes.

De un jefe avejentado nacerá mente alienada,
degenerando por saber y por armas:
El jefe de Francia por su hermana temido,
campo dividido, concedido a los gendarmes.

LXXIX

Bazaz, Lestore, Condon, Ausch, Agine,
Esmeurs par loix, querelle & monopole:
Car Bourd. Tholouse, Bay mettra en ruine:
Renouueller voulant leur tauropole.

Baza, Leçtore, Condon, Ausch, Agine,
ahítos de leyes, querellas y monopolio:
Porque Bourd, Tolouse, Bay pondrá en ruina,
renovar queriendo su tauropolio.

LXXX

De la sixiesme claire splendeur celeste,
Viendra tonner si fort en la Bourgongne,
Puis n'aystra monstre de tres hideuse beste:
Mars, Auril, May, Iuin, grâd charpin & rongne.

De la sexta clara esplendor celeste,
vendrá tronar tan fuerte en la Borgoña,
después surge monstruo de muy odiosa bestia:
Marzo, abril, mayo, junio, gran desastre y ruina.

LXXXI

D'humain troupeau neuf seront mis à part,
De iugement & conseil separez:
Leur sort sera diuisé en depart,
Kappa, Thita, Lambda mors bannis esgarez.

Del rebaño humano nueve serán puestos al margen,
del juicio y consejo separados,
su fuerza fraccionada en partes,
Kappa, Thita, Lambda muertos prohibidos dispersos.

LXXXII

Quand les colonnes de bois grande tremblee,
D'Auster conduite, couuerte de rubriche:
Tant vuidera dehors grande assemblee,
Trembler Vienne & le pays d'Austriche.

Cuando las columnas de madera gran temblor,
de austera conducta, cubierta de rúbrica:
Tanto vaciará fuera gran asamblea,
temblar Viena y el país de Austria.

LXXXIII

La gent estrange diuisera butins,
Saturne en Mars son regard furieux:
Horrible estrange aux Toscans & Latins,
Grecs qui seront à frapper curieux.

La gente extraña dividirá botines.
Saturno en Marte su mirada agresiva.
Horrible extraño a toscanos y latinos y
griegos que estarán a golpear curiosos.

LXXXIV

Lune obscurcie aux profondes tenebres,
Son frere passe de couleur ferrugine:
Le grand caché long temps sous les tenebres,
Tiedera fer dans la playe sanguine.

Luna ennegrecida en las abismales tinieblas,
su hermano pasa de color ferruginoso:
El gran escondido largo tiempo bajo la ignorancia,
entibiará hierro en la presa sanguina.

LXXXV

Par la response de dame Roy troublé,
Ambassadeurs mespriseront leur vie:
Le grand ses freres contrefera doublé,
Par deux mourront ire, haine & enuie.

Por la respuesta de dama, rey turbado,
embajadores despreciarán su vida:
El grande a sus hermanos falseará doblado,
por dos morirán ira, odio y envidia.

LXXXVI

La grande Royne quand se verra vaincue,
Fera excés de masculin courage,
Sur cheual, fleuue passera toute nue,
Suite par fer: à foy fera outrage.

La gran reina cuando se vea vencida,
se excederá en masculino valor:
Sobre caballo, río pasará totalmente desnuda,
después, por el hierro, a fe hará ultraje.

INTERPRETACIÓN

Esta cuarteta resume los heroicos actos llevados a cabo por María Estuardo, reina de los escoceses, tras tener que abdicar en favor de su hijo Jaime VI. Durante 11 meses estuvo encarcelada, luego escapó y sus fieles seguidores la condujeron a un lugar seguro. Quiso animar a los que le eran leales para la lucha pero vio que se dedicaban más a pelear entre ellos que a restablecerla en el trono.

Cuando Nostradamus dice que ella cruzó el río desnuda se refiere a que lo hizo sin llevar ropas propias, medio disfrazada, para no despertar sospechas entre sus enemigos.

Pasó la mayor parte de su vida medio recluída y completamente vigilada y espiada por su prima Isabel, la reina de Inglaterra.

Al final, debido a una carta escrita por ella que fue interceptada por un espía y descifrada por Thomas Phelippes, fue acusada, detenida y sentenciada a muerte por conspiración contra la reina Isabel. Fue decapitada el 8 de febrero de 1587.

LXXXVII

Ennosigee feu du centre de terre,
Fera trembler autour de cité neuue
Deux grâds rochers long têps feront la guerre,
Puis Arethuse rougira nouueau fleuue.

En el fuego del centro de la tierra,
hará templar alrededores de ciudad nueva,
dos grandes rocas largo tiempo harán guerra,
luego Aretusa enrojecerá de nuevo el río.

INTERPRETACIÓN

Ésta es una de las cuartetas que se interpreta como profecía al ataque sufrido por las torres gemelas de Nueva York el 11 de septiembre de 2001. Si se analiza la primera línea podemos ver que los vocablos «centro» y «tierra» que en inglés se traducirían por «center» y «world» respectivamente, podrían ser un claro indicador de los incendios del World Trade Center. (Hablaremos de este hecho concreto en el capítulo final de la presente obra.)

LXXXVIII

Le diuin mal surprendra le grand Prince,
Vn peu deuant aura femme espousee,
Son appuy & credit à vn coup viendra mince,
Conseil mourra pour la teste rasee.

El divino mal sorprenderá al gran príncipe,
un poco antes habrá mujer desposado,
su apoyo y crédito de golpe será débil,
consejo morirá por la cabeza rapada.

LXXXIX

Touts ceux de Iler ne seront dans la Moselle,
Mettant à mort tous ceux de Loire & Seine:
Le cours marin viendra pres d'haute velle,
Quand Espagnols ouurira toute veine.

Todos los de Ilerda estarán en el Mosela,
llevando la muerte a todos los del Loira y Sena:
El curso marino vendrá cerca de la alta vela,
cuando españoles abrirán toda vena.

XC

Bourdeaux, Poitiers au son de la campagne,
A grande classe ira iusqu'à l'Angon,
Contre Gaulois sera leur tramontane,
Quand monstre hideux naistra pres de Orgô.

Burdeos, Poiters al son de la campaña,
a gran batalla irán hasta el Angon,
contra galos será su tramontana,
cuando el monstruo odioso nacerá cerca de Orgón.

XCI

Les Dieux feront aux humains apparence,
Ce qu'ils seront autheurs de grand conflict:
Auant ciel veu serain espee & lance,
Que vers main gauche sera plus grand afflict.

Los dioses harán a los humanos aparición,
por lo que serán autores de gran conflicto:
Antes cielo visto serán espada y lanza,
que hacia la mano izquierda será mayor aflicción.

XCII

Souz vn la paix par tout sera clamee,
Mais non long temps pille, & rebellion,
Par refus ville, terre & mer entamee,
Morts & captifs le tiers d'vn million.

Bajo uno la paz en todo lugar será acogida,
pero no por mucho tiempo pillaje y rebelión,
por rechazo ciudad, tierra y mar mermados,
muertos y cautivos el tercio de un millón.

XCIII

Terre Italique pres monts tremblera,
Lyon & Coq non trop confederez,
En lieu de peur l'vn l'autre s'aidera,
Seul Catulon & Celtes moderez.

Tierra itálica junto a montes temblaría,
León y Gallo no muy confederados,
en vez de miedo el uno al otro ayudarán,
sólo catulones y celtas moderados.

XCIV

Au port Selin le tyran mis à mort,
La liberté non pourtant recouuree:
Le nouueau Mars par vindicte & remort,
Dame par force de frayeur honoree.

En el puerto Selin el tirano llevado a la muerte,
la libertad sin embargo no recuperada:
El nuevo Marte por venganza y remordimiento,
mujer por fuerza de espanto honrada.

XCV

Deuant moustier trouué enfant besson,
D'heroic sang de moine & vetustique:
Son bruit par secte langue & puissance son,
Qu'on dira fort esleué le vopisque.

Ante monasterio hallado niño gemelo,
de heroica sangre de monje ya vetusto:
Su fama por secta lengua y potente sonido,
que se dirá grandemente educado el gemelo.

XCVI

Celuy qu'aura la charge de destruire
Temples, & sectes, changez par fantasie:
Plus au rochers qu'aux viuans viendra nuire,
Par langue ornee d'oreilles rassasie.

El que tenga a cargo destruir
templos y sectas, cambiados por fantasía:
Más a las rocas que a los vivos hará daño,
por lengua ornada de orejas recogida.

XCVII

Ce que fer, flamme n'a sçeu paracheuer,
La douce langue au conseil viendra faire:
Par repos, songe, le Roy fera resuer,
Plus l'ennemy en feu, sang militaire.

Lo que hierro, llama no supo lograr,
la dulce lengua al consejo hará:
Por reposo, sueño, el rey hará soñar,
más al enemigo en fuego, sangre militar.

XCVIII

Le chef qu'aura conduit peuple infiny
Loing de son ciel, de moeurs & langue estrange:
Cinq mil en Crete & Thessalie finy,
Le chef fuyant sauué en marine grange.

El jefe que haya conducido pueblo infinito
fuera de su cielo, de costumbres y lengua extraña:
Cinco mil en Creta y Tesalia acabados,
el jefe huido salvado en la marina granja.

XCIX

Le grand monarque que fera compagnie
Auec deux Roys vnis par amitié:
O quel souspir fera la grand mesgnie,
Enfants Narbon à l'entour quel pitié.

El gran monarca que hará compañía
con dos reyes hermanados por amistad:
¡Oh, qué suspiro dará la gran comarca!
Hijos de Narbona en torno, que piedad.

C

Long temps au ciel sera veu gris oyseau,
Aupres de Dole & de Toscane terre:
Tenant au bec vn verdoyant rameau,
Mourra tost grand & finera la guerre.

Mucho tiempo en el cielo se verá pájaro gris,
cerca de Dole y Toscana tierra:
Llevando en el pico una rama de verdor,
morirá pronto grande y acabará la guerra.

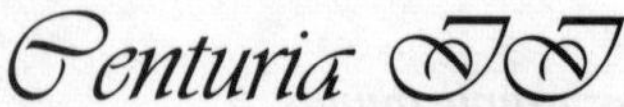

I

Vers Aquitaine par insuls Britanniques
De par eux-mesmes grandes incursions
Pluyes, gelees feront terroirs iniques,
Port Selyn fortes fera inuasions.

Hacia Aquitania por las Islas Británicas,
desde ellas mismas grandes incursiones:
Lluvias, heladas harán tierras inicuas,
Puerto Selín fuerte hará invasiones.

II

La teste bleue fera la teste blanche
Autant de mal, que France a faict leur bien:
Mort à l'anthene, grand pendu sus la branche,
Quand prins des siens le Roy dira combien.

Las testa azul hará la testa blanca
tanto mal como Francia ha hecho bien:
Muerto en la Antena, gran ahorcado bajo la rama,
cuando preso de los suyos el rey dirá cuántos.

III

Pour la chaleur solitaire sus la mer,
De Negrepont les poissons demy cuits,
Les habitans viendront entamer,
Quand Rhod & Gennes leur faudra le biscuit.

Por el calor solar bajo el mar
del Negroponto los peces medio cocidos,
los habitantes los comerán,
cuando Roda y Genner carezcan de pan.

IV

Depuis Monach iusqu'aupres de Sicille,
Toute la plage demourra desolee:
Il n'y aura fauxbourgs, cité, ne ville,
Que par Barbares pillee soit & vollee.

Desde Mónaco hasta Sicilia,
toda la playa se convierta en desolada:
no habrá barrio, ciudad ni villa,
que por los bárbaros pillada sea y robada.

V

Qu'en dans poisson, fer & lettre enfermee,
Hors sortira, qui puis fera la guerre,
Aura par mer sa classe bien ramee,
Apparoissant pres de Latine terre.

Que en pez, hierro y carta encerrados
fuera saldrá, quien después haga la guerra,
teniendo por mar su flota bien armada,
apareciendo cerca de la latina tierra.

VI

Aupres des portes & dedans deux citez
Seront deux fleaux, & onc n'apperceut vn tel,
Faim, dedans peste, de fer hors gens boutez,
Crier secours au grand Dieu immortel.

Cerca de las puertas y dentro de dos ciudades
habrá un par de azotes como nunca vio nada igual,
hambre, dentro la peste, por el hierro fuera arrojados,
pedir socorro al gran Dios inmortal.

INTERPRETACIÓN

En agosto de 1947 los Estados Unidos de América lanzaron sobre las ciudades portuarias de Hiroshima y Nagasaki dos bombas atómicas que destruyeron ambas urbes como nunca antes se había visto. Mas de 200.000 personas fallecieron en el ataque y hubo más de 500.000 damnificados.

VII

Entre plusieurs aux isles deportez,
L'vn estre nay à deux dents en la gorge:
Mourront de faim les arbres esbrotez,
Pour eux neuf Roy, nouuel edict leur forge.

Entre varios a las islas deportados
un ser nacido con dos dientes en la garganta:
Muriendo de hambre los árboles perdidos,
para ellos nuevo rey, nuevo edicto les forja.

VIII

Temples sacrez prime façon Romaine,
Reietteront les gofres fondements,
Prenant leurs loix premieres & humaines,
Chassant non tout des saincts les cultements.

Templos sagrados a la primera forma romana,
rechazarán los sólidos fundamentos,
tomando sus leyes primeras y humanas,
persiguiendo, no del todo, a los santos de los cultos.

IX

Neuf ans le regne le maigre en paix tiendra,
Puis il cherra en soif si sanguinaire:
Pour luy peuple sans foy & loy mourra
Tué vn beaucoup plus debonnaire.

Nueve años el reino magro en paz estará,
estallando después sed sanguinaria:
Por él gran pueblo sin fe ni ley morirá,
víctima de otro más clemente.

X

Auant long temps le tout sera rangé,
Nous esperons vn siecle bien senestre.
L'estat des masques & des seuls bien changé:
Peu troueront qu'à son rang veuille estre.

Antes de mucho tiempo todo quedará arreglado,
esperamos un siglo bien siniestro.
Es estado de antifaces y de solitarios bien cambiado:
Pocos encontrarán que en sus filas quieran estar.

XI

Le prochain fils de l'aisnier paruiendra
Tant esleué iusqu'au regne des fors:
Son aspre gloire vn chacun craindra,
Mais ses enfans du regne gettez hors.

El próximo hijo del mayor llegará a estar
tan elevado hasta el reino de los fuertes:
Su áspera gloria todos temerán,
pero sus hijos del reino echados fuera.

XII

Yeux clos ouuerts d'antique fantasie,
L'habit des seuls seront mis à neant:
Le grand monarque chastiera leur frenaisie,
Ravir des temples le thresor par deuant.

Ojos cerrados, abiertos de antigua fantasía,
el hábito de los solitarios será reducido a nada:
El gran rey castigará su frenesí,
robar de los templos el tesoro antes que nada.

XIII

Le corps sans ame plus n'estre en sacrifice,
Iour de la mort mis en natiuité:
L'esprit diuin fera l'ame felice,
Voiant le verbe en son eternité.

El cuerpo sin alma no está ya en sacrificio,
fecha de la muerte cambiada en natividad:
El espíritu divino hará al alma feliz,
viendo el Verbo en su eternidad.

XIV

A Tours, Gien, gardé seront yeux penetrans,
Descouuriront de loing la grand sereine:
Elle & sa suitte au port seront entrans.
Combat, poussez, puissance souueraine.

En Tours, Gien, en guardia estarán ojos penetrantes,
descubriendo a lo lejos la gran serena:
Ella y su séquito al puerto estarán entrando.
Combate, empujad, potencia soberana.

XV

Vn peu deuant monarque trucidé,
Castor Pollux en nef, astre crinite:
L'erain public par terre & mer vuidé,
Pise, Ast, Ferrare, Turin terre interdicte.

Un poco antes monarca asesinado,
Cástor, Pólux en nave, astro de crines:
El erario público por tierra y mar vaciado,
Pisa, Asti, Ferrara, Turín tierra prohibida.

XVI

Naples, Palerme, Sicile, Syracuses,
Noueaux tyrans, fulgures feux celestes:
Force de Londres, Gand, Bruxelles & Suses,
Grand hecatombe, triomphe faire festes.

Nápoles, Palermo, Sicilia, Siracusa,
nuevos tiranos, fulgurantes fuegos celestes:
Fuerza de Londres, Gante, Bruselas y Susa,
terrible hecatombe, triunfo hará fiestas.

XVII

Le champ du temple de la vierge vestale,
Non esloigné d'Ethne & monts Pyrenees:
Le grand conduit est caché dans la male,
North gettez fleuues & vignes mastinees.

El campo del templo de la virgen vestal,
no alejado de Eze y montes Pirineos:
El gran conducto está escondido en la maleza.
Norte lanzados ríos y viñas injertadas.

XVIII

Nouelle & pluye subite, impetueuse,
Empeschera subit deux exercites:
Pierre ciel, feux faire la mer pierreuse,
La mert de sept terre & marin subites.

Nueva y lluvia súbita, impetuosa,
impedirá súbitamente a los dos ejércitos:
Piedra, cielos, fuegos hacer la mar pedregosa,
la muerte de siete tierras y mares inesperadamente.

XIX

Noueeaux venus lieu basty sans defence,
Occuper la place par lors inhabitable:
maisons, champs, villes, prêdre à plaisance,
Faim peste, guerre, arpen long labourage.

Recién llegados a lugar construido sin defensa,
ocupando la plaza hasta entonces inhabitable:
Prados, hogares, campos, ciudades tomar a placer,
hambre, peste, guerra, extensión grande laborable.

INTERPRETACIÓN

Nostradamus profetiza aquí cómo serán las nuevas ciudades, sin defensas, y a menudo construidas en zonas donde antes no había nada. También menciona que en ellas habrá áreas de diversión, como si de Shangri-La se tratara.

Pero el profeta no quiere dejar de avisarnos que estas nuevas ciudades no estarán libres de hambres, luchas...

XX

Freres & soeurs en diuers lieux captifs,
Se trouueront passer pres du monarque:
Les comtempler ses rameaux ententifs,
Desplaisant voir menton frôt, nez, les marques.

Hermanos y hermanas en diversos sitios cautivos
se hallarán pasando delante del monarca:
Contemplar sus ramificaciones interpretadas,
desagradable ver mentón, frente, nariz, las marcas.

XXI

L'ambassadeur enuoyé par biremes,
A my chemin d'incogneuz repoussez:
De sel renfort viendront quatre triremes,
Cordes & chaines en Negre pont troussez.

El embajador enviado por birremes,
a medio camino por desconocidos acosado:
De refuerzo vendrán cuatro trirremes,
cuerdas y cadenas en Negroponto cargados.

XXII

Le camp Ascop d'Europe partira,
S'adioignant proche de l'Isle submergee:
D'Araon classe phalange pliera,
Nombril du monde plus grand voix subrogee.

El campo Ascop de Europa partirá
acercándose a la isla sumergida:
De Arton ejército falange doblegará,
ombligo del mundo la más grande voz subrogada.

XXIII

Palais, oyseaux, par oyseau dechassé,
Bien tost apres le prince paruenu:
Combien qu'hors fleuue ennemy repoussé,
Dehors saisir trait d'oyseau soustenu.

Palacios, pájaros, por pájaro perseguido,
pronto tras el príncipe advenido:
Cuantas veces fuera del río enemigo expulsado,
fuese sostenido vuelo de pájaro capturado.

INTERPRETACIÓN

En latín la palabra *avis* (pájaro) es la raíz del vocablo augurio, que tiene que ver con profeta. Aquí se nos advierte de los falsos profetas y que sólo el denominado príncipe logrará expulsarlos.

XXIV

Bestes farouches de faim fleuues tranner;
Plus part du champ encontre Hister sera,
En cage de fer le grand fera treisner,
Quand rien enfant de Germain obseruera.

Bestias feroces de hambre ríos tragar,
la mayor parte del campo contra Hister estará,
en jaula de hierro el grande hará llevar,
cuando nada el hijo de germano observará.

INTERPRETACIÓN

Aunque Francia declaró la guerra a Alemania en el mes de septiembre de 1939 no hubo ninguna acción militar hasta la siguiente primavera. El 10 de mayo de 1940 Hitler ordenó la invasión de Bélgica y Holanda. Cuatro días después las fuerzas holandesas recibieron la orden de parar la lucha y se rindieron al día siguiente. A las dos semanas capitulaba Bélgica y eso permitió a los alemanes avanzar hacia Francia y atacar a los aliados.

XXV

La garde estrange trahira forteresse,
Espoir & vmbre de plus hault mariage:
Garde deçeu, fort prinse dans la presse,
Loyre, Saone, Rosne, Gar, à mort oultrage.

La guardia advenediza traicionará fortaleza,
esperanza y sombra de más elevado desposorio:
Guardia engañada caída en la presa,
Loira, Saona, Ródano, Gar a muerte ultraje.

XXVI

Pour sa faueur que la cité fera,
Au grand qui tost perdra camp de bataille,
Puis le rang Pau Thesin versera,
De sang, feux morts noyez de coup de taille.

Por el favor que la ciudad hará
al grande que pronto ha de perder batalla,
huida las filas, Pablo Tesino verterá
sangre, fuego, muertos y ahogados a brutal hachazo.

XXVII

Le diuin verbe sera du ciel frappé,
Qui ne pourra proceder plus auant:
Du reseruant le secret estoupé,
Qu'on marchera par dessus & deuant.

El divino Verbo será desde el cielo golpeado,
quien no podrá avanzar más adelante:
Volviendo a encerrar el secreto sellado,
quien irá por encima y por delante.

INTERPRETACIÓN

Esta cuarteta nos indica que las profecías escritas por Nostradamus permanecerán ocultas e indescifrables tras su muerte hasta que alguien, posterior a él, logre descubrir su código secreto y pueda mostrarlas tal y como fueron originariamente organizadas y recibidas por su autor.

XXVIII

Le penultiesme du surnom du Prophete,
Prendra Diane pour son iour & repos:
Loing vaguera par frenetique teste,
En deliurant vn grand peuple d'impos.

El penúltimo con el apellido del profeta
tomará a Diana por su día y descanso:
Lejos vagará por frenética testa,
y librando un gran pueblo de impuestos.

XXIX

L'Oriental sorrira de son siege,
Passer les monts Apennons voir la Gaule:
Transpercera le ciel, les eaux & neige,
Et vn chacun frappera de sa gaule.

El oriental saldrá de su sede,
pasar los montes Apeninos para ver la Galia:
Traspasará el cielo, las aguas y nieve
y uno a uno golpeará con su contribución.

XXX

Vn qui les dieux d'Annibal infernaux,
Fera renaistre, effrayeur des humains.
Oncq' plus d'horreur ne plus pire iournaux,
Qu'auint viendra par Babel aux Romains.

Uno a quien los dioses de Aníbal infernales
harán renacer, terror de los humanos.
Nunca más pánico pudieron contar las jornadas,
que sucedido venga por Babel a los romanos.

XXXI

En Campanie le Cassilin fera tant,
Qu'on ne verra d'aux les champs couuers:
Deuant apres la pluye de long temps,
Hors mis les arbres rien l'on verra de vert.

En Campania el Cassilino hará tanto
que no podrá verse de aguas los campos cubiertos:
Ante el paso de la lluvia de largo tiempo,
lejos de los árboles nada se verá de verde.

XXXII

Laict, sang grenoilles escoudre en Dalmatie.
Conflict donné preste pres de Balennes:
Cry sera grand par toute Esclauonie,
Lors naistra monstre pres & dedans Rauenne.

Leche, sin ranas escurrirá en Dalmacia,
conflicto dado, peste cerca de Baleens.
Grande será el gemido por toda Eslovenia,
entonces nacerá monstruo cerca y dentro de Ravena.

XXXIII

Par le torrent qui descent de Veronne,
Par lors qu'au Pau guindera son entree:
Vn grand naufrage, & non moins en Garonne,
Quand ceux de Gênes marcherôt leur contree

Por el torrente que desciende de Verona,
por entonces que en Pau guiará su entrada:
Un gran naufragio y al igual en el Garona,
cuando los de Gennes marcharán a su encuentro.

XXXIV

L'ire insensee du combat furieux,
Fera à table par freres le fer luire:
Les desparrit blessé, & curieux,
Le fier duelle viendra en France nuire.

La ira insensata de furioso combate,
hará en mesa por hermanos el hierro brillar:
Separar, herido, curioso,
el fiero duelo hará en Francia daño.

XXXV

Dans deux logis de nuict la feu prendra,
Plusieurs dedans estoffez & rostis.
Pres de deux fleuues pour seul il aduiendra:
Sol, l'Arq, & Caper tous seront amortis.

En dos mansiones de noche el fuego prenderá,
cientos dentro asfixiados y quemados.
Cerca de dos ríos pero sólo uno llegará:
Excepto el Arq y Caper, todos serán muertos.

XXXVI

Du grand Prophete les lettres seront prinses,
Entre les mains du tyran deuiendront:
Frauder son Roy seront ses entreprinses,
Mais ses rapines bien tost le troubleront.

Del gran Profeta las cartas serán tomadas,
entre las manos del tirano quedarán:
Defraudar a su rey será su meta,
pero su rapiña bien pronto le preocupará.

XXXVII

De ce grand nombre que l'on enuoyera,
Pour secourir dans le fort assiegez,
Peste & famine tous les deuorera,
Hors mis septante qui seront profligez.

De este gran número que se le enviará
para socorrer al fuerte asediado,
peste y hambre devorarán todo,
fuera de los setenta que serán salvados.

XXXVIII

Des condamnez sera fait vn grand nombre,
Quand les monarques seront conciliez:
Mais l'vn d'eux viendra si malencombre,
Que guerre ensemble: ne seront raliez.

De condenados será hecho gran número,
cuando los monarcas se hayan reconciliado:
Pero uno de ellos estará tan contrario,
que apenas si estarán unidos.

XXXIX

Vn deuant le conflict Italique,
Germains, Gaulois, Espaignols pour le fort:
Cherra l'escolle maison de republique,
Où, hors mis peu, seront suffoqué morts.

Un año antes del conflicto itálico,
germanos, galos, españoles en el fuerte:
Buscará el escollo casa de república,
donde fuera de unos pocos, serán sofocados muertos.

XL

Vn peu apres non point longue interualle,
Par mer & terre sera faict grand tumulte:
Beaucoup plus grande sera pugne nauale,
Feux, animaux, qui plus feront d'insulte.

Después sin demasiado intervalo,
por mar y tierra será hecho gran tumulto:
Mucho más grande será la pugna naval,
fuegos, animales, que más harán de insulto.

XLI

La grand' estoille par sept iours bruslera,
Nuee fera deux soleils apparoir:
Le gros mastin toute nuit hurlera,
Quand grand pontife changera de terroir.

La gran estrella durante siete días arderá,
nublado hará dos soles aparecer:
El gran mastín todas las noches aullará,
cuando el gran pontífice cambiará de terreno.

XLII

Coq, chiens & chats de sang seront repeus,
Et de la playe du tyran trouué mort,
Au lict d'vn autre iambes & bras rompus,
Qui n'avoit peu mourir de cruelle mort.

Gallo, perros y gatos de sangre serán ahítos,
y de la plaga el tirano encontrado muerto,
en la cama de otro, piernas y brazos rotos,
quien no tenía miedo de morir, muerte cruel.

INTERPRETACIÓN

Esta cuarteta también presagia hechos transcurridos durante la Revolución Francesa de 1789.

El gallo representa a Francia y la sangre de los animales callejeros es una clara referencia a las muchísimas muertes que se producirán en la guillotina. En el verano de 1794, durante el mandato de Maximiliano Robespierre, hubo más ejecuciones que nunca y fueron eliminados todos los disidentes al nuevo orden.

La tiranía impuesta por Robespierre terminó gracias a que muchos diputados, temiendo por sus propias vidas, planificaron su caída y fue finalmente guillotinado.

XLIII

Durant l'estoille cheuelue apparente,
Les trois grands princes seront faits ennemis:
Frappez du ciel paix terre tremulente,
Pau, Timbre vndans, serpent sur le bort mis.

Durante la estrella cabelluda aparente,
los tres grandes príncipes serán hechos enemigos:
Golpeados por el cielo, paz en tierra temblorosa,
Pau, Timbre ondeante, serpiente sobre el borde puesta.

XLIV

L'Aigle poussee en tout de pauillons,
Par autres oyseaux d'entour sera chassee:
Quand bruit des cymbres tube & sonnaillons
Rendont le sens de la dame insensee.

El águila empujada en torno de pabellones,
por otros pájaros de alrededor será acosada:
Cuando el sonido de címbalos, tubos y campanas,
rendirán el sentido de la dama insensata.

XLV

Trop du ciel pleure l'Androgin procree,
Pres du ciel sang humain respandu:
Par mort trop tard grand peuple recree,
Tard & tost vient le secours attendu.

Demasiado el cielo llora al andrógino procreado,
cerca del cielo sangre humana derramada.
Por muerte demasiado tarde gran pueblo recreado,
no llega pronto la ayuda deseada.

XLVI

Apres grâd troche humain plus grâd s'appreste
Le grand moteur les siecles renouuelle:
Pluye sang, laict, famine, fer & peste,
Au ciel veu feu, courant longue estincelle.

Después de feroz lucha humana mayor se apresta,
el gran motor los siglos renuevan:
Lluvia, sangre, leche, hambre, hierro y peste,
en el cielo luz verde, corriendo larga centella.

Interpretación

Esta cuarteta parece hablar de las guerras mundiales. Hay quien hace una interpretación presagiando una Tercera Guerra Mundial que tendría lugar en este siglo, mientras que otros expertos aluden a la gran miseria de nuestra época, donde miles de personas mueren de hambre en zonas muy desfavorecidas y otras tantas no tienen ni hogar ni trabajo y, en consecuencia, están en la más completa miseria dentro del que se denomina primer mundo, o mundo privilegiado.

También hay quien ha afirmado que esta cuarteta vincula los enfrentamientos mundiales a los ciclos de los cometas, debido a que en la última línea hace referencia al cielo, pero no queda muy claro su significado porque en la época de la reaparición del cometa Haley (cerca del fin de siglo XX) no hubo ninguna confrontación a nivel mundial.

XLVII

L'ennemy grand vieil dueil meurt de poison,
Les souuerains par infinis subiuguez:
Pierres plouvoir, cachez soubs la toison,
Par mort articles en vain sont alleguez.

El enemigo gran anciano duelo muerte por veneno,
los monarcas por infinito sojuzgados:
Piedras llover, esconder bajo el vellón,
por muerte artículos en vano son llevados.

XLVIII

La grand copie qui passera les monts.
Saturne en l'Arq tournant du poisson Mars:
Venins cachez soubs testes de saumons,
Leurs chief pendu à fil de polemars.

El gran ejército que pasará los montes.
Saturno en el Arco girando del pez Marte:
Venenos escondidos bajo cabezas de salmones,
su jefe pende en cuerda de izar.

XLIX

Les conseilliers du premier monopole,
Les conquerants seduits pour la Melite,
Rode, Bisance pour leurs exposant pole,
Terre faudra les poursuiuans de fuite.

Los consejeros del primer monopolio,
los conquistadores seducidos por Melita,
Rodas, Bizancio para sus exponentes polo,
tierra necesitarán los perseguidores en la huida.

L

Quâd ceux d'Hainault, de Gâd & de Bruxelles,
Verront à Langres le siege deuant mis:
Derrier leurs flancs seront guerres cruelles
La playe antique fera pis qu'ennemis.

Cuando los Hainault, de Gante y de Bruselas
vean en Langres el asedio puesto:
Tras sus flancos habrá guerras vesánicas,
la plaga antigua será peor que el enemigo.

LI

Le sang du iuste à Londres fera faute,
Bruslez par foudres de vingt trois les six:
La dame antique cherra de place haute,
De mesme secte plusieurs seront occis.

La sangre del justo en Londres será escasa,
quemados por rayos de veintitrés los seis:
La hembra antigua caerá del puesto alto,
de igual secta muchos serán muertos.

INTERPRETACIÓN

Esta cuarteta se refiere a la restauración en el trono de Carlos II de Inglaterra frente al mandato ejercido por Oliver Cromwell, un usurpador. En el año 1665 Carlos declaró la guerra a Holanda y este error le costó no sólo millones de libras sino también la enemistad con Francia, España y Alemania.

La segunda línea de la cuarteta incide, según los expertos, en la fecha en que se declaró el gran fuego que asoló Londres, el 2 de septiembre del año 1666, citado por Nostradamus según el calendario juliano, el vigente mientras el profeta escribía sus predicciones.

LII

Dans plusieurs nuits la terre tremblera,
Sur le printemps deux effors suite:
Corinthe, Ephese aux deux mers nagera,
Guerre s'esmeut par deux vaillans de luite.

En varias noches la tierra temblará,
en la primavera dos esfuerzos seguidos:
Corinto, Éfeso en los dos mares nadará,
guerra abierta por dos paladines de la lucha.

LIII

La grande peste de cité maritime,
Ne cessera que mort ne soit vengee,
Du iuste sang par pris damné sans crime,
De la grand dame par feincte n'outragee.

La gran bubónica de ciudad marítima
no cesará hasta que la muerte sea vengada,
del justo sangre tomada por maldita sin crimen,
de la gran dama por ocultación no ultrajada.

INTERPRETACIÓN

La cuarteta predice la gran plaga que invadió de muerte Londres el año 1665. Esta urbe era en esa época una de las mayores ciudades marítimas y por ese hecho se volvió muy vulnerable. Parece ser que la enfermedad vino del exterior y según estimaciones realizadas al cabo de un año habían muerto unas 100.000 personas en la capital.

Hubo quien opinaba que la enfermedad era equivalente a una plaga bíblica que azotaba a los ciudadanos en justo castigo por la muerte de Carlos I, hijo de Jaime VI de Escocia.

LIV

Pour gent estrange, & Romains loingtaine,
Leur grand cité apres eaue fort troublee:
Fille sans trop different domaine,
Prins chef, ferreure n'auoir esté riblee.

Por gente extranjera y romanos lejana
su gran ciudad tras ellos muy turbada:
Hija sin demasiado diferente dominio,
tomado el jefe, terror de no haber sido arrasada.

LV

Dans le conflict le grand qui peut valloit,
A son dernier fera cas merueilleux.
Pendant qu'Hadrie verra ce qu'il falloit,
Dans le banquet pongnale l'orgueilleux.

En el conflicto el grande que poco valía,
al final hará cosas maravillosas.
Mientras que Hadriano verá lo que quería,
en el banquete puñal al orgulloso.

LVI

Que peste & glaiue n'a sceu definer,
Mort dans le puys sommet du ciel frappé:
L'abbé mourra quand verra ruiner,
Ceux du naufraige l'escueil voulant grapper.

Lo que peste y daga no han sabido definir,
muerte en el pozo cumbre del cielo batida:
El abate morirá cuando ve arruinar,
los del naufragio al escollo queriendo asirse.

LVII

Auant conflict le grand tumbera.
Le grand à mort, mort, trop subite & plainte:
Nay miparfaict la plus part nagera,
Aupres du fleuue de sang la terre teinte.

Antes del conflicto el grande caerá.
El grande ha muerto, muerto demasiado súbitamente:
Nave medio perfecta, la mayor parte nadará,
tras el río de sangre la tierra teñida.

LVIII

Sans pied ne main dend ayguë & forte,
Par glob au fort de port & layné nay,
Pres du portail desloyal transport,
Silene luit, petit, grand emmené.

Sin pie ni mano diente agudo y sano,
por multitud al fuerte del puerto y el mayor nacido,
cerca del muelle desleal transportado,
Selino brilla, pequeño, grande llevado.

LIX

Classe Gauloyse par apuy de grand garde,
Du grand Neptune, & ses tridens souldars.
Rongee Prouence pour soustenir grand bande:
Plus Mars Narbon, par iauelotz & dards.

Flota gala por apoyo de gran guardia,
del imponente Neptuno y sus tridentes sólidos.
Ocupaba Provenza por sostener gran banda:
Más Marte, Narbona por jabalinas y dardos.

LX

La foy Punicque en Orient rompue,
Grand Iud, & Rosne Loyre & Tag changeront:
Quand du mulet la faim sera repue,
Classe espargie, sang & corps nageront.

La fe púnica en Oriente rota,
gran Iud y Ródano, Loira y Tajo cambiarán:
Cuando el mulo el hambre haya repuesta,
la flota derrotada, sangre y cuerpos nadarán.

LXI

Enge, Tamins, Gironde & la Rochele,
O sang Troyen mort au port de la fleche
Derrier le fleuue au fort mise l'eschele,
Pointes feu grand meurtre sus la bresche.

Euge, Támesis, Gironda y La Rochelle,
¡Oh sangre troyana muerta en el puerto de la flecha!
Tras el río en el fuerte puesta la escala,
puntas de fuego gran matanza bajo la brecha.

LXII

Mabus plustost alors mourra, viendra,
De gens & bestes vn horrible defaite:
Puis tout à coup la vengeance on verra,
Cent, main, faim quand courra la comete.

Mabus pronto entonces morirá, llegará,
de gentes y bestias una horrible derrota:
Luego de golpe la venganza se verá,
ciento, mano, sed, hambre, cuando corra el cometa.

INTERPRETACIÓN

Ciertos expertos interpretan que Mabus es Sadam Hussein, por tanto, aquí se está relatando su muerte, probablemente a causa de un cáncer. El óbito del dictador iraquí ocurrirá en el momento en que el cometa sea visible.

LXIII

Gaulois, Ausone bien peu subiugera,
Pau, Marne & Seine fera Perme l'vrie:
Qui le grand mur contre eux dressera,
Du moindre au mur le grand perdra la vie.

El galo a Asón bien poco sojuzgará,
Pau, Marne y Sena harán sus furias a Perme:
Quien el gran muro contra ellos levantará,
el menor en el muro el grande perderá la vida.

LXIV

Secher de faim, de soif, gent Geneuoise,
Espoir prochain viendra au defaillir:
Sur point tremblant sera loy Gebenoise,
Classe au grand port ne se peut accueillir.

Pereced de hambre y de sed, gente de Ginebra,
esperanza próxima desvanecida:
Sobre punto tembloroso será ley Gebenita,
flota en el gran puerto no podrá fondear.

LXV

Le pare enclin grande calamité,
Par l'Hesperie & Insubre fera:
Le feu en nef peste & captiuité,
Mercure en l'Arc Saturne fenera.

El parque inclinado a gran calamidad,
por Hesperia e Insubria hará:
El fuego en la nave, peste y cautividad,
Mercurio en el Arco Saturno fenecerá.

LXVI

Par grand dangiers le captif eschapé,
Peu de temps grand a fortune changee:
Dans le palais le peuple est attrapé,
Par bon augure la cité assiegee.

Por grandes peligros el cautivo escapado,
por poco tiempo el grande ha cambiado fortuna:
En el palacio el pueblo es atrapado,
por buen augurio la ciudad asediada.

LXVII

Le blonde au nez force viendra commettre,
Par la duelle & chassera dehors:
Les exilez dedans fera remettre,
Aux lieux marins commettant les plus fors.

El rubio de nariz aquilina acometerá,
por el duelo y echará fuera:
Los exiliados dentro hará volver a poner,
en los lugares marinos acometiendo a los más fuertes.

LXVIII

De l'Aquilon les efforts seront grands:
Sus l'Ocean sera la porte ouuerte:
Le regne en l'Isle sera reintegrand,
Tremblera Londres par voille descouuerte.

Del Aquilón los esfuerzos serán grandes,
sobre el océano estará la puerta abierta:
El reino en Isla será restablecido,
temblará Londres por vela descubierta.

INTERPRETACIÓN

Esta cuarteta alude a cuatro hechos acontecidos en tierras inglesas, pero que no necesariamente sucedieron en el mismo instante. Algunos expertos han barajado la posibilidad de que las fechas en que ocurrieron estos eventos tienen un significado oculto, pero no siempre es fácil comprender tales razonamientos.

La primera línea relata lo siguiente: el rey Carlos I, hijo de Jaime VI de Escocia, había sido tomado prisionero durante la guerra civil inglesa y el parlamento escocés decidió en 1648 votar que una fuerza compuesta de 30.000 hombres se dirigiera a rescatarlo. Al cruzar la frontera se les unieron 5.000 ingleses con la misma idea. Los hombres de Cromwell se apresuraron hacia el norte y el mes de agosto de 1648 tuvo lugar la confrontación. La batalla, cruenta como la que más, se saldó con una brutal derrota por parte de los escoceses.

La segunda línea trata de la firma de la alianza angloportuguesa (julio de 1654), por la que Portugal abría el puerto de Lisboa a los barcos de la flota inglesa. Este acuerdo benefició y fortaleció evidentemente a los británicos.

La siguiente línea resume la restauración del reino. La ejecución de Carlos I en enero de 1649 dio fin al perfil sucesorio al trono de Inglaterra. Durante un tiempo la Rubia Albión estuvo bajo la protección de Cromwell, pero tras su muerte el año

1658 y la incapacidad de su hijo para gobernar el país, los súbditos se fijaron en Carlos II, hijo del rey anterior, y le pidieron que regresara a la isla y asumiera su lugar en el trono. Las formalidades para esta reinstauración finalizaron el mes de mayo del año 1660.

El final de la cuarteta trata de la entrada de la flota holandesa en tierras inglesas ocurrida el 8 de junio de 1667 y el gran miedo sufrido por los londinenses.

LXIX

Le Roy Gaulois par la Celtique dextre,
Voyant discorde de la grand Monarchie,
Sur les trois parts fera florir son sceptre,
Contre la chappe de la grand Hierarchie.

El rey galo por la céltica diestra,
viendo discordia de la gran monarquía,
sobre las tres partes hará florecer su cetro,
contra la capa de la gran jerarquía.

LXX

Le dard du ciel fera son estandue,
Morts en parlant grande execution:
La pierre en l'arbre la fiere gent rendue,
Bruit humain monstre purge expiation.

El dardo del cielo se extenderá,
muertos hablando de gran ejecución:
La piedra en el árbol la valiente gente rendida,
ruido humano monstruo purga expiación.

LXXI

Les exilez en Sicile viendront,
Pour deliure de faim la gent estrange:
Au point du iour les Celtes luy faudront
La vie demeure à raison: Roy se range.

Los exiliados en Sicilia llegarán,
para librar del hambre a la gente extranjera:
Al romper el día los celtas le fallarán,
la vida permanece a razón rey se rinde.

LXXII

Armee Celtique en Italie vexee,
De toutes pars conflict & grande perte:
Romains fuis, ô Gaule repoussée,
Pres du Thesin Rubicon pugne incerte.

Ejército céltico en Italia vejada,
de todas partes conflictos y gran pérdida:
Romanos huidos ¡Oh, Galia golpeada!
Cerca del Tesino Rubicón pugna incierta.

LXXIII

Au lac Fucin de Benac le riuage,
Prins de Leman au port de l'Orgion,
Nay de trois bras predict bellique image,
Par trois couronnes au grand Endymion.

En el lago Fucino de Benac la orilla,
príncipe de Leman en el puerto del Orguión,
nacido de tres brazos predice bélica imagen,
por tres coronas al gran Endimión.

LXXIV

De Sens, d'Autun viendront iusques au Rosne,
Pour passer outre vers les monts Pyrenees:
La gent sortit de la marque d'Anconne,
Par terre & mer suyura à grands trainees.

De Sens, de Autun llegarán hasta el Ródano,
para pasar hacia los montes Pirineos,
la gente salir de la marca de Ancona,
por tierra y mar seguirá en grandes oleadas.

LXXV

La voix ouye de l'insolit oyseau,
Sur le canon du respiral estage:
Si haut viendra du froment le boisteau
Que l'homme d'homme sera Antropophage.

La voz oída del insólito pájaro,
sobre el cañón del respirar suelo:
Tan alta se elevará del grano la tarifa,
que el hombre del hombre será antropófago.

INTERPRETACIÓN

Esta cuarteta narra los hechos acontecidos a partir del 13 de octubre de 1972, cuando un avión salió de Uruguay con 40 jugadores de rugby para disputar un encuentro amistoso en Chile. El aparato se estrelló en monte Hilario, en la cordillera de los Andes. Hasta que fueron rescatados, los jóvenes que quedaron con vida debieron alimentarse con carne de sus compañeros.

LXXVI

Foudre en Bourgongne fera cas portenteux.
Que par engin oncques ne pourroit faire:
De leur senar sacrist fait boiteux,
Fera sçavoir aux ennemis l'affaire.

Rayo de Borgoña será caso portentoso,
que por lo que sea no podría ser:
De su senado sacro hecho vergonzoso,
hará saber a los enemigos el asunto.

LXXVII

Par arcs, feux, poix & par feux repoussez,
Cris hurlements sur la minuit ouys:
Dedans sont mis par les rampars cassez,
Par cunicules les traditeurs fuys.

Por arcos, fuegos, pez y por fuegos rechazados,
gritos y aullidos en la medianoche oídos:
Dentro se han metido por las murallas rotas,
por canículas los traidores huidos.

LXXVIII

Le grand Neptune du profond de la mer,
De gent punique & sang Gaulois meslé:
Les Isles à sang pour le tardif ramer,
Puis luy nuira que l'occult mal celé.

El gran Neptuno de la profundidad del mar,
de gente púnica y sangre gala mezclada:
Las islas a sangre para el tardío remar,
más le dañará que el oculto mal guardado.

LXXIX

La barbe crespe & noire par engin,
Subiuguera la gent cruelle & fiere:
Le grand Chiren ostera du longin.
Tous les captifs par Seline banniere.

La barba crespa y negra por ingenio
Sojuzgará a la gente cruel y fiera:
El gran Chirén sacará a lo lejos,
todos los cautivos por Selín bandera.

LXXX

Apres conflict du lesé l'eloquence,
Par peu de temps se trame faint repos:
Point l'on n'admet les grands à deliurance,
Des ennemis sont remis à propos.

Tras el conflicto del dañado la elocuencia,
escaso tiempo se trama falso descanso:
No se admite los grandes a la entrega,
los enemigos son vueltos a propósito.

LXXXI

Par feu du ciel la cité presque aduste,
L'vrne menace encor Deucalion,
Vexee Sardaigne par la Punique fuste,
Apres que Libra lairra son Phaëton.

A través del fuego desde el cielo la ciudad casi quemada,
la urna amenaza Deucalion nuevamente,
Sardinia molestada por los púnicos,
después de que Libra deje su Phaethon.

LXXXII

Par faim la proye fera loup prisonner,
L'assaillant lors en extreme detresse,
Le nay ayant au deuant le dernier,
Le grand n'eschappe au milieu de la presse.

A través del hambre, la presa hará el lobo prisionero,
el agresor estará en extremo dolor,
el heredero teniendo la última antes de él,
el grande no escapará en medio de la muchedumbre.

LXXXIII

Le gros traffic d'vn grand Lyon changé,
La plus part tourne en pristine ruine,
Proye aux soldats par pille vendangé:
Par Iura mont & Sueue bruine.

El gran comercio de la gran Lyon no es igual,
la otra parte se vuelca a la ruina,
presa a los soldados barren afuera por pillaje:
A través de la montaña Jura y Suevia llovizna.

LXXXIV

Entre Campaigne, Sienne, Flora, Tustie,
Six mois neuf iours ne pleuura vne goutte:
L'estrange langue en terre Dalmatie,
Couurira sus, vastant la terre toute.

Entre Campania, Siena, Florencia, Toscana,
seis meses nueve días sin una gota de agua:
La extraña lengua en tierra dálmata
va a invadir, devastar toda la zona.

LXXXV

Le vieux plein barbe soubs le statut seuere,
A Lion faict dessus l'Aigle Celtique,
Le petit grand trop outre perseuere,
Bruist d'arme au ciel, mer rouge Ligustique.

La vieja barba llena bajo la severa estatua,
hecha en Lyon sobre el águila celta.
El pequeño persevera muy lejos:
Ruido de armas en el cielo, mar de Liguria rojo.

LXXXVI

Naufrage à classe pres d'onde Hadriatique,
La terre tremble esmeuë sus l'air en terre mis:
Egypte tremble augment Mahometique,
L'Herault sov rendre à crier est commis.

Ruina para la flota cerca del mar Adriático,
La tierra tiembla, se conmociona sobre el aire puesto en tierra:
Egipto se conmueve y mahometanos incrementan,
el heraldo se rinde para llorar.

LXXXVII

Apres viendra des extremes contrees,
Prince Germain, dessus le throsne doré:
La seruitude & eaux rencontrees,
La dame serue, son temps plus n'adoré.

Después vendrá de remotos confines,
príncipe germano, sobre trono dorado:
La esclavitud y aguas reencontradas,
la mujer sirve, su tiempo ya no es adorado.

LXXXVIII

Le circuit du grand faict ruineux,
Le nom septiesme du cinquiesme sera:
D'vn tiers plus grand l'estrange belliqueur,
Mouton, Lutece, Aix ne garantira.

El circuito del gran hecho ruinoso,
el hombre séptimo del quinto será:
De un tercio más grande el extranjero belicoso,
Mouton, Lutecia, Aix no garantizará.

Interpretación

Esta cuarteta es interpretada en referencia al viaje del rey de Francia Carlos IX con su madre Catalina de Medicis que empezó en París el 24 de enero del año 1564 y terminó el 1 de mayo de 1566. La reina madre tenía grandes esperanzas puestas en este viaje. Por un lado, deseaba dar a conocer el nuevo monarca a todos los súbditos y, por otro, tenía planificadas también muchas visitas y reuniones diplomáticas para fortalecer los lazos familiares mediante enlaces matrimoniales y solventar diversos problemas relacionados con la religión. Lo cierto es que no tuvo mucho éxito.

LXXXIX

Vn iour seront demis les deux grands maistres,
Leur grand pouuoir se verra augmenté:
La terre neuue sera en ses hauts estres,
Au sanguinaire le nombre racompté.

Un día se dividirán los dos grandes dueños,
y su gran poder aumentará:
La tierra nueva estará en sus elevadas garras,
para el sanguinario el número está contado.

XC

Par vie & mort changé regne d'Ongrie,
La loy sera plus aspre que seruice:
Leur grand cité d'hurlemens plaincts & crie,
Castor & Pollux ennemis dans la lice.

Por vida y muerte cambiado el reino de Hungría,
la ley será más áspera que generosa:
Su gran ciudad de aullidos, quejas y gritos,
Castor y Polux enemigos en la lid.

INTERPRETACIÓN

Cuando Nostradamus escribió esta cuarteta la parte central de Hungría, incluyendo Buda y Pest, las dos ciudades a ambos lados del Danubio, estaban bajo el control turco y estuvieron así hasta el año 1683. En 1699, Leopoldo fue nombrado rey de Hungría. Entre 1740 y 1780 la emperatriz María Teresa gobernó el reino y su humanitarismo católico favoreció al pueblo. Hacia 1830 tuvieron lugar una serie de revoluciones, instigadas por los croatas y los rumanos y empezó una época de desasosiego. En 1848 un patriota declaró la independencia del estado húngaro. Al año siguiente, el ejército ruso, mandado para ayudar al emperador austríaco Francisco José, derrotó a los húngaros y restableció el control austríaco. En 1867 se llegó a un acuerdo que culminó con la coronación de Francisco José como rey apostólico de Hungría. La monarquía dual de Austria-Hungría duró hasta el año 1918.

La segunda línea hace referencia al período de doble monarquía, durante el cual los ciudadanos vivían y trabajaban en condiciones muy duras y sus peticiones para solventar las leyes que resultaban tan opresivas fueron sistemáticamente rechazadas.

Con la imagen de Castor y Polux, los gemelos de la mitología griega que nacieron de Leda pero que eran de padres diferentes, Nostradamus nos indica que si bien el reino era dual la entente no era buena y los problemas se fueron sucediendo sin parar.

XCI

Soleil leuant vn grand feu l'on verra,
Bruit & clarté vers Aquilon tendants:
Dedans le rond mort & cris l'on orra,
Par glaiue, feu faim, mort les attendants.

Sol saliendo un gran fuego lejos se verá,
ruido y claridad yendo hacia Aquilón:
En el círculo muerte y gritos escucharán,
por espada, fuego, hambre, la muerte los espera.

XCII

Feu couleur d'or du ciel en terre veu,
Frappé du haut nay, faict cas merueilleux:
Grand meurtre humain: prinse du grand le neueu,
Morts d'espactacles eschappé l'orgueilleux.

Fuego color de oro del cielo en tierra visto,
golpeado del alto nacido, hecho caso maravilloso:
Gran crimen humano, presa del gran sobrino,
muerto de espectáculos escapado el orgulloso.

XCIII

Biens pres du Tymbre presse la Lybitine,
Vn peu deuant grand inondation:
Le chef du nef prins, mis à la sentine,
Chasteau, palais en conflagration.

Muy cerca del Tíber junto a la Libitina,
un poco antes de la gran inundación:
El jefe de la nave preso, puesto en la sentina,
castillo, palacio en conflicto.

XCIV

Grand Paud, grand mal pour Gaulois receura,
Vaine terreur au maritin Lyon:
Peuple infiny par la mer passera,
Sans eschapper vn quart d'vn million:

Gran Pau, gran mal para galos recibirá,
vano terror marítimo en Lyon:
Pueblo infinito por el mar pasará,
sin escapar un cuarto de millón.

XCV

Les lieux peuplez seront inhabitables,
Pour champs auoir grande diuision:
Regnes liurez à prudens incapables,
Lors les grands freres mort & dissention.

Los lugares poblados serán inhabitables,
para los campos habrá gran división:
Reinos dados a ineptos prudentes,
entonces grandes hermanos muerte y disensión.

XCVI

Flambeau ardant au ciel soir sera veu,
Pres de la fin & principe du Rosne,
Famine, glaiue: tardue secours pourueu,
La Perse tourne enuahir Macedoine.

Antorcha ardiendo en el cielo será vista de noche,
cerca del final y del principio del Ródano,
hambre, acero, tarde el socorro llegado,
el persa vuelve a invadir Macedonia.

XCVII

Romain Pontife garde de t'approcher,
De la cité qui deux fleuues arrouse,
Ton sang viendra aupres de la cracher
Toy & les tiens quand fleurira la rose.

Romano pontífice guárdate de acercarte,
de la ciudad que dos ríos bañan,
tu sangre irá cerca de allí a ser esculpida,
tú y los tuyos cuando florezca la rosa.

INTERPRETACIÓN

Esta cuarteta encierra un aviso para el Papa para que evite ir a Lyon, ciudad a través de la cual fluyen los ríos Rone y Saon.

XCVIII

Celuy de sang reperse le visage,
De la victime proche sacrifiee,
Tonant en Leo, augure par presage,
Mis estre à mort lors pour la fiancee.

Quien de sangre rocía el rostro,
de la víctima próxima sacrificio,
temiendo en Leo, augurios por presagio,
pero llevado a muerte por la prometida.

INTERPRETACIÓN

Nostradamus, de nuevo, se pronuncia sobre el terror acontecido durante la Revolución francesa. Aquí hace referencia a la detención de Maximiliano María Isidoro de Robespierre, que recibió un disparo en la mandíbula y mientras se le juzgaba permaneció sin atención médica alguna, es decir, con la sangre bañándole la cara. El que fuera considerado un gran tirano murió acompañado de muchos de los suyos.

La última línea trata del horror que se vivió durante el período en el cual Robespierre tuvo poder ya que se le consideró responsable de guillotinar a 17.000 ciudadanos. Podría considerarse una ironía de Nostradamus hacer referencia al mortal artilugio como «la prometida», puesto que sus víctimas eran mantenidas en posición horizontal cuando iban a ser sacrificadas.

La tercera línea es interpretada como que todo esto sucederá en la época en que Júpiter entrará en Leo y esto sucedió tres semanas antes del 20 de junio de 1789 hasta el 24 de junio de 1790, cuando la revolución ya no podía ser detenida.

XCIX

Terroir Romain qu'interpretoit augure,
Par gent Gauloise par trop sera vexee:
Mais nation Celtique craindra l'heure,
Boreas, classe trop loing l'auoit poussee.

Terror romano que interpretó augurio,
por gente gala mucho será vejado:
Pero nación celta temerá la hora
Boreas, ejército demasiado lejos, lo habrá empujado.

C

Dedans les isles si horrible tumulte,
Bien on n'orra qu'vne bellique brigue,
Tant grand sera de predateurs l'insulte,
Qu'on te viendra ranger à la grand ligue.

Dentro de las islas tan caótico tumulto,
bien pronto no habrá más que bélica lucha,
tan grande será de los predadores el insulto,
que se vendrá a alinear en la gran liga.

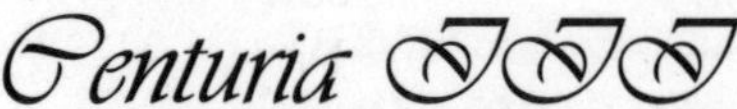

Centuria III

I

Apres combat & bataille nauale,
Le grand Neptune à son plus haut befroy:
Rouge aduersaire de peur viêdra pasle,
Mettant le grand Occean en effroy.

Tras combate y enfrentamiento naval,
el gran Neptuno en el cénit de su esplendor:
Rojo adversario de terror se tornará pálido,
poniendo al gran océano en terror.

II

Le diuin Verbe donra à la substance,
Côpris ciel, terre, or occult au laict mystique:
Corps, ame esprit ayant toute puissance,
Tant soubs ses pieds comme au siege Celique.

El divino Verbo dará a la substancia,
comprendidos cielo, tierra, oro oculto a la leche mística:
Cuerpo, alma, espíritu teniendo toda potencia,
tanto bajo sus pies como en la sede celta.

III

Mars & Mercure, & l'argent ioint ensemble,
Vers le midy extreme siccité:
Au fond d'Asie on dira terre tremble,
Corinthe, Ephese lors en perplexité.

Marte y Mercurio, y la plata toda junta,
hacia el Mediodía extrema sequía:
Al fondo de Asia se dirá que la tierra tiembla,
Corinto, Éfeso entonces perplejos.

IV

Quand seront proches le defaut des lunaires,
De l'vn à l'autre ne distant grandement,
Froid, siccité, danger vers les frontieres,
Mesme où l'oracle a prins commencement.

Cuando esté próximo el defecto de los lunares,
del uno al otro sin distar grandemente,
frío, sequía, peligros en las fronteras,
en el mismo lugar donde el oráculo dio comienzo.

V

Pres loing defaut de deux grands luminaires.
Qui suruiendra entre l'Auril & Mars:
O quel cherré! mais deux grands debonnaires
Par terre & mer secourront toutes pars.

Tras larga ausencia de las dos grandes luminarias,
que ocurrirá entre abril y marzo:
¡Oh, qué precio! Pero dos grandes generosos
por tierra y mar socorrerán en todas partes.

VI

Dans temple clos le foudre y entrera,
Les citadins dedans leur fort greuez.
Cheuaux, boeufs, hômes, l'onde mur touchera,
Par faim, soif, soubs les plus foibles armez.

En el templo cerrado la masa no entrará,
los ciudadanos dentro su fuerte cargarán:
Caballos, bueyes, hombres, la onda el muro tocará,
por hambre, sed, bajo los más débiles armados.

VII

Les fugitifs, feu du ciel sus les picques,
Conflict prochain des corbeaux, s'esbatans,
De terre on crie, ayde, secours celiques,
Quand pres des murs seront les combatans.

Los fugitivos, fuego del cielo sobre las picas,
Cconflicto cercano de cuervos revoloteando,
desde tierra se grita, ayuda, socorro celestial,
cuando cerca de los muros están quienes combaten.

VIII

Les Cimbres ioints auecques leurs voisins
De populer viendront presque l'Espagne:
Gens amassez Guienne & Limosins
Seront en ligue, & leur feront compagne.

Los cimbrios, junto a sus vecinos,
despoblarán casi a España:
Gentes amontonadas, Guyena y Lemosinos
estarán en liga y le harán campaña.

IX

Bourdeaux Roüan, & la Rochelle ioints,
Tiendront autour la grand mer Occeane,
Anglois, Bretons, & les Flamans conioints
Les chasseront iusqu'aupres de Roüane.

Burdeos, Ruán y La Rochelle unidos
se mantendrán alrededor del gran océano.
Anglosajones, bretones, y flamencos unidos
los perseguirán hasta cerca de Ruán.

X

De sang & faim plus grand calamité,
Sept fois s'appreste à la marine plage:
Monech de faim, lieu pris, captiuité,
Le grand, mené croc en ferree cage.

De sangre y hambre la mayor calamidad,
siete veces se apresta a la marina playa:
Mónaco en hambre, sitio tomado, cautividad,
el gran preso golpea encerrado en jaula de hierro.

XI

Les armes batre au ciel longue saison,
L'arbre au milieu de la cité tombé:
Verbine rogne, glaiue, en face tison,
Lors le monarque d'Hadrie succombé.

Las armas batir al cielo larga estación,
el árbol en medio de la ciudad caído:
Tomado, orín, espada, frente a tizón,
cuando el monarca de Hadria sucumba.

XII

Par la tumeur de Heb, Po, Timbre, & Rome
Et par l'estang Leman & Aretin.
Les deux grands chefs & citez de Garonne,
Prins, mortz noyez: Partir humain butin.

Por el tumor de Heb, Po, Tajo, Tíber y Roma,
y por los lagos Leman y Aretino:
Los dos grandes jefes y ciudades de Garona,
presos, muertos, ahogados: Partir humano botín.

XIII

Par foudre en l'arche or & argent fondu,
De deux captifs l'vn l'autre mangera
De la cité le plus grand estendu,
Quand submergee la classe nagera.

Por rayo en el arco oro y plata fundidos,
de dos cautivos el uno al otro devorará:
De la ciudad la mayor extensión,
cuando sumergida la flota nadará.

XIV

Par le rameau du vaillant personnage,
De France infime, par le pere infelice:
Honneurs, richesses: trauail en son viel aage,
Pour auoir creu le conseil d'homme nice.

Por la descendencia del gallardo personaje,
de Francia ínfima, por el padre infeliz:
Honores, riquezas, trabajo en su avanzada edad,
por haber creído el consejo de un hombre probo.

XV

Coeur, vigueur, gloire le regne changera,
De tous points contre ayant son aduersaire:
Lors France enfance par mort subiugera,
Vn grand Regent sera lors plus contraire.

Corazón, vigor, gloria el reino cambiará,
de todos los puntos en contra teniendo a su adversario:
Entonces Francia infancia por muerte sojuzgará,
un gran regente será entonces más contrario.

XVI

Vn prince Anglois Mars à son coeur de ciel,
Voudra poursuyure la fortune prospere:
Des deux duelles l'vn percera le fiel,
Hay de luy bien aymee de sa mere.

Un príncipe inglés, Marte tiene su corazón de cielo,
querrá perseguir su fortuna próspera:
De los dos duelos uno le atravesará la bilis,
¡ay de él! Bienamado de su madre.

XVII

Mont Auentine brusler nuict sera veu,
Le ciel obscur tout à vn coup en Flandres
Quand le monarque chassera son neueu,
Leurs gens d'Eglise commettrô les esclandres.

Monte Aventino arder de noche será visto,
el cielo oscuro de golpe en Flandes,
cuando el monarca perseguirá a su sobrino,
cuando gentes de la Iglesia cometerán tropelías.

INTERPRETACIÓN

Esta cuarteta puede vincularse con la número LXIX de la centuria I, pues trata de la quema de Roma (el monte Aventino es una de las siete montañas de Roma). También se menciona que el Santo Padre realizará una purga entre los sacerdotes para eliminar a los que realicen actos escandalosos.

XVIII

Apres la pluye laict asses longuette,
En plusieurs lieux de Reims le ciel touché:
O quel conflict de sang pres d'eux s'apprester,
Peres & fils Roys n'oseront approcher.

Después de la interminable lluvia de leche,
en varios lugares de Reims el cielo golpeado:
¡Oh, qué conflicto de sangre cerca de ellos se apresta!
Padres e hijos reyes no osarán acercarse.

XIX

En Luques sang & laict viendra plouuoir,
Vn peu deuant changement de preteur:
Grand peste & guerre, faim & soif fera voir
Loin où mourra leur prince & recteur.

En Luca sangre y leche lloverá,
un poco antes cambio de pretor:
Gran peste y guerra, hambre y sed se verá,
lejos de donde morirá su príncipe rector.

XX

Par les contrees du grand fleuue Bethique,
Loin d'Ibere au Royaume de Grenade
Croix repoussees par gens Mahometiques
Vn Cordubete ahira le contrade.

Por las comarcas del gran río Bético,
lejos del Ebro en el reino de Granada,
cruces rechazadas por los infieles,
uno de Córdoba traicionará la comarca.

XXI

Au Crustamin par mer Hadriatique,
Apparoistra vn horrible poisson,
De face humaine, & la fin aquatique,
Qui se prendra dehors de l'ameçon.

En el Crustamín por el mar Adriático,
aparecerá un horrible pez,
de cara humana y cola acuática,
que se pondrá a salvo del anzuelo.

XXII

Six iours l'assaut deuant cité donné:
Liuree sera forte & aspre bataille:
Trois la rendront, & à eux pardonné,
Le reste à feu & à sang tranche taille.

Seis días al asalto ante la ciudad dada,
librada será fuerte y áspera la batalla:
Tres la rendirán y a ellos perdonará,
el resto a fuego y sangre pasados.

Interpretación

El mes de junio del año 1967 Israel declaró la guerra a Egipto, Jordania y Siria, con el apoyo de otros cinco países. La ciudad de Jerusalén pasó a ser completamente de Israel (antes de este hecho sólo poseía una parte). Esta lucha recibe el nombre de la guerra de los Seis Días en clara alusión a la duración de la misma.

XXIII

Si France passe outre mert lygustique,
Tu te verras en isles & mers enclos.
Mahommet contraire, plus mer Hadriatique
Cheuaux & d'Asnes ty rongeras les os.

Si Francia pasa más allá del mar de Liguria,
tú te verás en islas y mares encerrado:
Mahoma contrario, más mar Adriático,
caballos y asnos les roerán los huesos.

XXIV

De l'entreprinse grande confusion,
Perte de gens thresor innumerable:
Tu n'y dois faire encore tension.
France à mon dire fais que sois recordable.

De la empresa gran confusión,
pérdida de gente, tesoro innumerable:
Tú no debes hacer mayor tensión,
Francia a mi decir haces que seas recordable.

XXV

Qui au royaume Nauarrois paruiendra,
Quand le Sicile & Naples seront ioints:
Bigore & Lances par Foyx loron tiendra
D'vn qui d'Espagne sera par trop conioint.

Quien al reino de Navarra llegue,
cuando Sicilia y Nápoles se unan:
Bigorra y Flandes por Foix entonces serán,
de uno que de España estará muy allegado.

XXVI

Des Roys & Princes dresseront simulacres,
Augures, creuz esleuez aruspices:
Corne, victume d'oree, & d'azur, d'acre,
Inrerpretez seront les extipices.

Reyes y príncipes realizarán simulacros,
augures creídos como elevados arúspices,
cuerno víctima dorada y de azul, de acre,
interpretados serán los presagios.

XXVII

Prince libinique puissant en Occident.
François d'Arabe viendra tant enflammer.
Sçauant aux lettres fera condescendent
La langue Arabe en François translater.

Príncipe libio poderoso en Occidente,
francés de Arabia tanto se inflamará:
Sabio en letras será condescendiente,
la lengua árabe en francés traducir.

XXVIII

De terre foible & pauure parentelle,
Par bout & paix paruiendra dans l'empire.
Long temps regner vne ieune femelle,
Qu'oncques en regne n'en suruint vn si pire.

De tierra débil y pobre parentela,
por decisión y paz llegará al imperio.
Largo tiempo reinará una mujer joven,
que nunca en el reino sucedió un tal peor.

INTERPRETACIÓN

Josefina de Beauharnais, la que fue esposa de Napoleón Bonaparte, nació en el seno de una familia humilde en la isla de Martinica (departamento francés de ultramar), enclave acosado por las diversas guerras entre Gran Bretaña y Francia, siendo en varios momentos territorio inglés. En 1804 fue emperatriz de Francia al ser nombrado su esposo emperador.

XXIX

Les deux neueux en diuers lieux nourris.
Nauale pugne, terre peres tombez
Viendront si haut esleuez enguerris,
Venger l'iniure, ennemis succombez.

Los dos sobrinos en diversos lugares nutridos.
Naval pugna, tierras de padres caídos
llegarán hasta tan alto gentes aguerridas,
vengar la injuria, enemigos sucumben.

XXX

Celuy qu'en luitte & fer au faict bellique
Aura porté plus grand que luy le pris:
De nuict au lict six luy feront la pique
Nud sans harnois subit sera surprins.

El que lucha y hierro al hecho bélico
habrá traído mucho más que lo tomado:
De noche en el lecho seis le darán la pica,
desnudo sin arneses pronto será sorprendido.

INTERPRETACIÓN

Tras la muerte del rey Enrique II de Francia (relatada en la cuarteta XXXV de la centuria I), el involuntario causante de la misma, el conde de Montgomery, decidió abandonar el país, si bien el monarca antes de fallecer había dado órdenes de que no se tomara ningún tipo de represalias contra él.

Unos 15 años después volvió a sus orígenes para luchar por la causa protestante y acabó siendo hecho prisionero. Al poco tiempo murió Carlos IX y siendo nombrada regente Catalina de Medicis, una de las primeras acciones que llevó a cabo fue la de ordenar el juicio y ejecución de Montgomery, el que sin querer había acabado con la vida de su marido.

XXXI

Aux champs de Mede, d'Arabe, & d'Armenie
Deux grands copies trois fois s'assembleront:
Pres du riuage d'Araxes la mesgnie,
Du grand Soliman en terre tomberont.

En los campos de Media, de Arabia y de Armenia,
dos grandes ejércitos tres veces se enfrentarán,
cerca del río de Araxes la mesnada,
del gran Solimán en tierra caerán.

INTERPRETACIÓN

Esta cuarteta expone el conflicto en Oriente Medio. Tendrán lugar tres enfrentamientos: el primero en los campos de Media que es una región histórica al noroeste de Irán, cerca de la frontera con Irak, es decir, la guerra irano-irakí (1980-1988). El segundo (en los campos de Arabia) se refiere a la guerra del Golfo (1991) y el tercero a la lucha entre Armenia y Azerbayan (1992).

XXXII

Le grand sepulchre du peuple Aquitanique
S'approchera aupres de la Toscane,
Quand Mars sera pres du coing Germanique
Et au terroir de la gent Mantuane.

El gran sepulcro del pueblo de Aquitania
se acercará hasta la Toscana,
cuando Marte esté cerca del rincón germánico
y en tierra de la regente mantuana.

XXXIII

En la cité où le loup entrera,
Bien pres de là les ennemis seront:
Copie estrange grand pays gastera
Aux murs & Alpes les amis passeront.

En la ciudad donde entrará el lobo,
muy cerca de allí estarán los enemigos:
Ejército extranjero gran país asolará,
las murallas y los Alpes los amigos pasarán.

XXXIV

Quand le deffaut du Soleil lors sera
Sur le plein iour le monstre sera veu:
Tout autrement on l'interpretera,
Cherté n'a garde nul n'y aura pourueu.

Cuando la falta de Sol sea,
en pleno día el monstruo será visto,
de otra manera se le interpretará,
carestía no importa, nadie lo habrá previsto.

XXXV

Du plus profond de l'Occident d'Europe,
De pauures gens vn ieune enfant naistra,
Qui par sa langue seduira grande troupe,
Sont bruit au regne d'Orient plus croistra.

De lo más profundo del Occidente de Europa,
de gente pobre un joven niño nacerá,
que por su lengua seducirá a las masas,
su fama en el reino de Oriente más crecerá.

INTERPRETACIÓN

Adolf Hitler nació en el año 1889 en Austria en el seno de una familia humilde. Su plan era conquistar Europa y Asia y con un gran poder de convocatoria consiguió que muchísimas personas siguieran sus planes.

XXXVI

Enseuely non mort apopletique,
Sera trouué auoir les mains mangees:
Quand la cité damnera l'heretique,
Qu'auoit leurs loix, ce leur sembloit changees.

Sepultado no muerto apopléjico,
será encontrado con las manos raídas,
cuando la ciudad maldecirá al hereje,
que tenía sus leyes, le parecían cambiadas.

XXXVII

Auant l'assaut l'oraison prononcee,
Milan prins d'Aigle par embusches deceus
Muraille antique par canons enfoncee,
Par feu & sang à mercy peu receus.

Antes del asalto la oración pronunciada,
Milán tomada por el Águila por emboscadas astutas,
muralla antigua por cañones derribada,
por fuego y sangre la merced pocos recibieron.

XXXVIII

La gens Gauloise & nation estrange,
Outre les motns, morts, prins & profugez:
Au moins contraire & proche de vendange,
Paules Seigneurs en accord redigez.

La gente gala y la nación extranjera,
de más allá de los montes, muertos, presos y afligidos,
al menos contraria y cercana a la vendimia,
por los señores en acuerdo escriturado.

XXXIX

Les sept en trois moins en concorde,
Pour subiuguer des Alpes Apennines:
Mais la tempeste & Ligure coüarde,
Les profligent en subites ruines.

Los siete en tres meses en concordia,
para sojuzgar los Alpes Apeninos:
Pero la tempestad y Luguria cobarde
los castigan con súbitas ruinas.

XL

Le grand theatre se viendra redresser,
Les dez iettez & les rets ja tendus:
Trop le premier en glaz viendra lasser,
Pars arcs prostrais de long temps ja fendus.

El gran teatro se levantará de nuevo,
los dados lanzados y las redes tendidas:
Demasiado aparte el primero quedará,
por arcos postrados desde hace mucho tiempo.

XLI

Bossu sera esleu par le conseil.
Plus hideux monstre en terre n'apperceu,
Le coup voulant creuera l'oeil,
Le traistre au Roy pour fidelle receu.

Jorobado será elegido por el consejo,
jamás odioso monstruo en tierra nunca visto,
el golpe volante atravesará el ojo,
el traidor al rey por fiel recibido.

Interpretación

Esta cuarteta se basa en los hechos acaecidos tras la muerte de Enrique II de Francia. Hubo un vacío de poder porque ninguno de los herederos tenía experiencia. Tuvo lugar la Conspiración de Ambrós en marzo del año 1560, que incluso pretendió acabar con el rey. No prosperó y el instigador fue encarcelado, pero justo antes de que fuera ajusticiado murió Francis II subiendo al trono su hermano Carlos IX, de nueve años. La madre, Catalina de Medicis, fue nombrada regente y una de sus primeras acciones fue liberar al reo nombrándole gobernador de Picardi. Por este motivo en las líneas de la cuarteta se menciona que el traidor pasa a ser considerado fiel.

XLII

L'enfant naistra à deux dents en la gorge,
Pierres en Tuscie par pluye tomberont:
Peu d'ans apres ne sera bled ny orge,
Pour saouler ceux qui de faim failliront.

El niño nacerá con dos dientes en la garganta,
piedras en Tuscia con la lluvia caerán,
pocos años después no habrá ni trigo ni cebada,
para alimentar a quienes de hambre desfallecen.

XLIII

Gens d'alentour de Tain, Loth, & Garonne
Grandez les monts Apenines passer:
Vostre tombeau pres de Rome & d'Anconne,
Le noir poil crespe fera trophe dresser:

Gentes de Tarn, Loth y Garona,
guardaos de pasar los Apeninos:
Vuestra tumba cerca de Roma y Ancona,
el negro pelo crespo hará trofeo levantar.

XLIV

Quand l'animal à l'homme domestique,
Apres grands peines & sauts viendra parler,
Le foudre à vierge sera si malefique,
De terre prinse & suspendue en l'air.

Cuando el animal al hombre domestique,
tres grandes penas y saltos hablará,
de rayo a virgen será tan maléfico,
de tierra tomada y suspendida en el aire,

XLV

Les cinq estranges entrez dedans le temple.
Leur sang viendra la terre prophaner.
Aux Tholosains sera bien dur exemple,
D'vn qui viendra ses lois exterminer.

Los cinco extraños entregados en el templo,
su sangre vendrá a profanar la tierra:
Para los tolosanos será bien duro ejemplo,
de uno que vendrá sus leyes a exterminar.

XLVI

Le ciel (de Plencus la cité) nous presage,
Par clers insignes & par estoilles fixes,
Que de son change subit s'approche l'aage,
Ne pour son bien, ne pour ses malefices.

El cielo (de Plancus la ciudad) nos presagia
por claras insignias y por estrellas fijas,
que de su cambio súbito se acerca la era,
ni por su bien ni por sus maleficios.

XLVII

Le vieux monarque dechassé de son regne
Aux Oriens son secours ira querre:
Pour peut des croix ployera son enseigne,
En Mytilene ira par port & par terre.

El viejo monarca expulsado de su reino,
a Oriente su socorro irá a buscar.
Por miedo de las cruces plegará su enseña,
en Mitilene irá por puerto y por tierra,

XLVIII

Sept cens captifs attachez rudement,
Pour la moitié meurtrir, donné le sort:
Le proche espoir vindra si promptement
Mais non si tost qu'vne quinziesme mort.

Setecientos cautivos atados rudamente
por la mitad asesinados, rendido el fuerte:
La próxima esperanza vendrá tan pronta,
pero no antes de una quincena muerta.

XLIX

Regne Gaulois tu seras bien changé,
En lieu estrange est translaté l'empire:
En autres moeurs & loix seras rangé,
Rouan, & Chartres te feront bien du pire.

Reino galo tu serás muy cambiado,
en lugar extraño es trasladado el imperio:
En otras costumbres y leyes quedarás,
Ruán y Chartres te harán lo peor.

INTERPRETACIÓN

Esta centuria hace referencia al gobierno de Vichy. Durante la Segunda Guerra Mundial Francia estaba siendo tomada en su mayoría por los alemanes y Petain asumió el gobierno y trasladó la capital a Vichy (París estaba siendo ocupada por los nazis). Petain realizó acciones que pusieron en duda la lealtad a su gobierno y finalmente fue enjuiciado y abandonó el gobierno.

L

La republique de la grande cité,
A grand rigueur ne voudra consentir:
Roy sortir hors par trompette cité,
L'eschelle au mur la cité repentir.

La república de la gran ciudad,
de ninguna manera querrá consentir,
rey salir fuera por trompeta ciudad,
la escala al muro, la ciudad arrepentida.

INTERPRETACIÓN

La gran ciudad hace referencia a París durante el breve interludio en que fue república, aunque Francia seguía siendo una monarquía. Esto ocurrió a manos de la Sagrada Liga Católica entre los años 1587 y 1595. Tomaban por débil a Enrique III porque a pesar de ser católico le creían vulnerable debido a que había designado como sucesor a Enrique de Navarra, un protestante. Estos personajes se habían constituido como salvadores de la Francia católica y preferían una república a un reinado hugonote, por ello instauraron este poder mientras intentaban extenderlo por todo el país.

El catolicismo del monarca estaba en la línea del fanatismo de la Liga, pero aún así se alzó en lucha contra los hugonotes que estaban liderados por Enrique de

Navarra. El 29 de octubre del año 1587 los franceses sufrieron una derrota y fueron obligados a retirarse. Poco se pudo hacer a partir de ese instante sino buscar la paz con Navarra y así recuperar París. La ciudad fue sitiada el 30 de julio del 1589, pero dos días más tarde Enrique III fue asesinado por Jacques Clément dejando solo a Enrique de Navarra, quien ante el giro de los acontecimientos procuró establecerse como rey de Francia, aunque la Liga no le reconoció como tal.

Tras estos hechos hubo dos batallas más, ambas contra la Liga. La primera fue en Arques el 21 de septiembre de 1589 y la segunda en Ivry, el 14 de marzo de 1590. Enrique ganó las dos y el 10 de septiembre de ese mismo año intentó entrar en París. Se puso una escalera contra el muro cerca de la puerta papal, pero no lo consiguió.

La última línea de esta cuarteta hace mención a los que estaban encerrados dentro de los muros de la ciudad que sufrieron hambre, entre otras calamidades. Al final la Liga se rindió ante la presencia de refuerzos militares provenientes de España.

LI

Paris coniure vn grand meurtre commetre
Blois le fera sortir en plain effect:
Ceux d'Orleans voudront leur chef remettre
Angers, Troye, Langres leur feront vn meffait.

París conjura cometer un gran crimen,
Blois lo hará salir en pleno efecto:
Los de Orleans querrán volver a poner a su jefe,
Angers, Troyes, Langres les harán una vileza.

Interpretación

Esta cuarteta sigue narrando hechos de la vida del rey francés Enrique III. Los constantes enfrentamientos entre los católicos de la Liga y los protestantes habían ido debilitando su poder. París estaba bajo el control de Enrique de Lorraine, duque de Guisa. El 12 de mayo de 1588, el Día de las Barricadas, la capital se elevó en protesta, y el rey hubo de abandonarla, pero antes de hacerlo Ornano, capitán de la guardia corsa, propuso que se asesinara al duque de Guisa, pero el plan fue rechazado por el peligro que entrañaba.

En el mes de octubre de ese mismo año el monarca, que se hallaba en Blois, fue una vez más humillado por el duque. Ante los repetidos insultos el rey decidió contraatacar y su oportunidad surgió dos meses después. Todavía en Blois pidió al duque que acudiera a sus aposentos y antes de llegar fue asesinado, quemado y sus cenizas lanzadas al Loire.

Tras este crimen Balzac d'Entragues fue nombrado gobernador de Orleans, pero esta decisión no fue muy popular, y aunque una delegación de esta zona acudió a

Enrique para que cambiara de criterio, éste no lo hizo. Por ese motivo, Angers, Troya y Langres se alzaron en contra del monarca, tal y como se menciona en la última línea de esta cuarteta.

LII

En la champagne sera si longue pluye,
Et en la Poüille si grande siccité:
Coq verra l'Aigle, l'aisse mal accomplie,
Par Lyon mise sera en extremité.

En el campo habrá tan larga lluvia,
y en la Pouille tan gran sequía:
Gallo verá águila, el ala mal cumplida,
por Lyon puesta será la extremidad.

LIII

Quand le plus grand emportera le pris
De Nuremberg d'Augbourg, & ceuz de Basle,
Par Agippine chef Frankfort repris
Trauerseront par Flamant iusques en Gale.

Cuando el más grande se lleve al prisionero,
de Nuremberg, de Augsburgo y los de Basilea,
por Agripina al jefe de Francfort hecho preso,
atravesarán por Flandes hasta la Galia.

LIV

L'vn des plus grands fuira aux Espagnes
Qu'en longue playe apres viendra saigner:
Passant copies par les hautes montaines,
Deuastant tout, & puis en paix regner.

Uno de los más grandes huirá a las Españas
que en larga herida después sangrará,
pasando ejércitos por las altas montañas,
devastándolo todo, y después en paz reinar.

LV

En l'an qu'vn oeil en France regnera,
La court sera en vn bien fascheux trouble:
Le grand de Blois sont amy tuera
Le regne mis en mal & doute double.

En el año en que un tuerto en Francia reinará,
la corte será en complicada situación,
el grande de Blois su amigo asesinará.
El reino puesto en mal y en duda doble.

INTERPRETACIÓN

Esta cuarteta también alude al período del reinado de Carlos IX, pues el tuerto al que se hace referencia es el rey Enrique II, que perdió un ojo el 1559. Blois está en el valle del Loira y fue en una época la residencia del rey. Hay un salto de 13 años entre estos dos hechos.

Tras la masacre de la vigilia de San Bartolomé (que se relata en la cuarteta XLVII de la centuria IV) la reina madre ejerció una gran influencia en su hijo, aunque él era el rey. En el año 1576 un grupo de personas que habían tenido un papel importante de la masacre formaron la Sagrada Liga Católica, con dos ramas, una de la nobleza y otra del clero, pero ambas sospechaban de la reina madre y desconfiaron de la corona.

LVI

Montaubant, Nismes, Auignon & Besier,
Peste, tonnerre, & gresle à fin de Mars:
De Paris Pont, Lyon mur, Montpellier,
Depuis six cens & sept vingts trois pars.

Montauban, Nimes, Aviñon y Beziers,
peste, tormenta y granizo a fines de marzo:
De París puente, Lyon muro, Montpellier,
después de seiscientos y siete, veintitrés partes.

LVII

Sept fois changer verrez gent Britanique,
Taints en sang en deux cens nonante an,
Franche non point par appuy Germanique,
Aries doubte son pole Bastarnan.

Siete veces cambiar veréis gente británica,
tintos de sangre en doscientos noventa años,
libre no ya por apoyo germánico,
Aries duda, su polo en descendente.

LVIII

Aupres du Rhin des montaignes Noriques
Naistra vn grand de gens trop trard venu,
Qui defendra Saurome & Pannoniques,
Qu'on ne sçaura qu'il sera deuenu.

Cerca del Rin, de los montañas nórdicas
nacerá un grande de gentes demasiado tarde venido,
que defenderá Sauroma y las Panónicas,
que no se sabrá de lo sucedido.

LIX

Barbare empire par le tiers vsurpé,
La plus grand part de son sang mettra à mort:
Par mort senile par luy le quart frappé,
Pour peur que sang par le sang ne soit mort.

Bárbaro imperio por el tercero usurpado,
la más grande parte de su sangre llevará a la muerte:
Por muerte senil por él el cuarto ensangrentado,
por miedo a que sangre por la sangre sea muerta.

LX

Par toute Asie grande proscription,
Mesme en Mysie, Lysie & Pamphilie.
Sang versera par absolution,
D'vn ieune noir remply de felonnie.

Por toda Asia proscripción,
lo mismo que en Misia, Licia y Panfilia.
Sangre vertida por la absolución
de un joven negro repleto de felonía.

LXI

La grande bande & secte crucigere,
Se dressera en Mesopotamie:
Du proche fleuue compagnie legere,
Que telle loy tiendra pour ennemie.

La gran banda y la secta crucífera.
se levantará en Mesopotamia:
Del cercano río compañía ligera,
que tal ley tendrá por enemiga.

LXII

A Carcassonne conduira les menees.
Romain pouvoir sera du tout à bas
Proche del Duero par mer Cyrrene close,
Viendra perser les grands monts Pyrenees

A Carcasona llevará sus prófugos,
romano poder estará del todo abajo,
cerca del Duero por mar Cireneo cerrado,
vendrá a atravesar los grandes montes Pirineos.

LXIII

La main plus courte et sa percee gloze:
Son grand voisin imiter les vestiges:
Occultes haines ciuiles & debats,
Retarderont au bouffons leurs folies.

La mano más corta y su herida cicatrizada,
su gran vecino copiará los vestigios:
Ocultos rencores civiles y debates
retrasarán a los bufones sus locuras.

LXIV

Le chef de Perse remplira grande Olchade,
Classe Triteme contre gens Mahometiques:
De Parthe, & Mede, & piller les Cyclades.
Repos long temps au grand port Ionique.

El jefe de Persia llenará gran navío,
flota de tirreme contra los infieles,
de Parta y Media, y saquear las Cícladas,
descanso largo tiempo en el gran puerto Jónico.

LXV

Quand le sepulchre du grand Romain trouué
Le iour apres sera esleu Pontife:
Du Senat gueres il ne sera prouué
Empoisonne, son sang au sacré scyphe.

Cuando el sepulcro del gran romano hallado,
el día después será elegido Papa:
Del Senado sin embargo no será ratificado,
envenenado, su sangre al sagrado hábito.

LXVI

Le grand Balif d'Orleans mis à mort
Sera par vn de sang vindicatif:
De mort merite ne montra ne par sort
Des pieds & mains mal le faisoit captif.

El gran Bailío de Orleans condenado a muerte
será por uno de sangre vengativa:
De muerte merecida no morirá tan siquiera por suerte,
de pies y manos le hará cautivo.

LXVII

Vne nouuelle secte de Philosophes,
Mesprisant mort, or, honneurs & richesses:
Des monts Germanins ne seront limitrophes,
A les ensuyure auront appuy & presses.

Una nueva secta de filósofos,
despreciando muerte, oro, honor y riquezas,
de los montes germánicos no serán limítrofes,
a seguirles habrá apoyo y presas.

LXVIII

Peuple sans chef d'Espaigne d'Italie,
Mors, profliges dedans le Cherronesse
Leur dict trahy par legere folie,
Le sang nager par tout à la traverse.

Pueblos sin jefe de España y de Italia,
muertos, afligidos en el Queroneso,
su palabra traicionada por liviana locura,
la sangre fluirá por doquier.

LXIX

Grand exercise conduit par iouuenceau,
Se viendra rendre aux mains des ennemis:
Mais le vieillard nay au demy pourceau,
Fera Chalon & Mascon estre amis.

Gran ejército conduce un imberbe,
capitulará en manos enemigas,
pero el viejo nacido medio puerco,
hará de Chalon y Mascon sus amigos.

LXX

La grand Bretaigne comprinse d'Angletterre,
Viendra par eaux si haut à inonder:
La Ligue neuue d'ausonne fera guerre,
Que contre eux ils se viendront bander.

La Gran Bretaña, comprendida Inglaterra,
se inundará de aguas tan altas,
que la liga nueva de Ausonia le hará guerra,
que contra ellos se alinearán.

LXXI

Ceux dans les isles de long temps assiegez,
Prendront vigueur force contre ennemis:
Ceux par dehors morts de faim profligez,
En plus grand faim que iamais seront mis.

Los de las islas por tanto tiempo asediados
tomarán vigor y fuerza contra enemigos:
Los de fuera muertos de hambre, afligidos,
en mayor hambre que nunca quedarán sumergidos.

LXXII

Le bon vieillard tout vif enseuely,
Pres du grand fleuue par fausse soupçon:
Le noueau vieux de richesse ennobly,
Prins à chemin tout l'or de la rançon.

El buen viejo vivo sepultado,
cerca de gran río, por falsa sospecha:
El nuevo viejo de riqueza ennoblecido
toma todo el oro del rescate.

LXXIII

Quand dans le regne paruiendra le boiteux,
Competiteur aura proche bastard:
Luy & le regne viendront si fort roigneux,
Qu'ains qu'il guerisse son faict sera bien tard.

Cuando al reino llegue el cojo,
competidor tendrá pronto bastardo:
Él y el reino se convertirán en tan miserables,
que antes de que cure su hecho será bien tarde.

LXXIV

Naples, Florence, Fauence & Imole,
Seront en termes de telle facherie,
Que pour complaire aux malheureux de Nolle
Plainct d'auoir faict à son chef moquerie.

Nápoles, Florencia, Favencia e Imola
estarán en términos de tal enfado,
que para complacer a los desgraciados de Nola
se excusarán de haber hecho a su jefe burla.

LXXV

Pau, Verone, Vicenne, Sarragousse,
De glaiues loings, terroirs de sang humides:
Peste si grande viendra à la grand gousse,
Proche secours, & bien loing les remedes.

Pau, Verona, Vicenza, Zaragoza,
espadas lejanas, terrores de sangre húmedos:
Peste tan grande vendrá a la gran vaina,
cercano socorro y bien lejos los remedios.

LXXVI

En Germanie naistront diuerses sectes,
S'approchant fort de l'heureux paganisme,
Le coeur captif & petites receptes,
Feront retour à payer le vray disme.

En Germania nacerán diversas sectas,
aproximándose al feliz paganismo,
el corazón cautivo y pequeña recaudación,
harán volver a pagar el verdadero diezmo.

LXXVII

Le tiers climat sous Aries comprins,
L'an mil sept cens vingt & sept en Octobre,
Le Roy de Perse par d'Egypte prins
Conflit mort, perte: à la croix grand opprobre.

El tercer clima bajo Aries comprendido,
el año mil setecientos veintisiete en octubre,
el rey de Persia por los de Egipto capturado:
Conflicto, muerte, pérdida: a la cruz gran oprobio.

LXXVIII

Le chef d'Escosse, auec six d'Allemagne
Par gens de mer Orient aux captif:
Trauerseront le Calpre & Espagne,
Present en Perse au noueau Roy craintif.

El jefe de Escocia, con seis de Alemania,
por gentes de mar orientales cautivo:
Atravesarán Calpe y España,
presentan en Persia al nuevo rey temeroso.

LXXIX

L'ordre fatal sempiternel par chaisne,
Viendra tourner par orpte consequent:
Du port Phocen sera rompue la chaisne,
La cité prinse, l'ennemy quant & quant.

El orden fatal sempiterno por cadena
hará girar por orden consiguiente:
Del puerto Fociano será rota la cadena,
la ciudad tomada, el enemigo mucho.

LXXX

Du regne Anglois le digne dechassé,
Le conseiller par ire mis à feu:
Ses adherans iront si bas tracer,
Que le bastard sera demy receu.

Del reino inglés el digno expulsado,
el consejero por ira arrojado a la pira:
Sus seguidores irán a caer tan bajo,
que el bastardo será bien recibido.

LXXXI

Le grand criard sans honte audacieux,
Sera esleu gouuerneur de l'armee:
La hardiesse de son contenteur
Le pont rompu, cité de pur pasmee.

El gran embaucador sin vergüenza y audaz
será elegido gobernador del ejército:
La valentía de su contendiente,
el puente roto, ciudad de miedo pasmada.

LXXXII

Ereins, Antibor, villes autour de Nice,
Seront gastees fort par mer & par terre:
Les sauterelles terre & mer vent propice,
Prins morts trousses, pilles sans loy de guerre:

Freins, Antíbor, ciudades alrededor de Niza,
serán devastadas por mar y por tierra:
Los saltamontes tierra y mar viento propicio,
tomados, muertos, troceados, robados, sin ley de guerra.

LXXXIII

Les longs cheueux de la Gaule Celtique,
Accompagnes d'estranges nations,
Mettront captif la gent aquitanique,
Pour succomber à leurs intentions.

Los largos cabellos de la Galia céltica,
acompañados de extranjeras naciones,
apresarán la gente de Aquitania,
para sucumbir a sus intenciones.

LXXXIV

La grande cité sera bien desolee,
Des habitans vn seul n'y demeurera
Mur, sexe, temple & vierge violee,
Par fer, feu, peste, canon, peuple mourra.

La gran ciudad será bien desolada,
de los habitantes ni uno solo allí vivirá:
Muro, sexo, templo y virgen violada,
por hierro, fuego, peste, cañón, pueblo morirá.

LXXXV

La cité prinse par tromperie & fraude,
Par le moyen d'vn beau ieune attrapé.
Assaut donné Raubine pres de Lavde,
Luy & touts morts pour auoir bien trompé.

La ciudad tomada por falsedad y fraude,
por medio de un bello joven atrapada,
asalto dado a Rubines cerca de Aude,
él y todos muertos por haberse equivocado.

LXXXVI

Vn chef d'Ausonne aux Espaignes ira
Par mer fera arrest dedans Marseille:
Auant sa mort vn long temps languira
Apres sa mort on verra grand merueille.

Un jefe de Ausonia a las Españas irá,
por mar se le detendrá en Marsella:
Antes de su muerte largo tiempo languidecerá,
tras su muerte se verá gran maravilla.

LXXXVII

Classe Gauloisse n'approche de Corsegue,
Moins de Sardaigne, tu t'en repentiras:
Trestous mourrez frustrez de l'aide grogne.
Sang nagera captif ne me croiras.

¡Flota Gala, no te acerques a Córcega,
ni a Cerdeña o te pesará!
Muy pronto moriréis privados de la ayuda anhelada,
sangre nadará, cautivo no me creerás.

LXXXVIII

De Barselonne par mer si grand' armee,
Toute Marseille de frayeur tremblera.
Isles saisies de mer ayde fermee,
Ton traditeur en terre nagera.

De Barcelona por mar tan grato ejército,
toda Marsella de pánico temblará:
Islas tomadas de mar ayuda estrecha,
tu traidor en tierra nadará.

INTERPRETACIÓN

Esta cuarteta tiene que ver con los actos sucedidos tras la declaración de guerra a España por parte de Enrique IV. Felipe II respondió con un ataque a la zona norte de Francia, estableciendo un ejército en las afueras de Marsella, en el sur, y deslizándose hacia el norte desde Milán con tropas para reforzar al duque de Lorraine, en Bretaña.

En el año 1596, las islas de Pomégues, Ratinneau y el castillo de If fueron tomadas por barcos españoles como base para futuros avances, al mismo tiempo que su presencia bloqueaba el puerto y evitaba que llegara ayuda a la ciudad desde el mar. Las gentes de Marsella se asustaron. Barcelona, que era el puerto español más rico cercano a Sevilla y a la vez el punto de gobierno de Felipe en Cataluña, fue el lugar desde donde embarcaron las fuerzas.

En esa misma época los problemas de España se agravaron y tuvo lugar la gran derrota de la «Armada Invencible» que pretendía conquistar Inglaterra el año 1588.

A las pocas semanas de la amenaza de Felipe a Marsella, un escuadrón de ingleses fue a Cádiz por el Atlántico y atacaron los barcos anclados. No es de extrañar que España abandonara Marsella. Fue en ese instante que los marselleses descubrieron a un traidor en sus filas, Carlos de Casau, que intentó vender a su gente con-

tactando con la armada española en una de las islas. Para ello hubo de nadar hasta la isla por la noche, pero fue detenido y denunciado. Uno de sus acusadores le dio un golpe de espada y dejó que las aguas cubrieran su cadáver.

LXXXIX

En ce temps la sera frustree Cypres,
De son secours de ceux de mer Egee:
Vieux trucidez, mais par mesles & lyphres
Seduict leur Roy, Royne, plus outragee.

En ese tiempo será frustada Chipre,
de su socorro por los del mar Egeo:
Viejos destrozados, pero por oscuros y miserables
seducido su rey, reino más ultrajado.

XC

Le grand Satyre & Tigre d'Hyrcanie.
Dont presenté à ceux de l'Occean:
Vn chef classe istra de Carmanie,
Qui prendra texte au Tyrren Phocean.

El gran Sátiro y tigre de Hircania,
regalo presentado a los del océano:
Un jefe de flota saldrá de Carmania,
quien tomará tierra en el Tirreno Foceno.

XCI

L'arbre qu'estoit par long temps mort seché,
Dans vne nuict viendra à reuerdir:
Coron Roy malade, Prince pied estaché,
Criant d'ennemis fera voile bondir.

El árbol que estuviera tanto tiempo muerto seco,
en una noche florecerá:
Con rey enfermo, príncipe renqueante,
gritando enemigos hará vela saltar.

XCII

Le monde proche du dernier periode
Saturne encor tard sera de retour:
Tanslat empire deuers nation Brodde,
L'oeil arraché à Narbon par Autour.

El mundo cercano al último período,
Saturno todavía tarde estará de regreso:
Trasladad el imperio hacia nación Brodde,
el ojo arrancado en Narbona a su alrededor.

XCIII

Dans Auignon tout le chef de l'empire
Fera arrest pour Paris desolé:
Tricast tiendra l'Annibalique ire,
Lyon par change sera mal consolé.

En Aviñón el jefe del imperio
se detendrá por París desolado:
Tricastro aguantará la Anibálica ira,
Lyon por el contrario será mal consolado.

XCIV

De cinq cens ans plus compte lon tiendra,
Celuy qu'estoit l'ornement de son temps:
Puis à vn coup grande clarté donra,
Qui par ce siecle les rendra trescontens.

De quinientos años más estima se le tendrá,
el que fuera ornato de su tiempo:
Luego de golpe gran claridad dará,
que por este siglo les convertirá en muy felices.

INTERPRETACIÓN

El autor de las centurias nació en 1503, y tal y como indica la primera línea, a partir del año 2000 habrá alguien capaz de interpretar las profecías de acuerdo con lo que realmente significan. Además, proporcionará gran alegría a las personas de su tiempo.

XCV

La loy Moricque on verra deffaillir.
Apres vne autre beaucoup plus seductiue:
Boristhenes premier viendra faillir.
Par dons & langue vne plus attractiue.

La ley morisca se verá desfallecer
tras otra mucho más halagadora:
Boristeno primero vendrá a caer,
por dones y una lengua más atractiva.

XCVI

Chef de Fossan aura gorge couppee,
Par le ducteur du limier & leurier:
Le faict par ceux du mont Tarpee,
Saturne en Leo 13 de Feurier.

Jefe de Fosán tendrá garganta cortada,
por el guía de sabueso y lebrel:
El hecho perpetrado por los del monte Tarpeyo,
Saturno en Leo 13 de febrero.

XCVII

Nouuelle loy terre neuue occuper,
Vers la Syrie, Iudée & Palestine:
Le grand empire barbare corruer,
Auant que Phebés son siecle determine.

Nueva ley ocupará tierra nueva,
hacia Siria, Judea y Palestina:
El gran imperio bárbaro caerá,
antes que Febea su siglo determine.

INTERPRETACIÓN

Esta centuria alude a la creación del estado de Israel.

El día 14 de mayo de 1948, David Ben-Gurion, el líder de la Agencia Judía antes de ser el primer ministro de su país, proclamó que por resolución de la Asamblea General de Naciones Unidas quedaba establecido un estado judío en Palestina que se llamaría Israel. No se fijaron fronteras, pero se encargó esta tarea a Ralph Bunche, un mediador de la ONU. En febrero del siguiente año, en la isla de Rodas, obtuvo el acuerdo entre Israel y Egipto que definía la frontera al sur. Luego se firmaron acuerdos similares con el Líbano el 23 de marzo, con Jordania el 3 de abril y con Siria el 29 de julio.

A pesar de los acuerdos, los países árabes colindantes se mostraron hostiles al nuevo vecino, pero no fue hasta el mes de junio de 1967 que, sintiéndose afectados por la presencia israelita, se unieron bajo el liderazgo del presidente Nasser y su Unión de Repúblicas Arábicas, con la intención de eliminar a Israel del mapa.

Estalló la guerra el 5 de junio de ese mismo año, pero los árabes fracasaron.

XCVIII

Deux royals freres si fort guerroyeront,
Qu'entre eux sera la guerre si mortelle:
Qu'vn chacun places fortes occuperons,
De regne & vie sera leur grand querelle.

Dos reales hermanos tan fuerte guerrearán,
que entre ellos será batalla cruenta:
Que cada uno plazas fuertes ocupará,
de reino y vida será su gran querella.

XCIX

Aux champs herbeux d'Alein & du Varneigne,
Du mont Lebron proche de la Durance,
Camps de deux parts conflict sera si aigre,
Mesopotasie defaillira en la France.

En los campos felices de Alein y de Varnegues,
del monte Lebrón cercano de Durance,
campamentos de dos partes conflicto será tan agrio,
Mesopotamia desfallecerá en Francia.

C

Entre Gaulois le dernier honnoré,
D'homme ennemy sera victorieux:
Force & terroir en nomment exploré,
D'vn coup de traict quand moura l'enuieux.

De los galos el último honesto,
de hombre enemigo será victorioso:
Fuerza y pánico en momento explorado,
de un lanzazo fenecerá el envidioso.

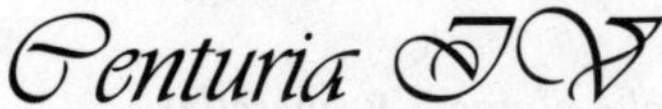

Centuria IV

I

Cela du reste de sang non espandu,
Venise quiert secours estre donné,
Apres auoir bien loing têps attendu,
Cité liuree au premier cornet sonné.

Lo que queda de sangre no derramada,
Venecia ruega ayuda ser dada,
tras haber tanto tiempo esperado,
ciudad entregada a la primera corneta tocada.

II

Par mort la France prendra voyage à faire,
Classe par mer, marcher monts Pyrenees,
Espaigne en trouble, marcher gent militaire:
Des plus grands Dames en France emmenees.

Por muerte Francia hará un viaje,
flota por mar, marchar a montes Pirineos,
España turbada, marchar gente militar:
Las más grandes damas a Francia llevadas.

III

D'Arras & Bourges, de Brodes grans enseignes,
Vn plus grand nombre de Gascons battre à pied,
Ceux long du Rosne saigneront les Espaignes:
Proche du mont où Sagonte s'assied.

De Arrás y Bourges, de Brodes grandes enseñas,
un mayor número de gascones batir a pie,
los del Ródano desangrarán las Españas:
Cerca del monte donde Sagunto está.

IV

L'impotent prince faché plaincts & querelles,
De rapts & pillé, par coqs & par Libiques:
Grands est par terre par mer infinies voilles,
Seule Italie sera chassant Celtiques.

El imponente príncipe enojado, lamentos y querellas,
de raptos y pillaje, por gallos y por libios:
Grande es por tierra por mar infinitas velas,
la hermana Italia estará persiguiendo a los celtas.

V

Croix, paix, soubs vn accomply diuin verbe,
L'Espaigne & Gaule seront vnis ensemble:
Grand clade proche, & combat tres accerbe,
Coeur si hardy ne sera qui ne tremble.

Cruz, paz, bajo un cumplido divino verbo,
España y Galia estarán unidas juntas:
Gran guerra próxima y combate muy exacerbado,
corazón tan valiente no habrá quien no tiemble.

VI

D'habits nouueaux apres faicte la treuue,
Malice tramme & machination:
Premier mourra qui en fera la preuue,
Couleur venise insidiation.

De hábitos nuevos una vez hecha la tregua,
malicia, trama y maquinación:
Primero morirá quien haga la prueba,
color Venecia insidia.

VII

Le mineur fils du grand & hay Prince,
De lepre aura à vingt ans grande tache,
De dueil sa mere mourra bien triste & mince,
Et il mourra là où tombe cher lache.

El menor hijo del grande y vituperado príncipe,
de lepra tendrá a los veinte años gran mancha,
de duelo su madre morirá bien triste y enflaquecida,
y él morirá allí donde caen los cobardes.

VIII

La grand cité d'assaut prompt & repentin,
Surprins de nuict, gardes interrompus:
Les excubies & veilles sainct Quintin,
Trucidez gardes & les portails rompus.

La gran ciudad de asalto pronto y repentino,
sorprendida de noche, guardia coartada:
Los centinelas y vigilias de San Quintín,
asesinados guardias y los portales rotos.

INTERPRETACIÓN

Nostradamus nos cuenta en esta cuarteta los ataques que sufrirá París (la «gran ciudad» de la primera línea) a causa de un cañón alemán que fue apodado «la gran Berta». Estos hechos sucedieron durante la Primera Guerra Mundial.

La referencia a San Quintín es porque fue una victoria alemana que sucedió de la siguiente forma: el 20 de marzo de 1918 el general Erich von Ludendorff ordenó atacar París a la mañana siguiente. A las 4,30 de la madrugada 6.000 armas alemanas abrieron fuego bombardeando las posiciones aliadas. Al mismo tiempo, los ingleses intentaron defenderse pero no pudieron hacer nada bajo el fuego enemigo. Al otro día, gracias al avance de las tropas, empezó el bombardeo de París.

IX

Le chef du camp au milieu de la presse:
D'vn coup de fleche sera blessé aux cuisses,
Lors que Geneue en larmes & detresse
Sera trahie par Lauzan, & Souysses.

El jefe del campo en medio de la lucha:
De un golpe de flecha herirá en el muslo,
mientras que Ginebra en lágrimas y necesitada
será traicionada por Lausana y Suiza.

X

Le ieune Prince accusé faussement
Mettra en trouble le camp & en querelles:
Meurtry le chef pour le soustenement,
Sceptre appaiser: puis guerir escroüelles.

El joven príncipe acusado falsamente
pondrá en un brete el campamento y en querellas:
Asesinado el jefe por defenderlo,
cetro pacificador: después curar roces.

XI

Celuy qu'aura gouuert de la grand cappe
Sera induict à quelques cas patrer:
Les douze rouges viendront soüiller la nappa,
Soubz meurtre, meurtre se viendra perpetrer.

El que se habrá cubierto de la gran capa
será inducido a algún caso a perpetrar:
Los doce rojos vendrán a buscar bajo el manto,
bajo un asesinato, crimen se perpetrará.

INTERPRETACIÓN

De nuevo tenemos una profecía sobre la Revolución francesa. Aquí se nos habla en la primera línea de alguien que va cubierto por una capa, en francés *cappe* y que puede muy bien hacer referencia a Luis Capeto, el nombre que se le dio al rey una vez fue despojado de su dignidad real y convertido en ciudadano corriente.

Los «doce rojos» son los integrantes del Comité de los Doce que fue establecido el 23 de abril del año 1792 para investigar a todos los sacerdotes que no quisieron jurar su lealtad a los preceptos básicos del nuevo régimen de «libertad e igualdad». En nombre de estas nuevas ideas políticas se cometieron los más atroces crímenes.

XII

Le champ plus grand de route mis en fuite,
Guaires plus outre ne sera pourchassé:
Ost recampé & legion reduicte,
Puis hors des Gaules du tout sera chassé.

El mayor campo de ruta puesto en fuga,
mucho más no será perseguido:
Ejército reacampado y legión reducida,
luego fuera de las Galias del todo será expulsado.

XIII

De plus grand perte nouuelles rapportees,
Le raport le camp s'etonnera.
Ban les vnies encontre reuoltees,
Double phalange quand abandonnera.

De la mayor pérdida noticias traídas,
el informe dado, al campamento sorprenderá:
Bandas unidas encuentros revueltos,
doble falange, el grande abandonará.

XIV

La mort subite du premier personnage
Aura changé & mis vn autre au regne:
Tost, tard venu à si haut & bas aage,
Que terre & mer faudra que on le craigne.

La muerte súbita del primer personaje
habrá cambiado y puesto otro en el reino:
Pronto, tarde venido a tan alta y baja edad,
que tierra y mar será necesario que se les tema.

XV

D'où pensera faire venir famine,
De là viendra se rassasiement:
L'oeil de la mer par auare canine
Pour de l'vn l'autre donra huyle, froment.

De dónde pensará venir la hambruna,
de allá vendrá la abundancia:
El ojo del mar por avaro canino,
para uno el otro dará aceite, trigo.

INTERPRETACIÓN

A principios de la Segunda Guerra Mundial la intención de Alemania era dejar sin alimentos a Gran Bretaña para de este modo someterla. Para ello se bloquearon los puertos más importantes. En noviembre de 1939, Hitler ordenó a su flota y a las fuerzas aéreas que atacaran la industria inglesa. Se pretendía anular a tan poderoso enemigo dejándole sin recursos de ninguna clase.

Mientras, Inglaterra, dependía de las importaciones que le enviaban desde América y aunque Hitler y su ejército hicieron lo imposible para impedir que llegara nada a la isla, al final lograron suministros suficientes para continuar resistiendo.

XVI

La cité franche de liberté fait serue.
Des profligez & resueurs faict asyle:
Le Roy changé à eux non si proterue,
De cent seront deuenus plus de mille.

La ciudad franca de libertad, hecha cautiva,
de depravados y ruines hecha asilo:
El rey cambiado por ellos no protesta,
de cien pasarán más de mil.

XVII

Changer à Banne, Nuy, Chalons, & Dijon,
Le duc voulant amander la Barree:
Marchât pres fleuue, poisson, bec de plongeon
Verra la queüe: porte sera serree.

Cambiar a Beaune, Nuy, Chalons y Dijon,
el duque queriendo enmendar la Barrée.
Marchando cerca del río, pez, pico de buceador
verá la cola: puerta será clausurada.

XVIII

Des plus lettrez dessus les faits celestes
Seront par princes ignorans reprouuez:
Punis d'Edit, chassez, comme scelestes,
Et mis à mort là où seront trouuez.

Los más letrados sobre los hechos celestes
serán por príncipes estultos reprobados:
Castigados por edicto, perseguidos como infames
y condenados a muerte allí donde sean encontrados.

XIX

Deuant Roüan d'Insubres mis le siege,
Par terre & mer enfermez les passages:
D'haynaut, & Flâdres de Gâd & ceux de Liege,
Par dons laenees rauiront les riuages.

Ante Rouen por los Insubrios puesto asedio,
por tierra y mar cerrar los accesos:
De Haynaut y Flandes, de Gante y los de Lieja,
con pequeñas naves arrebatarán las orillas.

XX

Paix vberté long temps lieu loüera,
Par tout son regne de sert la fleur de lys:
Corps morts d'eau, terre là l'on aportera,
Sperans vain heur d'estre là enseuelis.

Paz, prosperidad mucho tiempo alabada,
por todo su reino desierto la flor de lis:
Cuerpo muerto de agua, tierra allá lejos traerá,
esperando vana hora de ser allá enterrados.

XXI

Le changement sera fort difficile,
Cité, prouince au change gain fera:
Coeur haut, prudent mis, chassé luy habile,
Mer terre, peuple son estat changera.

El cambio será muy difícil,
ciudad, provincia por el sendero ganancia hará:
Corazón alto, prudente puesto, perseguido el hábil,
mar y tierra el pueblo su estado cambiará.

XXII

La grand copie qui sera deschassee,
Dans vn moment fera besoing au Roy:
La foy promise de loing sera faussee,
Nud se verra en piteux desarroy.

La gran milicia que será desechada,
en un momento será necesaria al rey:
La fe prometida de lejos será falseada,
desnudo se verá en miserable desarraigo.

XXIII

La legion dans la marine classe,
Calcine, Magnes soulphre & poix bruslera:
Le long repos de l'asseuree place,
Port Selyn, Hercle feu les consumera.

La legión en la marina flota,
Calcina, es Magna con azufre y brea abrazarán:
Largo descanso de la asegurada plaza,
Puerto Selyn, fuego de Hércules los consumirá.

XXIV

Ouy soubs terre saincte Dame voix fainte,
Humaine flamme pour diuine voir luire:
Fera des seuls de leur sang terre tainte,
Et les saincts temples pour les impurs destruire.

Oído bajo tierra santa dama y voz santa,
humana llama por divina ver lucir:
Hará de los únicos de su sangre suelo teñido,
y los santos templos por los impuros destruir.

XXV

Corps sublimes sans fin à l'oeil visibles,
Obnubiler viendront par ces raisons:
Corps, front comprins, sens chefs & inuisibles,
Diminuant les sacrees oraisons.

Cuerpos sublimes sin fin al ojo visibles,
obnubilar vendrán por estas razones:
Cuerpos, mentes, comprendidas sin jefe e invisibles
menguando las sagradas oraciones.

INTERPRETACIÓN

Esta cuarteta muestra una imagen similar a la que los franceses del siglo XVIII debieron presenciar ante una guillotina. La última línea señala que los religiosos serán especialmente castigados y no podrán predicar. Se cree que esto puede suceder durante la ley marcial justo antes de la Tercera Guerra Mundial. Los grandes enemigos de los que ostenten el poder serán especialmente las personas vinculadas a la religión que, si bien tendrán oportunidad de retractarse, serán duramente reprimidos y posteriormente eliminados si no lo hacen.

XXVI

Lou grand eyssame se leuera d'abelhos,
Que non salutan don te siegen venguddos.
Denuech l'êbousq, lou gach dessous les treilhos,
Ciutad trahido per cinq lengos non nudos.

El gran enjambre se elevará de abejas,
que no sabrán de dónde sean venidas:
Debajo del bosque, lo esconden bajo el emparrado,
a la ciudad traído por cinco lazos no anudados.

XXVII

Salon, Mansol, Tarascon de Sex, l'are,
Où est debout encor la piramide:
Viendront liurer le Prince Dannemarç,
Rachat honny au temple d'Artemide.

Salón, Manfol, Tarascón de Sex, el arco,
donde aún se yergue la pirámide:
Vendrán a liberar al príncipe de Dinamarca,
rescate maldito en el templo de Artemisa.

XXVIII

Lors que Venus du Sol sera couuert,
Soubs l'esplendeur sera forme occulte:
Mercure au feu les aura descouuert,
Par bruit bellique sera mis à l'insulte.

Cuando Venus del Sol sea velada,
bajo el esplendor será forma oculta:
Mercurio en fuego, les habrá descubierto,
por estruendo bélico será sometido al insulto.

XXIX

Le Sol caché eclipse par Mercure
Ne sera mis que pour le ciel second:
De Vulcan Hermes sera faicte pasture,
Sol sera veu peur, rutiland & blond.

El Sol escondido eclipsado por Mercurio
no estará más que en el cielo segundo:
De Vulcano Hermes será hecho pasto,
Sol será visto puro, rutilante y dorado.

XXX

Plus unze fois Luna Sol ne vouldra,
Tous augmenté & baissez de degrez:
Et si bas mis que peu or on coudra,
Qu'apres faim peste, descouuert le secret.

Diez más una selene helios no querrá,
todos aumentados y bajados de grado:
Y tan bajos puestos que poco oro se coserá,
hasta que después hambre, peste, descubierto el secreto.

XXXI

La Lune au plain de nuict sur le haut mont,
Le noueau sophe d'vn seul cerueau la veu:
Par ses disciples estre immortel semond,
Yeux au mydi, en seins mains corps au feu.

La Luna en plena noche sobre el alto monte,
el nuevo vigía de un solo cerebro la ha visto:
Por sus discípulos el ser inmortal es simiente,
ojos al mediodía, fingiendo, manos, cuerpos al fuego.

XXXII

Es lieux & temps chair ou poisson donra lieu,
La loy commune sera faicte au contraire:
Vieux tiendra fort puis osté du milieu,
Le Panta chiona philon mis fort arriere.

En lugares y tiempos carne al pescado dará lugar,
la ley común será hecha al contrario:
Viejo aguantará fuertemente tras ser lanzado del medio,
la amistad entre amigos será arrojada hacia atrás.

INTERPRETACIÓN

Esta cuarteta significa que el comunismo se opondrá a la Iglesia católica, pero que ésta sobrevivirá al régimen político. La clave para interpretar estas líneas está en los vocablos «carne» y «pescado», en clara alusión a los días en que no se puede comer carne y sí pescado, es decir, los viernes en la época del profeta.

XXXIII

Iupiter ioinct plus Venus qu'à la Lune,
Apparoissant de plenitude blanche:
Venus cachee sous la blancheur Neptune
De Mars frappee & par la grauee blanche.

Júpiter se une más a Venus que a la Luna,
apareciendo de plenitud blanca:
Venus oculta bajo la blancura de Neptuno
de Marte golpeado por la pesada rama.

XXXIV

Le grand mené captif d'estrange terre,
D'or enchainé au Roy Chyren offert:
Qui dans Ausone, Milan perdra la guerre,
Et tout son ost mis à feu & à fer.

El grande llevado cautivo a tierra extranjera,
de oro encadenado al rey Quireno ofrecido:
El que en Ausonia, Milán perderá la guerra,
y el total de su milicia sometida a fuego y a hierro.

XXXV

Le feu esteint les vierges trahiront
La plus grand part de la bande nouuelle:
Foudre à fer, lance les sels Roy garderont
Etrusque & Corse, de nuict gorge allumelle.

El fuego extinguiéndose, las vírgenes traicionarán
la mayor parte de la banda nueva:
Rayo de hierro, lanza sólo los reyes soportarán,
Etruria y Córcega, de noche garganta iluminada.

XXXVI

Les ieux nouueaux en Gaule redressez,
Apres victoire de l'Insubre champaigne:
Monts d'Esperie, les grands liez, troussez,
De peur trembler la Romaigne & l'Espaigne.

Los juegos nuevos en Galia levantados,
tras victoria de Insubria campaña:
Montes de Hesperia, los grandes atados, destruidos,
de terror tiembla la Romaña y España.

XXXVII

Gaulois par sauts, monts viendra penetrer:
Occupera le grand lieu de l'Insubre:
Au plus profond son ost fera entrer,
Gennes, Monech pousseront classe rubre.

Galo por saltos, montes vendrá a penetrar,
ocupará el gran sitio de Insubria,
en lo más profundo su hueste introducir,
Génova, Mónaco empujarán al ejército rojo.

XXXVIII

Pendant que Duç Roy, Royne occupera,
Chef Bizant du captif en Samothrace:
Auant l'assauit l'un l'autre mangera,
Rebours ferré suyura du sang la trace.

Mientras que duque, rey, reina ocupará,
jefe bizancio cautivo en Samotracia:
Antes del asalto el uno al otro devorará,
a contrapelo seguirá de sangre la huella.

XXXIX

Les Rhodiens demanderont secours,
Par le neglet de ses hoirs delaissee.
L'empire Arabe reuelera son cours,
Par Hesperies la cause redressee.

Los de Rodas pedirán ayuda,
por la negligencia de sus herederos olvidado,
el imperio árabe reemprenderá su curso,
por Hesperia la causa se eleva.

XL

Les forteresses des assiegez serrez,
Par poudre à feu profondez en abysmes,
Les proditeurs seront tous vifs serrez,
Onc aux sacristes n'aduint si piteux scisme.

La fortaleza de los sitiados apretad,
por pólvora de fuego profundizad en abismo,
los mendaces serán todos vivos, hechos presos,
jamás ante los sacristanes se advirtió escisión tan dolorosa.

XLI

Gymnique sexe captiue par hostage,
Viendra de nuit custodes deceuoir:
Le chef du camp deçeu par son langage,
Lairra à la gente, fera piteux à voir.

Gímnica sexo cautivo en rehén,
vendrá de noche a los guardianes a engañar:
El jefe de campo engañado por su jerga,
abandonará a la gente, dará grima verle.

XLII

Geneue & Lâgres par ceux de Chartres & Dole,
Et par Grenoble captif au Montlimard:
Seysset, Lausanne, par fraudulente dole,
Les trahiront par or soixante marc.

Ginebra y Langres por los de Chartres y Dole,
y por Grenoble cautivo en Montlimard,
Seysset, Lausana, por fraudulento dolor,
les traicionarán por sesenta marcos oro.

XLIII

Seront ouye au ciel armes battre:
Celuy au mesme les diuins ennemis
Voudront loix sainctes iniustement debatre,
Par foudre & guerre bien croyans à mort mis.

Serán oídas en el cielo las armas entrechocar:
El mismo año los divinos enemigos
pedirán leyes santas injustamente debatir,
por rayo y guerra muy creyentes a muerte condenados.

XLIV

Deux gros de Mende, de Roudés & Milhau.
Cahours, Lymoges, Castres malo sepmano,
De nuech l'intrado, de Bourdeaux vn cailhau,
Par Perigort au toc de la campano.

Dos grandes de Mende, de Roudés y Milhau,
Cahours, Limoges, Chartres mala semana,
de noche la entrada, de Burdeos un canto rodado,
por Perigort al toque de campana.

XLV

Par conflict Roy, regne abandonnera,
Le plus grand chef faillira au besoing,
Mors profligez peu en reschapera,
Tous destranchés, vn en sera tesmoing.

Por conflicto el monarca su reino abandonará,
el mayor jefe faltará a su deber,
muerte infligida pocos escaparán,
todos cercenados, uno será testigo.

XLVI

Bien deffendu le faict par excellence,
Garde toy Tours de ta proche ruine:
Londres & Nantes par Reims fera deffense
Ne passe outre au temps de la bruine.

Por excelente es defendido el hecho,
guárdate, Tours, de tu cercana ruina:
Londres y Nantes por Reims harán defensa,
no vayas más allá en el tiempo de las brumas.

XLVII

Le noir farouche quand aura essayé
Sa main sanguine par teu, fer arcs tendus,
Trestous le peuple sera tant effrayé,
Voir les plus grans par col & pieds pendus.

El negro antropófago cuando haya devorado
su mano sangrienta por fuego, hierro, arco tendido,
todo el pueblo estará tan aterrorizado,
de ver a los más grandes de cuello y pies colgados.

INTERPRETACIÓN

Esta cuarteta profetiza lo acontecido en lo que se llamó la Masacre de la Víspera de San Bartolomé, durante el reinado de Carlos IX de Francia.

Catalina de Medicis, la reina regente, quiso apartar a su hijo de la influencia que sobre él tenía Gaspard de Chatillon, conde de Coligny, un simpatizante de los hugonotes. Para ello le acusó de conspirar contra el rey y aunque al principio el joven Carlos no quiso creerlo porque se trataba de su amigo, ante la insistencia de ella, acabó por darle la razón.

La madrugada del 24 de agosto de 1572 se iniciaron los asesinatos hugonotes y al final de esa jornada en París habían muerto unos 3.000 protestantes y los hogares de muchos de ellos fueron quemados. En el resto de las provincias se contabilizaron hasta 10.000 víctimas.

A Coligny le fueron a buscar a su dormitorio en el Hotel de Béthisy. Le apuñalaron y destriparon y a continuación lanzaron su cuerpo que aún respiraba a la muchedumbre que se agolpaba bajo su balcón. Luego le arrastraron y colgaron, pero no contentos con esto le cortaron la cabeza, que con posterioridad mandaron al papa Gregorio XIII como si de un trofeo se tratara. Alguien decidió que deberían volver a colgarle y como no pudieron hacerlo de la cabeza lo hicieron por los pies. Este ejemplo fue seguido con otros muchos cadáveres que había en la ciudad.

XLVIII

Planure Ausonne fertile, spacieuse,
Produira taons si tant de sauterelles:
Clarté solaire deuiendra nubileuse,
Ronger le tout, grand peste venir d'elles.

Llanura de Ausonia fértil, espaciosa,
producirá tábanos y tantos saltamontes:
Claridad solar se hará nublada,
roer todo, gran peste venir de ellas.

XLIX

Deuant le peuple sang sera respandu,
Que du haut ciel viendra esloigner:
Mais d'vn long temps ne sera entendu,
L'esprit d'vn seul le viendra tesmoigner.

Delante del pueblo sangre será vertida,
que del alto cielo no se alejará:
Mas por mucho tiempo no será escuchada,
el espíritu de uno solo lo vendrá a testimoniar.

L

Libra verra regner les Hesperies,
De ciel & tenir la monarchie:
D'Asie forces nul ne verra peries,
Que sept ne tiennent par rang la hierarchie.

Libra vendrá a reinar en las Hesperias,
de cielo y tierra sostener la monarquía:
De Asia fuerzas ninguno verá perdidas,
los siete no tienen por rango la jerarquía.

Interpretación

El anticristo irá hacia Asia, pero lo hará con subterfugios de forma que nadie sabrá que él está detrás de todo. Al principio Estados Unidos no intervendrá porque creerá que lo que sucede es voluntad del pueblo, pero cuando se den cuenta de todo ya será demasiado tarde.

LI

Vn Duc cupide son ennemy ensuyure,
Dans entrera empeschant la phalange,
Hastez à pied si pres viendront poursuyure,
Que la iournee conflite pres de Gange.

Un duque anhelante a su enemigo seguirá,
dentro entrará desalojando a la falange,
acosados a pie tan cerca les perseguirán,
que la jornada conflicto cerca de Ganges.

LII

En cité obsesse aux murs hommes & femmes.
Ennemis hors le chef prest à soy rendre:
Vent sera fort encore les gendarmes.
Chassez seront par chaux, poussiere, & cendre.

En ciudad importunada en sus muros hombres y mujeres,
enemigos sin jefe prestos a rendirse:
Viento será fuerte contra las gentes de armas,
expulsadas serán por cal, polvo y ceniza.

LIII

Les fugitifs & bannis reuoquez,
Peres & fils grand garnissant les hauts puis
Le cruel pere & les siens souffoquez,
Son fils pire submergé dans le puits.

Los fugitivos y ahuyentados caídos,
padres e hijos guarneciendo los altos pozos,
el cruel padre y los suyos sofocados,
su más alto hijo sumergido en el pozo.

LIV

Du nom qui onque ne fut au Roy Gaulois
Iamais ne fut vn foudre si craintif:
Tremblant l'Italie, l'Espagne & les Anglois,
De femme estrangiers grandement attentif.

Del nombre que nunca fue del rey galo,
jamás hubo rayo tan temido:
Temblando de Italia, España y los ingleses,
de mujer extranjera sumamente prendado.

LV

Quand la corneille sur tout de brique ioincte,
Durant sept heures ne fera que crier:
Mort presagee de sang statue taincte,
Tyran meurtri, aux Dieux peuple prier.

Cuando la corneja sobre torre de ladrillo,
durante siete horas no haga más que chillar:
Muerte presagiada de sangre estatua teñida,
tirano asesinado, a los dioses el pueblo ha de rogar.

LVI

Apres victoire de rabieuse langue,
L'esprit tempré en tranquil & repos,
Victeur sanguin par conflict faict harangue,
Roustir la langue & la chair & les os.

Tras victoria de rabiosa lengua,
el espíritu templado en tranquilidad y reposo,
vencedor sanguíneo por conflicto hace la arenga,
asar la lengua y la piel y los huesos.

LVII

Ignare enuie au grand Roy supportee,
Tiendras propos deffendre les escripts:
Sa femme non femme par vn autre tentee,
Plus double deux ne fort ne criz.

Cierto fastidio por rey soportado,
tendrá propósito defender las escrituras:
Su mujer no mujer por otro tentada,
más doble dos ni fuerte ni grita.

LVIII

Soloeil ardent dans le grosier coller,
De sang humain arrouser terre Etrusque:
Chef seille d'eau, mener son fils filer,
Captiue dame conduicte terre Turque.

Sol ardiente la garganta irrita,
de sangre humana regar la tierra etrusca:
Jefe toma agua, lleva su hijo a la huida,
cautiva mujer llevada a tierra turca.

LIX

Deux assiegez en ardente ferueur,
Ce soif estaincts pour deux plaines tasses:
Le fort limé, & vn vieillart resueur,
Aux Genevois de Nira monstra trasse.

Dos sitiados en ardiente rabia,
de sed apagada por dos tazas llenas:
El fuerte arrasado y un anciano soñador,
a los genoveses de Nira enseñan lanza.

LX

Les sept enfans en hostaine laissez,
Le tiers viendra son enfant trucider,
Deux par son fils seront d'estoc percez,
Genues, Florence, les viendra enconder.

Los siete niños por rehenes dejados,
el tercero a su hijo asesinará,
dos por su hijo serán por estoque atravesados,
Génova y Florencia permanecerán atentas.

LXI

Le vieux mocqué priué de sa place,
Par l'estranger qui le subornera:
Mains de son fils mangees deuant sa face,
Le frere à Chartres, Orl Roüan trahira.

El viejo burlado y privado de su plaza,
por el advenedizo que le sobornará:
Algunos de su hijos devorados en su presencia,
los hermanos en Chartres, Orleans, Ruán traicionará.

LXII

Vn coronel machine ambition,
Se saisira de la grande armee,
Contre son Prince fainte inuention,
Et descouuert sera soubs sa ramee.

Un coronel elucubrará su avaricia,
se hará con el mayor ejército,
contra su príncipe se rebela,
y descubierto será bajo las ramas.

LXIII

L'armee Celtique contre les montaignars,
Qui seront sçeuz & prins à la pipee:
Paysans frez pouseront rost faugnars,
Precipitez tous au fils de l'espee.

El ejército celta contra los montañeses,
que serán agarrados y tomados en la emboscada:
Campesinos frescos se empujarán brutales,
precipitados todos al filo de la espada.

LXIV

Le deffaillant en habit de bourgeois,
Viendra le Roy tenter de son offense:
Quinze soldats la pluspart Vstagois,
Vie derniere & chef de sa cheuance.

El desfallecido con ropas de burgués,
vendrá al rey a tentarle con su ofensa:
Quince soldados, la mayor parte rehenes,
vida última y jefe de su hacienda.

LXV

Au deserteur de la grande fortresse,
Apres qu'aura son lieu abandonné,
Son aduersaire fera grand proüesse,
L'empereur tost mort sera condamné.

Al desertor de la gran fortaleza,
después de haber su lugar abandonado,
su antagonista hará tan gran proeza,
que el emperador pronto a muerte será condenado.

LXVI

Sous couleur fainte de sept testes rasces,
Seront semez diuers explorateurs:
Puys & fontaines de poisons arrousees,
Au fort de Gennes humains deuorateurs.

Oculto en el color desvaído de siete rapadas cabezas,
serán estupefactosos diversos exploradores:
Pozos y fuentes de venenos rociados,
en el fuerte de Génova humanos devoradores.

LXVII

Lors que Saturne & Mars esgaux combust,
L'air fort seiché longue traiection:
Par feux secrets, d'ardeur grand lieu adust,
Peu pluye, vent chaut, guerres, incursions.

Mientras Saturno y Marte iguales queman,
el aire muy seco larga trayectoria:
Por fuegos arcanos de ardor gran sitio adusto,
débil lluvia, viento templado, guerras, incursión.

LXVIII

En lieu bien proche non esloigné de Venus.
Les deux plus grands de l'Asie & d'Aphrique,
Du Ryn & Hister qu'on dira sont venus,
Cris pleurs à Malte & costé Ligustique.

En lugar cercano de Venus no alejado,
los dos más poderosos de Asia y África:
Del Rin y Danubio que se dirá venidos,
gemidos, llantos en Malta y costa de Ligústica.

Interpretación

El 31 de agosto de 1939 el planeta Venus empieza el movimiento con que se aleja de la Tierra y, según los cálculos de expertos, el día 3 de septiembre se hallaba en el punto más lejano. Ésta es la fecha concreta en que Inglaterra y Francia declararon la guerra a Alemania, es decir, se inició la Segunda Guerra Mundial.

La interpretación de la segunda y tercera líneas indican la alianza de Alemania, Italia (Mussolini hizo una importante campaña en África) y Japón.

Nostradamus quiere, mediante esta cuarteta, pronosticar que en esa guerra participarán muchísimos países. La referencia a Malta es más que acertada, pues esta isla estaba a mitad de camino entre dos bases aliadas (Alejandría y Gibraltar) y tuvo una importancia estratégica.

LXIX

La cité grande les exilez tiendront,
Les citadins morts, meurtris & chassez:
Ceux d'Aquilee à Parme promettront
Monstrer l'entree par les lieux non trassez.

La ciudad grande los exiliados sostendrán,
los ciudadanos muertos, asesinados y perseguidos:
Los de Aquilea en Parma prometerán
enseñar la entrada por lugares ocultos.

LXX

Bien contigue des grands monts Pyrenees,
Vn contre l'Aigle grand copie addresser,
Ouuertes veines, forces exterminees,
Que iusqu'à Paulle chef viendra chasser.

Bien contiguo a los grandes montes Pirineos,
uno contra el Águila gran milicia dirigirá,
abiertas venas, fuerzas exterminadas,
que hasta Pau el jefe vendrá a perseguir.

LXXXI

En lieu d'espouse les filles trucidees,
Meurtre à grand faute ne fera superstile:
Dedans se puys vestu les inondees,
L'espouse estainte par haute d'Aconile.

En lugar de esposa, las hijas degolladas,
asesino de gran falta no será superviviente:
Dentro de los pozos inundados,
la esposa extinta próxima a Aconil.

LXXII

Les Attomiques par Agen & l'Estore,
A sainct Felix feront leur parlement:
Ceux de Basas viendront à la mal' heure,
Saisir Condon & Marsan promptement.

Los artómicos por Agen y el Estore,
en San Félix harán su parlamento:
Los de Basas vendrán en mal instante,
tomar Condon y Marsan al punto.

LXXIII

Le nepueu grand par force prouuera
Le pache fait du coeur pusillanime:
Ferrare & Ast le Duc esprouuera,
Par lors qu'au soir sera le pantomime.

El sobrino mayor por fuerza probar,
el pacto hecho con corazón pusilánime:
A Ferrara y Asti el duque atormentará,
cuando en una noche se represente la pantomima.

LXXIV

Du lac Leman & ceux de Brannonices:
Tous assemblez contre ceux d'Aquitaine:
Germains beaucoup encore plus Souisses,
Seront desfaicts auec ceux d'Humaine.

Del lago Lemán y de Brannonices
todos unidos contra los aquitanos:
Germanos muchos, todavía más suizos,
serán arrasados por los de Humania.

LXXV

Prest à combattre fera defection,
Chef aduersaire obtiendra la victoire:
L'arriere garde fera defension.
Les defaillans mort au blanc territoire.

Presto a combatir hará defección,
jefe adversario logrará el triunfo:
La retaguardia a defenderse,
los derrotados muerte en el blanco territorio.

INTERPRETACIÓN

Una posible interpretación de estas líneas es que alude a lo sucedido en septiembre del año 1812, durante la invasión de Napoleón a Rusia. Bonaparte abandonó a sus soldados quienes se retiraron hacia el oeste mientras intentaban defenderse del ejército ruso. El «jefe adversario» obtuvo la victoria.

LXXVI

Les Nibobriges par eeux de Perigort
Seront vexez, tenant iusques au Rosne:
L'associé de Gascons & Begorne,
Trahir le temple, le prestre estant au prosne:

Los nictóbrigos por los de Perigord
serán humillados, sosteniéndose hasta en el Ródano:
El anillo de gascones y Bigorne,
infidelidad al templo, el llamado atento a la prédica.

INTERPRETACIÓN

Un papa será asesinado y el siguiente no durará mucho. El último de los papas será herramienta del anticristo. La Iglesia católica será manipulada por el Mal y le prestará su ayuda sin ser consciente de ello.

LXXVII

Selin monarque l'Italie pacifique,
Regnes vnis par Roy Chrestien du monde,
Mourant voudra coucher en terre blesique,
Apres pyrates auoir chassé de l'onde.

Selin monarca a Italia pacifica,
reinos unidos, rey cristiano del mundo,
pereciendo querrá reposar en lugar sacro,
tras piratas haber expulsado de las aguas.

LXXVIII

La grand' armee de la pugne ciuile,
Pour de nuict Parme à l'estrange trouuee,
Septante neuf meurtris dedans la ville,
Les estrangers passez tout à l'espee.

El gran ejército de la pugna civil,
en la noche ataca el extraño encontrado,
setenta cadáveres dentro de la ciudad,
los extranjeros pasados todos a la espada.

LXXIX

Sang Royal fuis, Monhuit, Mas, Esguillon,
Remplis seront de Bourdelois les Landes,
Nauuarre, Bygorre poinctes & eguillons,
Profonds de faim vorer de Liege glandes.

Sangre real huida, Monhurt, Mas, Eguillon,
llenos serán de bordeleses las Landas,
Navarra, Bigorra, puntas y aguijones,
hambrientos, devorar de Lieja bellotas.

LXXX

Pres du grand fleuue grand fosse terre egeste,
En quinze pars sera l'eau diuisee:
La cité prinse, feu, sang cris conflict mettre
Et la pluspart concerne au collisee.

Cerca del gran río, gran fosa, tierra arada,
en quince partes será el agua dividida:
La ciudad tomada, fuego, sangre, gritos, conflicto poner
y la mayor parte concierne al Coliseo.

INTERPRETACIÓN

Nostradamus nos habla aquí de la «línea Maginot» y de la caída de Francia en manos alemanas durante la Segunda Guerra Mundial.

El Rin es el río mayor que toca territorio francés. Tras la Primera Guerra Mundial la vulnerabilidad ante un ataque de sus vecinos preocupó mucho a los políticos franceses. En 1929, André Maginot, ministro de la Guerra, recibió la aprobación para fortificar el lado izquierdo del Rin. Las obras fueron enormes y duraron hasta el año 1934, de donde recibió dicho nombre.

Esta línea fortificada medía 20 km de ancho y 15 km de profundidad. El río fue dividido en secciones de manera que cada una de ellas podía ser perfectamente vigilada por pequeñas guarniciones, que a su vez eran resguardadas por fortalezas subterráneas.

Las fuerzas invasoras alemanas para lograr sus propósitos evitaron esta gran línea, pese a que acabaron vulnerándola por su cota 511, avanzando a través de Bélgica y el 12 de junio de 1940 alcanzaron los alrededores de París y lo encontraron en llamas, ya que los depósitos de combustible habían sido incendiados por los partisanos, para que el enemigo no pudiera aprovecharlos.

LXXXI

Pont on fera promptement de nacelles,
Passer l'armee du grand Prince Belgique:
Dans profondez & non loing de Brucelles,
Outre passez, detranchez sept à picque.

Puente se hará rápidamente de barcas,
pasar el ejército del gran príncipe belga:
Dentro profundamente y no lejos de Bruselas,
pasarán de largo, separando siete de picas.

LXXXII

Amas s'approche venant d'Esclauonie,
L'Olestant vieux cité ruynera:
Fort desolee verra sa Romanie,
Puis la grande flamme esteindre ne sçaura.

Hordas se acercan viniendo de Esclavonia,
el genocidio vieja ciudad arruinará:
Muy desolada verá su Rumania,
después la gran llama extinguir no sabrá.

LXXXIII

Combat nocturne le vaillant capitaine,
Vaincu fuyra peu de gens profligé:
Son peuple esmeu, sedition non vaine.
Son propre fils le tiendra assiegé.

Combate nocturno el valiente capitán,
vencido huirá poco de gentes seguido:
Su pueblo emocionado, sedición no vana,
su propio hijo lo tendrá asediado.

LXXXIV

Vn grand d'Auxerre mourra bien miserable.
Chassé de ceux qui sous luy ont esté:
Serré de chaines, apres d'vn rude cable,
En l'an que Mars, Venus & Sol mis en esté.

Un grande de Auxerre morirá bien miserable,
perseguido por aquellos que bajo él han estado:
Lleno de cadenas, después de un rudo cable,
en el año en que Marte, Venus y Sol en conjunción se encontrarán.

LXXXV

Le charbon blanc du noir sera chassé,
Prisonnier faict mené au tombereau:
More Chameau sur pieds entrelassez,
Lors le puisné sillera l'aubereau.

El carbón blanco del negro será calentado,
prisionero hecho llevado a la carreta:
Moro camello sus pies entrelazados,
cuando el neonato el eje surcará.

LXXXVI

L'an que Saturne en eau sera conioinct,
Avecques Sol, le Roy fort puissant:
A Reims & Aix sera receu & oingt,
Apres conquestes meurtrira innocens.

El año en que Saturno en agua esté unido,
con el sol, el rey fuerte y poderoso:
A Reims y Aix será recibido y ungido,
tras conquistas asesinará inocentes.

LXXXVII

Vn fils du Roy tant de langues apprins,
A son aisné au regne different:
Son pere beau au plus grand fils comprins
Fera perir principal adherant.

Un hijo del rey tantas lenguas aprendidas,
a su antecesor un reino diferente:
Su suegro al mayor hijo comprendido
hará perecer principal seguidor.

LXXXVIII

Le grand Antoine de nom de faict sordide
De Phthyriaise à son dernier rongé:
Vn qui de plomb voudra estre cupide,
Passant le port d'esleu sera plongé.

El gran Antonio de nombre de hecho sórdido,
de Ftiriaises hasta lo último roído:
Uno que de plomo querrá ser ávido,
pasando el puerto de su elección será sumergido.

LXXXIX

Trente de Londres secret coniureront,
Contre leur Roy, sur le pont l'entreprise:
Leuy, satalites là mort de gousteront,
Vn Roy esleut blonde, natif de Frize.

Treinta de Londres en secreto conjugarán,
contra su monarca, sobre el puente la empresa:
A él, fatalidades la muerte degustarán,
un rey elegido rubio, nativo de Frisia.

XC

Les deux copies aux mers ne pourrôt ioindre,
Dans cest instan trembler Misan, Ticin:
Faim, soif, doutance si fort les viendra poindre
Chair, pain, ne viures n'auront vn seul boucin.

Los dos ejércitos en los muros no podrán unirse.
En este instante temblarán Milán y Ticino:
Hambre, sed, duda tan fuerte les asaltará
carne, pan, ni víveres no tendrán un solo bocado.

XCI

Au Duc Gaulois contrainct battre au duelle,
La nef Mellele monech n'approchera,
Tort accusé, prison perpetuelle,
Son fils regner auant mort taschera.

Al duque galo obligado a batirse en duelo,
la nave Mellele Mónaco no se aproximará,
mal acusado, prisión perpetua,
su hijo reinar antes muerte intentará.

XCII

Teste tranchee du vaillant capitaine,
Seza iettee deuant son aduersaire:
Son corps pendu de la classe à l'ancienne
Confus fuira par rames à vent contraire.

Testa cortada de valiente capitán,
será lanzada ante su adversario:
Su cuerpo pendido por la hueste a la antena,
confuso huirá por remos con viento contrario.

XCIII

Vn serpent veu proche du lict royal
Sera par dame nuict chiens n'abayeront:
Lors naistre en France vn Prince tant royal,
Du ciel venu tous les Princes verront.

Una serpiente vista cerca del lecho real
será por dama de noche, perros no ladrarán:
Cuando nacido en Francia un príncipe tan real,
del cielo venido todos los príncipes verán.

INTERPRETACIÓN

Esta cuarteta alude al nacimiento del hijo de Ana de Austria y Luis XIII, que fue considerado un regalo de Dios, es decir, que su origen estaba en el cielo.

Fruto de una maniobra política, Ana de Austria, una princesa española, se casó el 1615 con Luis XIII. Ambos tenían 14 años y no fue un enlace feliz, puesto que el esposo prefería a los jóvenes y la tuvo muy abandonada.

El 5 de septiembre de 1638 la reina Ana de Francia le dio un heredero al trono; sería el futuro Luis XIV. La tardanza en su concepción provocó que fuera considerado un precioso regalo.

XCIV

Deux grands freres seront chassez d'Espaigne,
L'aisne vaincu sous les mons Pyrenees:
Rougir mer, Rosne, sang Lemand d'Alemaigne,
Narbon, Blyterre, d'Agth contaminees.

Dos grandes hermanos serán echados de España,
el mayor vencido bajo los montes Pirineos:
Enrojecer mar, Ródano, sangre Lemán de Alemania
Nabón, Biterre, d'Agath, contaminadas.

XCV

Le regne à deux l'aissé bien peu tiendront,
Trois ans sept mois passez feront la guere:
Les deux Vestales contre rebelleront,
Victor puisnay en Armenique terre.

El reino de dos dejado bien poco mantendrán,
tres años y siete meses pasados harán la guerra:
Las dos vestales contra revelarán,
victoria segura en arménica tierra.

XCVI

La soeur aisnee de l'Isle Britannique
Quinze ans deuant le frere aura naissance,
Par son promis moyennant verrifique,
Succedera au regne de balance.

La hermana de la isla británica,
quince años antes que el hermano tendrá nacimiento:
Por su promesa por medio de la comprobación,
sucederá al reino de balanza.

INTERPRETACIÓN

Esta cuarteta es interpretada por algunos como la que cuenta la independencia de los Estados Unidos de América, ocurrida el año 1776, 15 años antes que la Revolución francesa –el nacimiento de la Francia tal y como la conocemos hoy en día–. Las dos últimas líneas hacen referencia a que América sucederá a Inglaterra como primera potencia mundial, como así ha ocurrido.

XCVII

L'an que Mercure, Mars, Venus retrograde,
Du grand Monarque la ligne ne faillir:
Esleu du peuple l'vsitant pres de Gaudole,
Qu'en paix & regne viendra fort enuieillir.

El año en que Mercurio, Marte, Venus retrógrados,
del gran monarca la línea no fallará:
Elegido del pueblo el que usa cerca de Gádola,
que en paz y reino se hará muy anciano.

XCVIII

Les Albanois passeront dedans Rome,
Moyennan Langres demipler affublez:
Marquis & Duc ne pardonnes à homme,
Feu, sang, morbiles point d'eau faillir les bleds.

Los albaneses pasarán dentro de Roma,
por medio de Langres con tristeza domados:
Marqués y duque no perdonados de hombre,
fuego, sangre, muerte, nada de agua, marchito el trigo.

XCIX

Laisné vaillant de la fille du Roy,
Respoussera si profond les Celtiques,
Qu'il mettra foudres, combien en tel arroy
Peu & loing, puis profond és Hesperiques.

El primogénito valiente de la hija del rey
rechazará tan fuertemente a los celtas,
que llevará la cólera de tal modo,
poco y lejos, después profundo de las Hesperias.

C

Du feu celeste au Royal edifice,
Quand la lumiere de Mars defaillira,
Sept mois grand guerre, mort gens de malefice.
Roüan, Eureux au Roy ne faillira.

Del fuego celeste al real edificio,
cuando la luz de Marte se desvanezca,
siete meses gran guerra, muerte gente de maleficio.
Rouen, Evreux al rey no faltará.

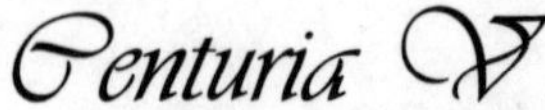

I

Avant venuë de ruine Celtique,
Dedans le têple deux palementerôs
Poignard coeur, d'vn monté au coursier & picque,
Sans faire bruit le grand enterreront.

Antes venida de ruina céltica,
dentro del templo dos parlamentarán,
puñalada al corazón, de un jinete en coraza y pica,
sin hacer ruido al grande sepultarán.

II

Sept coniurez au banquet feront luire,
Contre les trois le fer hors de nauire:
L'vn les deux classe au grand fera couduire,
Quand par le mail, dernier au front luy tire.

Siete conjurados en banquete ostentarán,
contra los tres el hierro fuera de navío:
Una de las dos flotas el grande conducirá,
cuando por el mazo, último del frente le saca.

III

Le successeur de la Duché viendra,
Beaucoup plus outre que la mer de Tosquane:
Gauloise branche la Florence tiendra,
Dans son giron d'accord nautique Rane.

El sucesor del ducado vendrá
mucho más lejos del mar de Toscana:
Gala rama Florencia tendrá,
en su girón de acuerdo náutica rana.

IV

Le gros mastin de cité dechassé,
Sera fasché de l'estrange alliance,
Apres aux champs auoir le cerf chassé,
Le loups & l'Ours se donront defiance.

El gran mastín de la ciudad arrojado,
será exacerbado por la extraña alianza,
tras en los campos haber expulsado el ciervo,
el lobo y el oso se desafiarán.

V

Soubs ombre feincte d'oster de seruitude,
Peuple & cité l'vsurpera luy-mesmes:
Pire fera par fraux de ieune pute,
Liuré au champ lisant le faux poësme.

Bajo sombra falsa de liberar la servidumbre,
pueblo y ciudad usurpará el mismo:
Peor hará por fraude de joven puta,
librado al campo leyendo el falso prólogo.

VI

Au Roy l'angur sur le chef la main mettre,
Viendra prier pour la paix Italique:
A la main gauche viendra changer le sceptre,
Du Roy viendra Empereur pacifique.

Al rey el augur sobre el jefe la mano pone,
vendrá a rogar por la paz itálica:
En la mano izquierda cambiará el cetro,
del rey que será emperador pacífico.

VII

Du Triumuir seront trouuez les os,
Cherchant profond thresor aenigmaique:
Ceux d'alentour ne seroit en repos,
Ce concauuer marbre & plomb metalique.

Del triunviro se hallarán los huesos,
buscando hondo tesoro enigmático:
Los de alrededor no reposarán,
por este socavar mármol y plomo metálico.

VIII

Sera laissé feu vif, mort caché,
Dedans les globes horrible espouuantable,
De nuict à classe cité en poudre lasché,
La cité à feu, l'ennemy fauorable.

Será dejado fuego ardiente, muerte escondida,
en los tifones y horribles espantos,
de noche ciudad marítima en polvo convertida,
la ciudad en fuego, el enemigo predispuesto.

IX

Iusques au fond la grand arq moluë,
Par chef captif l'amy anticipé,
N'aistra de dame front, face cheuelue,
Lors par astuce Duc à mort atrapé.

Hasta el fondo del gran arco demolido,
por jefe cautivo el amigo anticipado:
Germinará el ingenio de la fémina, rostro desmelenado,
cuando por astucia duque a muerte sea atrapado.

X

Vn chef Celtique dans le conflict blessé,
Aupres de caue voyant siens mort abbatre:
De sang & playes & d'ennemis pressé,
Et secours par incogneus de quatre.

Un jefe celta en el conflicto herido,
tras la cueva viendo a los suyos morir abatidos:
De sangre y heridas y de enemigos rodeado,
y auxiliado por cuatro desconocidos.

XI

Mer par solaires seure ne passera,
Ceux de Venus tiendront toute l'Affrique:
Leur regne plus Saturne n'occupera,
Et changera la part Asiatique.

Mar por solares umbrales no pasará,
los de Venus controlarán toda África:
Su reino más Saturno no ocupará,
cambiando la parte asiática.

XII

Aupres du lac Leman sera conduite,
Par garse estrange cité voulant trahir:
Auant son meurtre à Ausborg la grand suitte,
Et ceux du Rhin la viendront inuahir.

Junto al lago Lemán será conducida,
por hembra extraña ciudad queriendo traicionar:
Antes de su asesinato en Augsburgo la gran diáspora,
y los del Rin la invadirán.

XIII

Par grand fureur le Roy Romain Belgique
Vexer voudra par phalange barbare:
Fureur grinssent, chassera gent Lybique
Depuis Pannons iusques Hercules la hare.

Por gran furor el rey romano de Bélgica,
humillar querrá la falange bárbara:
Furor horrísono expulsará a gente líbica,
desde Panonia hasta Hércules masacrándoles.

XIV

Saturne & Mars en Leo Espaigne captiue,
Par chef Lybique au conflict attrapé,
Proche de Malthe, Herodde prinse viue,
Et Romain sceptre sera par Coq frappé.

Saturno y Marte en Leo, España cautiva,
inmersa en el problema merced al jefe libio,
cerca de Malta, heredera cautiva en vida,
y romano cetro será por gallo picoteado.

XV

En nauigeant captif prins grand Pontife,
Grand apres faillir les clercs tumultuez:
Second esleu absent son bien debife,
Son fauory bastard à mort rué.

Navegando hecho cautivo gran Pontífice,
grande tras caer los clérigos tumultuosos:
Segundo elegido ausente, su bien trastocado,
su favorito bastardo a muerte sentenciado.

XVI

A son haut pris plus la lerme sabee,
D'humaine chair par mort en cendre mettre,
A l'isle Pharos par Croissars pertubee,
Alors qu'a Rodes paroistra deux espectre.

A su alto precio más la lágrima gustada,
la humana carne por muerte en ceniza convertida,
la isla de Faros por cruzados perturbada,
mientras en Rodas aparecerá duro espectro.

XVII

De nuict passant le Roy pres d'vne Androne,
Celuy de Cipres & principal guette,
Le Roy failly, la main fuit long du Rosne,
Les coniurez l'iron à mort mettre.

De noche pasando el rey cerca de un callejón,
el de Chipre y principal acecho,
el rey vencido, la mano huye a lo largo del Ródano,
los conjurados irán a darle muerte.

XVIII

De dueil mourra l'infelix profligé,
Celebrera son vitrix l'hecatombe:
Pristine loy, franc edit redigé,
Le mur & Prince au septiesme iour tombe.

De duelo morirá el infeliz perseguido,
celebrando el triunfador la hecatombe:
Prístina ley, franco edicto abreviado,
el muro y príncipe al séptimo día caen.

XIX

Le grand Royal d'or, d'airain augmenté,
Rompu la pache, par ieune ouuerte guerre:
Peuple affligé par vn chef lamenté,
De sang barbare sera couuerte terre.

El gran real de oro, de bronce aumentado,
rota la paz, por imberbe guerra abierta:
Pueblo afligido por un jefe deplorable,
de sangre bárbara será cubierta tierra.

XX

De là les Alpes grande armee passera,
Vn peu deuant naistre monstre vapin:
Prodigieux & subit tournera
Le grand Tosquan à son lieu plus propin.

Más allá de los Alpes gran ejército pasará,
poco antes nacerá el monstruo Vapin:
Prodigioso y súbito volverá,
el gran toscano a su lugar más habitual.

XXI

Par le trespas du Monarque Latin,
Ceux qu'il aura par regne secourus:
Le feu luira diuisé le butin,
La mort publique aux hardis incourus.

Por el fallecimiento del monarca latino,
los que habrá por el reino socorridos:
El fuego lucirá dividido el botín,
la muerte pública a los valientes incurridos.

XXII

Auant, qu'a Rome grand aye rendu l'ame
Effrayeur grande à l'armee estrangere:
Par esquadrons l'embusche pres de Parme,
Puis les deux rouges ensemble feront chere.

Antes que en Roma grande haya rendido el alma,
espanto grande en el ejército extranjero:
Por escuadrones la emboscada cerca de Parma,
después los dos rojos juntos harán festín.

XXIII

Les deux contens seront vnis ensemble,
Quand la pluspart à Mars seront conionict:
Le grand d'Affrique en effrayeur tremble,
Dvvmvirat par la classe desioinct.

Los dos contentos serán unidos juntos,
cuando la mayoría en Marte se fusionen:
El grande de África en espanto y temblor,
el duunvirato por el ejército desunido.

XXIV

Le regne & loy sous Venus esleué,
Saturne aura sus Iupiter empire:
La loy & regne par le Soleil leué,
Par Saturnins endurera le pire.

El reino y la ley sin Venus contruidos,
Saturno tendrá sobre Júpiter imperio:
La ley y el reino por el Sol alzados,
por Saturno soportarán lo peor.

XXV

Le prince Arabe, Mars, Sol, Venus, Lyon,
Regne d'Eglise par mer succombera:
Deuers la Perse bien pres d'vn million,
Bisance, Egypte ver. serp. inuadera.

El príncipe árabe, Marte, Sol, Venus, Lyon,
reino de Iglesia por mar sucumbirá:
Hacia Persia bien cerca de un millón,
Bizancio, Egipto, *versus serpens* invadirá.

Interpretación

La base de la Iglesia católica en Roma será destruida en un accidente, como si se la tragara el agua. A partir de ese instante los árabes actuarán, aprovechándose. Todo esto provocará la caída de la Iglesia tras muchos siglos de existencia. Pero lo más importante es que el anticristro invadirá Turquía.

XXVI

La gent esclaue par vn heur Martial,
Viendra en haut degré tant esslevee,
Changeront Prince, n'aistra vn prouincial,
Passer la mer copie aux monts leuee.

La gente esclava por un acontecimiento marcial,
vendrá en alto grado tan elevada:
Cambiarán príncipe, nacerá un provincial,
pasar el mar flota en los montes reclutada.

XXVII

Par feu & armes non loing de la marnegro,
Viendra de Perse occuper Trebisonde:
Trembler Pharos Methelin, Sol alegro,
De sang Arabe d'Adrio couuert onde.

Por fuego y armas no lejos del mar Negro,
vendrá de Persia ocupar Trebisonda:
Temblar Fato, Methelín, Sol alegre,
de sangre islámica de Adria cubierta la onda.

XXVIII

Le bras pendant à la iambe liee,
Visage pasle, au sein poignard caché,
Trois qui seront iurez de la meslee
Au grand de Genues sera le fer laschee.

El brazo pendiente a la pierna atado,
rostro lívido, en el seno puñal oculto:
Presas que serán jurados de la pelea,
al grande de Génova será el fuego dejado.

XXIX

La liberté ne sera recouuree,
L'occupera noir, fier, vilain, inique,
Quand la matiere du pont sera ouuree,
D'Hister, Venise faschee la republique.

La libertad no será recobrada,
la ocupará negro, fiero, villano, inicuo,
cuando la materia del puente sea librada,
por Híster, Venecia la república enojada.

INTERPRETACIÓN

Cuando Francia fue ocupada por los alemanes en junio de 1940 perdió su libertad. Henri Petain asumió el cargo de jefe del estado y bajo su gobierno el país se convirtió en colaborador del Reich.

Las siguientes líneas representan una horrenda descripción de un personaje que Nostradamus denomina Híster, pero que para nosotros no es otro que Adolf Hitler.

En la última línea se hace referencia a la liberación de Venecia por parte de los aliados, justo dos días antes de que el *führer* se suicidara al ver que había perdido cualquier posibilidad de ganar la guerra.

XXX

Tout à l'entour de la grande cité,
Seront soldats logez par champs & villes:
Donner l'assaut Paris Rome incité
Sur le pont lors sera faicte, grand pille.

Todo alrededor de la gran ciudad,
habrá soldados alojados por campos y villas:
Dar el asalto a París, Roma incitada,
sobre el puente se hará gran pillaje.

XXXI

Par terre Attique chef de la sapience,
Qui de present est la rose du monde:
Pour ruiné, & sa grande preeminence
Sera subdite & naufrage des ondes.

Por tierra antigua jefe de la sapiencia,
quien en el presente es la rosa del mundo:
Puente arruinado y su gran preeminencia,
será súbdito y náufrago de las olas.

XXXII

Où tout bon est, tout bien Soleil & Lune,
Est abondant, sa ruine s'approche:
Du ciel s'auance vaner ta fortune,
En mesme estat que la septiesme roche.

Donde todo lo bueno está, todo bien Sol y Luna,
es abundante, su ruina se aproxima:
Del cielo se acerca aventar su fortuna,
en mismo estado que la séptima roca.

XXXIII

Des principaux de cité rebellee,
Qui tiendront fort pour liberté t'avoir:
Detrancher masles, infelice meslee,
Crys, heurlemens à Nantes piteux voir.

De los principales de la ciudad rebelde,
que se esforzarán para libertad lograr:
Destrozar machos, infeliz revoltijo,
aullidos, lamentos en Nantes lastimosos de oír.

INTERPRETACIÓN

El profeta nos muestra aquí, con lenguaje más o menos complejo, hechos acaecidos en Francia años después de la toma de la Bastilla.

Los personajes principales de la ciudad de Lyon querían libertad para dirigir sus propios asuntos, pero tras una feroz lucha no obtuvieron lo que tanto deseaban.

Empezó un período de gran violencia y muerte, durante el cual la guillotina no daba abasto e incluso se obturaron las alcantarillas. Para poder seguir con el elevado ritmo de ejecuciones, grupos de prisioneros fueron llevados a las afueras de la ciudad para ser destrozados de las maneras más extravagantes. Incluso se hizo uso de un cañón.

En ese mismo año empezó el sitio de otra ciudad, Nantes, y el horror fue similar al expuesto para Lyon.

XXXIV

Du plus profond de l'Occident Anglois
Où est le chef de l'isle Britanique
Entrera classe dans Gyronne, par Blois
Par vin & tel, ceux cachez aux barriques.

De lo más profundo del Occidente inglés,
donde está el jefe de la rubia Albión:
Entrará flota en Girona por Blois,
por vino y sal, fuegos escondidos en barricas.

XXXV

Par cité franche de la grand mer Seline
Qui porte encores à l'estomach la pierre,
Angloise classe viendra sous la bruine
Vn rameau prendre, du grand ouuerte guerre.

Por ciudad franca del gran mar Selín,
que lleva todavía en el estómago la piedra,
inglesa flota vendrá bajo la bruma,
un ramo a tomar, de gran abierta guerra.

XXXVI

De soeur le frere par simulte faintise
Viendra mesler rosee en myneral:
Sur la placente donne à veille tardiue,
Meurt le goustant sera simple & rural.

De hermana el hermano por simulado fingimiento,
vendrá mezclar rociada en mineral:
Sobre la placenta dada a vieja tardía,
muerto, el que guste será simple y rural.

XXXVII

Trois cens seront d'vn vouloir & accord,
Que pour venir au bout de leur attainte,
Vingt mois apres tous & record
Leur Roy trahy simulant haine fainte.

Trescientos estarán en una voluntad y acuerdo,
que para venir al fin de su espera,
veinte meses después todos y recuerdos,
su rey traicionado simulando odio fingido.

XXXVIII

Ce grand monarque qu'au mort succedera,
Donnera vie illicite lubrique,
Par nonchalance à tous concedera,
Qu'a la parfin faudra la loy Salique,

Este gran monarca que al muerto sucederá,
dará vida ilícita y lúbrica,
por indolencia a todos concederá,
que al fin será necesaria la ley Sálica.

XXXIX

Du vray rameau de fleur de lys issu
Mis & logé heritier d'Hetturie:
Son sang antique de longue main tissu,
Fera Florence florir en l'harmoirie.

De la verdadera rama de flores de lis salida,
nombrado y situado heredero de Etruria:
Su sangre antigua de larga mano tejida,
hará Florencia florecer en los blasones.

XL

Le sang royal sera si tres meslé,
Contraints seront Gaulois de l'Hesperie:
On attendra que terme soit coulé,
Et que memoire de la voix soit petite.

La sangre real estará tan acrisolada,
obligados estarán galos de Hesperia:
Se esperará que término haya pasado,
y que memoria de la voz se desvanezca.

XLI

Nay sous les ombres & iournee nocturne,
Sera en regne & bonté souueraine:
Fera renaistre son sang de l'antique vrne,
Renouuellant siecle d'or pour l'airain.

Nacida bajo las sombras y jornada nocturna,
será en reino y bondad soberana:
Hará renacer su sangre de la antigua urna,
renovando siglo de oro para el bronce.

XLII

Mars esleué en son plus haut befroy,
Fera retraire les Allobrox de France:
La gent Lombarde fera si grand effroy,
A ceux de l'Aigle comprins sous la Balance.

Marte elevado a su más alto apogeo,
hará retirarse a los Alóbroges de Francia:
La gente lombarda hará tal espanto,
a los del águila comprendidos bajo la balanza.

XLIII

La grand' ruine des sacrez ne s'eslongue,
Prouence, Naples, Scicille, Seez & Ponce,
En Germanie, au Rhin & la Cologne,
Vexez à mort par tous ceux de Magonce.

La gran ruina de secretos no se aleja,
Provenza, Nápoles, Sicilia, Seez y Ponce,
en Germania, en el Rin y Colonia,
vejados a muerte por todos los de Maguncia.

INTERPRETACIÓN

Los centros culturales de Europa serán asolados, en especial allí donde están ocultos los grandes secretos del Vaticano. Al descubrirse éstos, tendrá lugar un gran cisma. La Iglesia acabará desapareciendo y el anticristo saldrá beneficiado.

XLIV

Par mer le rouge sera prins de pyrates,
La paix sera par son moyen troublee:
L'ire & l'auare commettra par fainct acte,
Au grand Pontife sera l'armee doublee.

Por el mar rojo serán capturados por piratas,
la paz estará por ello en peligro:
La ira y la avaricia cometerán por santo acto,
al gran Pontífice será el ejército doblado.

XLV

Le grand Empire sera tost desolé
Et translaté pres d'arduenne silue:
Les deux bastards par l'aisné decollé,
Et regnera Aenodarb, nez de milue.

El gran imperio será pronto desolado,
y trasladado cerca de bosque de las Árdenas:
Ambos bastardos por el primogénito privado,
y reinará Aenobarbus, nariz de pajarraco.

XLVI

Par chapeaux rouges querelles & noueaux scismes
Quand on aura esleu le Sabinois:
On produira contre luy grands sophismes,
Et sera Rome lesee par Albanois.

Por sombreros rojos, querellas y nuevos cismas,
cuando se haya elegido al sabino:
Se producirá contra el mundo sofisma,
y será Roma dañada por el albanés.

XLVII

Le grand, Arabe marchera bien auant,
Trahy sera par les Bisantinois:
L'antique Rodes luy viendra audeuant,
Et plus grand mal par austre Pannonois.

El gran árabe marchará muy por delante,
traicionado será por los bizantinos:
La antigua Rodas se pondrá por delante,
y mayor mal por otros panonios.

XLVIII

Apres la grande affliction du sceptre,
Deux ennemis par eux seront defaicts:
Classe Affrique aux Pannons viendra naistre,
Par mer terre seront horribles faicts.

Tras gran aflicción del cetro,
dos enemigos por ellos serán vencidos:
Flota de África a los panonios irá nacer
por mar y tierra harán horribles cosas.

XLIX

Nul de l'Espagne, mais de l'antique France
Ne sera esleu pour le trembant nacelle,
A l'ennemy sera faicte fiance,
Qui dans son regne sera peste cruelle.

Nadie de España, sino de la antigua Francia
o será elegido para la temblorosa nave,
al enemigo se la dará fianza,
quien en su reino será peste cruel.

L

L'an que les Freres du lys seront en aage,
L'vn d'eux tiendra la grande Romanie:
Trembler ses monts, ouuers Latin passage,
Fache macher contre fort d'Armenie.

El año en el que los fraternos de lis tengan la edad,
uno de ellos someterá la gran Rumania:
Temblar montes, abierto el latino pase,
paz marcha contra fuerzas de Armenia.

LI

La gent de Dace, d'Angleterre, Polonne
Et de Boësme feront nouuelle ligue.
Pour passer outre d'Hercules la colonne,
Barcins, Tyrrens dresser cruelle brique.

La gente de Dacia, de Inglaterra, Polonia,
y de Bohemia harán nueva liga:
Para pasar al otro lado de Hércules la columna,
barcinos, tirrenos levantar cruel intriga.

LII

Vn Roy sera qui donra l'opposite.
Les exilz esleuez sur le regne:
De sang nager la gent caste hypolite,
Et florira long temps sous telle enseigne.

Un rey hará que se opone tercamente,
los exiliados se alzarán sobre el reino:
En sangre nada la gente de casta hipólita,
y florecerá largo tiempo bajo tal enseña.

LIII

La loy du Sol & Venus contendus
Appropriant l'esprit de prophetie,
Ne l'vn ne l'autre ne seront entendus,
Par sol tiendra la loy du grand Messie.

La ley de Sol y Venus en los dos contenida,
adueñándose el espíritu de la profecía,
ni uno ni otro serán escuchados,
como fundamento la ley del gran Mesías.

LIV

Du pont Exine, & la grand Tartarie,
Vn Roy sera qui viendra voir la Gaule,
Transpercera Alane & l'Armenie,
Et dedans Bisance lairra sanglante gaule.

De Ponte-Euxino y la gran Tartaria,
un monarca será que vendrá a ver la Galia,
traspasará Alana y Armenia,
y en Bizancio dejará sangrante enseña.

LV

De la Felice Arabie contrade,
N'aistra puissant de loy Mahometique,
Vexer l'Espagne, conquester la Grenade,
Et plus par mer à la gent Lygustique.

De la feliz Arabia tierra,
surgirá poderoso de ley mahometana,
humilla España, somete Granada,
y además por mar a la gente de Liguria.

LVI

Par le trespas du tres-vieillard Pontife
Sera esleu Romain de bon aage,
Qui sera dict que le siege debiffe,
Et long tiendra & de picquant ouurage.

Por el óbito del muy anciano pontífice,
será elegido romano de buena edad,
que acusarán de lesionar el solio,
pero se sostendrá por tiempo y con picante obra.

LVII

Istra de mont Gaufier & Auentin,
Qui par le trou aduertira l'armee,
Entre deux rocs sera prins le butin,
De Sext, mansol faillir la renommee.

Saldrá del monte Gaulsier y Aventino,
que por el agujero advertirá al ejército,
entre dos rocas será hecho el botín,
de Sext perder el renombre.

LVIII

De l'aqueduct d'Vticense Gardoing,
Par la forest mort inacessible,
Ennemy du pont sera tranché au poing,
Le chef nemans qui tant sera terrible.

Del acueducto de Uticense y del Garda,
por el bosque y monte inaccesible,
rodeado por el puente será golpeado con el puño,
el jefe romano que será tan terrible.

LIX

Au chef Anglois à Nismes trop seiour,
Deuers l'Espagne au secours Aenobarbe:
Plusieurs mourront par Mars ouuert ce iour,
Quand en Artois faillir estoille en barbe.

Para el jefe inglés de Nimes demasiado temor,
hacia España en auxilio de Enobarbo:
Varios morirán por Marte abierto este día,
cuando en Artois caiga estrella en barbada.

LX

Par teste rase viendra bien mal eslire,
Plus que sa charge ne porter passera:
Si grande fureur & rage fera dire,
Qu'à feu & sang tout sexe trenchera.

Por testa pelona vendrá a ser difícil elegir,
más que su carga que lleva pasará:
Tan gran furor y rabia hará decir,
que a fuego y sangre todo sexo cortará.

LXI

L'enfant du grand n'estant à sa naissance,
Subiuguera les hauts monts Apennis:
Fera trembler tous ceux de la balance,
Et des monts feux iusques à Mont-Genis.

El hijo del grande no siéndolo en su nacimiento,
subyugará los altos montes Apeninos:
Hará temblar a todos los de la balanza,
y de los montes fuego hasta Mont-Genis.

LXII

Sur les rochers sang on verra pleuuoir,
Sol Orient Saturne Occidental:
Pres d'Orgon guerre à Rome grand mal voir,
Nefs parfondrees, & prins Tridental.

Sobre las rocas sangre se verá llover,
el Sol de Oriente, Saturno Occidente:
Cerca de Orgon guerra, en Roma gran mal ver,
naves hundidas, y tornado el tridente.

LXIII

De vaine emprinse l'honneur indue plaincte,
Galliots errans par latins, froid, faim, vagues:
Non loin du Tymbre de sang la terre taincte,
Et sur humaine seront diuerses plagues.

De vana empresa el honor inmerecido clama,
galeotes errantes por latinos, frío, hambre, olas:
No lejos del Tíber de sangre la tierra teñida,
y sobre los humanos caerán diversas plagas.

LXIV

Les assemblez par repos du grand nombre
Par terre & mer conseil contremandé:
Pres de l'Antonne Gennes, Nice de l'ombre
Par champs & villes le chef contrebandé.

Los reunidos por reposo del gran número,
por tierra y mar consejo contra mandato:
Cerca del otoño, Génova, Niza de la sombra,
por campos y villas el jefe en contrabando.

LXV

Subit venu l'effrayeur sera grande,
Des principaux de l'affaire cachez:
Et dame en brasse plus ne sera en veüe,
Ce peu à peu seront les grands fachez.

Súbitamente venido el temor será grande,
los principales del asunto escondidos:
Y dama embarazada nunca volverá a ser vista
y poco a poco serán los grandes furiosos.

LXVI

Sous les antiques edifices vestaux,
Non esloignez d'aqueduct ruyne:
De Sol & Lune sont les luisans metaux,
Ardente lampe, Traian d'or burine.

Bajo los antiguos edificios vestales,
no alejados de acueducto en ruinas:
De Sol y Luna son los relucientes metales,
ardiente lámpara Trian de oro titila.

LXVII

Quand chef Perouse n'osera sa tunique
Sans au couuert tout nud s'expolier:
Seront prins sept faict Aristocratique,
Le pere & fils mort par poincte au colier.

Cuando el jefe de Perusa no ofrezca su túnica,
sentidos a cubierto, todos desnudos expoliar,
serán hechos siete por el hecho aristocrático,
el padre y el hijo muerte por herida en garganta.

LXVIII

Dans le Danube & du Rhin viendra boire
Le grand Chameau, ne s'en repentira:
Trembler du Rosne, & plus fort ceux de Loire
Et pres des Alpes Coq le ruinera.

En el Danubio y del Rin vendrá a beber
el gran camello, no se arrepentirá:
Temblar del Ródano y más fuertes los del Loira,
y cerca de los Alpes el gallo lo arruinará.

LXIX

Plus ne sera le grand en feux sommeil,
L'inquietude viendra prendre repos:
Dresser phalange d'or, azur & vermeil
Subiuger Afrique la ronger iusques os.

Ya no será más el grande en falso sueño,
la inquietud vendrá a tomar reposo:
Levantad falange de oro, azul y rosa,
sojuzgar África, roerla hasta el hueso.

LXX

Des regions subiectes à la Balance
Feront troubler les monts par grande guerre,
Captifs tout sexe deu & tout Bisance,
Qu'on criera à l'aube terre à terre.

Las regiones sujetas a la balanza,
harán turbarse los montes por gran guerra,
cautivos de los dos sexos y de toda Bizancio,
que se gritará al alba tierra a tierra.

LXXI

Par la fureur d'vn qui attendra l'eau,
Par la grand'rage tout l'exercice esmeu:
Chargé des nobles à dix sept barreaux,
Au long du Rosne tard messager venu.

Por el furor de uno que esperará al agua,
por la gran rabia todo el ejército emocionado:
Cargados de nobles en diecisiete barcos,
a lo largo del Ródano tarde llegado mensajero.

LXXII

Pour le plaisir d'edict voluptueux,
On meslera la poison dans la foy:
Venus sera en cours si vertueux,
Qu'obfusquera Soleil tout à loy.

Por el placer de edicto voluptuoso,
se pondrá el veneno en la fe:
Venus estará en un curso tan virtuoso,
que ofuscará del Sol toda ley.

LXXIII

Persecutee sera de Dieu l'Eglise,
Et les saincts Temples seront expoliez,
L'enfant la mere mettra nud en chemise,
Seront Arabes aux Pollons ralliez.

Perseguida será la Iglesia del Redentor,
y los santos templos serán expoliados,
el hijo, la madre dejará desnuda en camisa,
los árabes a los polones unidos.

LXXIV

De sang Troyen naistra coeur, Germanique
Qui deuiendra en si haute puissance:
Hors chassera estrange Arabique,
Tournant l'Eglise en pristine preeminence.

De sangre troyana nacerá corazón germánico,
que llegará a tener tan alto poder:
Fuera expulsará extraña gente arábiga,
volviendo la Iglesia en prístina preeminencia.

LXXV

Montera haut sur le bien plus à dextre,
Demourera assis sur la pierre quarree,
Vers le midy posé à sa senestre,
Baston tortu en main bouche serree.

Subirá alto sobre el bien más a la diestra,
sentado sobre la piedra cuadrada,
hacia el mediodía en la ventana,
bastón torcido en mano, boca cerrada.

LXXVI

En lieu libre tendra son pauillon,
Et ne voudra en citez prendre place:
Aix, Carpen l'isle volce, mont, Cauaillon,
Par tous ses lieux abolira la trasse.

En lugar liberado tendrá su pabellón,
y no querrá en ciudad tomar sitio:
Aix, Carpen, isla Volce, monte Cavaillón,
por todos sitios abolirá su huella.

LXXVII

Tous les degrez d'honneur Ecclesiastique
Seront changez en dial quirinal:
En Martial quirinal flaminique,
Puis vn Roy de France le rendra vulcanal.

Todos los grados de honor eclesiástico,
serán cambiados en fecha quirinal:
En Marcial, Quirinal flamígero,
después un rey de Francia lo hará vulcanal.

LXXVIII

Les deux vnis ne tiendront longuement,
Et dans treize ans au Barbare Strappe,
Aux deux costez feront tel perdement,
Qu'vn benira le Barque & sa cappe.

Los dos unidos no serán mucho,
y en trece años el bárbaro sátrapa,
en los dos lados tendrán tal pérdida,
que uno bendecirá la barca y su capa.

INTERPRETACIÓN

Aquí Nostradamus habla de que la paz entre Estados Unidos y Rusia, las dos grandes potencias, no durará muchos años y que una guerra nuclear será la responsable de este rompimiento de relaciones. El papel de la Iglesia católica y del Papa será importante.

LXXIX

Par sacree pompe viendra baisser les aisles,
Par la venue du grand legislateur:
Humble haussera, vexera les rebelles,
Naistra sur terre aucun aemulateur.

Por sagrada pompa vendrá a bajar las alas,
por la venida del gran legislador:
Humilde enaltecerá, vejará a los rebeldes,
no nacerá en la tierra emulador alguno.

INTERPRETACIÓN

Esta cuarteta alude al protagonismo representado por Abraham Lincoln en Estados Unidos. Algunos de sus logros fueron proclamar la emancipación y el fin de la esclavitud tras la derrota de los rebeldes del sur. Nunca ha habido otro personaje de iguales características.

LXXX

Logmion grande Bisance approchera.
Chassee sera la barbarique Ligue:
Des deux loix l'vne l'estinique laschera,
Barbare & franche en perpetuelle brigue.

Se aproximará el Ogmión Gran Bizancio,
expulsada será la bárbara Liga:
De las dos leyes la pagana cederá,
bárbara y Francia en perpetua lucha.

LXXXI

L'oiseau royal sur la cité solaire,
Sept moys deuant fera nocturne augure:
Mur d'Orient cherra tonnerre esclaire,
Sept iours aux portes les ennemis à l'heure.

El pájaro real sobre la ciudad solar,
siete meses antes habrá hecho nocturno augurio:
Mar de Oriente caerá trueno, relámpago,
siete días a las puertas los enemigos entonces.

LXXXII

Au conclud pache hors la forteresse,
Ne sortira celuy en desespoir mis:
Quant ceux d'Arbois, de Langres, contre Bresse,
Auront mons Dolle bouscade d'ennemis.

Al concluirse la paz fuera de la fortaleza,
no saldrá el que en desespero puesto:
Cuando los de Arbois, de Langres, contra Bresse,
tendrán monte Dolle, emboscada de enemigos.

LXXXIII

Ceux qui auront entreprins subuertir,
Nompareil regne, puissant & inuincible:
Feront par fraudes, nuicts trois aduertir,
Quand le plus grand à table lira Bible.

Los que hayan emprendido la subversión,
nombre parecido reino, poderoso e invencible:
Lo harán por fraude, tres noches advertir,
cuando el mayor en la mesa lea Biblia.

INTERPRETACIÓN

Esta profecía parece hacer referencia a la más grande de las naciones, es decir, Estados Unidos, y según algunos relata el momento en que la familia Clinton asistió a la ceremonia religiosa en Washington, el día antes que el Congreso anunciara que Bush era el presidente electo.

LXXXIV

Naistra du gouphre & cité immesuree,
Nay de parens obscurs & tenebreux:
Qui la puissance du grand Roy reueree,
Voudra destruire par Roüan & Eureux.

Nacerá de sima y ciudad desmesurada,
engendrado de padres oscuros y tenebrosos:
Que la potencia del gran rey reverenciada,
querrá destruir por Ruan y Evreux.

LXXXV

Par les Sueues & lieux circonuoisins.
Seront en guerre pour cause des nuees.
Camp marins locustes & cousins,
Du Leman fautes seront bien desnuees.

Por los suevos y lugares circundantes,
Estarán en guerra por causa de muchedumbres:
Gámbaros marinos, langostas y mosquitos,
de Leman faltas serán bien reveladas.

LXXXVI

Par les deux testes, & trois bras separés,
La cité grande sera par eaux vexee:
Des grands d'entr'eux par exil esgarés,
Par teste perse Bisance fort pressee.

Por las dos cabezas y tres brazos separados,
la ciudad grande por aguas será humillada:
De los grandes de entre ellos por exilio esparcidos,
por cabeza persa Bizancio muy presionada.

INTERPRETACIÓN

La falta de consenso entre las dos grandes potencias, Inglaterra y los Estados Unidos de América, causará una enorme inoperancia en la lucha contra el anticristo, quien encontrará grandes facilidades para conseguir sus oscuros propósitos.

LXXXVII

L'an que Saturne hors de seruage,
Au franc terroir sera d'eau inundé:
De sang Troyen sera son mariage,
Et sera seur d'Espaignols circundé.

El año en que Saturno fuera de órbita se halle,
de los francos terrenos sean de agua inundados:
De sangre troyana será su desposorio,
y será hermana de españoles circundada.

LXXXVIII

Sur le sablon par vn hideux deluge,
Des autres mers trouué monstre marin:
Proche du lieu sera faicte vn refuge,
Venant Sauone esclaue de Turin.

Sobre el arenal por un odioso diluvio,
de otros mares hallado monstruo marino:
Cerca del lugar será hecho un refugio,
teniendo a Savona esclava de Turín.

LXXXIX

Dedans Hongrie par Boheme, Nauarre,
Et par banniere sainctes seditions:
Par fleurs de lys pays portant la barre,
Contre Orleans fera esmotions.

En Hungría, por Bohemia, Navarra,
y por bandera santas sediciones:
Por flores de lis país llevando la barra,
contra Orleans hará emociones.

XC

Dans le Cyclades, en Printhe & Larisse,
Dedans Sparte tout le Peloponnesse:
Si grand famine, peste par faux connisse,
Neuf mois tiendra & tout le cheronnesse.

En la Cícladas, en Perinto y Larisa,
en Esparta y en todo el Peloponeso:
Tan grande hambruna, peste por falta conocida,
nueve meses estará y todo Querronesa.

XCI

Au grand marché qu'on dict des mensongiers,
Du tout Torrent & champ Athenien:
Seront surprins par les cheuaux legiers,
Par Albanois Mars, Leo, Sat. vn versien.

En la gran feria que llaman de los falaces,
de todo torrente y campo ateniense:
Serán sorprendidos por los caballos ligeros,
por albaneses Marte, Leo, Saturno, un Acuario.

XCII

Apres le siege tenu dixscept ans,
Cinq changeront en tel reuolu terme:
Puis sera l'vn esleu de mesme temps,
Qui des Romains ne sera trop conforme.

Tras el asedio sostenido diecisiete años,
cinco cambiarán en tan pronto se acabe el plazo:
Después uno será elegido al mismo tiempo,
que de los romanos no será muy conforme.

XCIII

Soubs le terroir du rond globe lunaire,
Lors que sera dominateur Mercure:
L'isle d'Escosse fera vn luminaire,
Qui les Anglois mettra à deconfiture.

Bajo el dominio del esférico globo lunar,
mientras domine Mercurio:
La isla de Escocia hará un luminaria,
que a los ingleses llevará a la hecatombe.

XCIV

Translatera en la grand Germanie,
Brabant & Flandres, Gand, Bruges, & Bolongne:
La trefue fainte le grand duc d'Armenie,
Assaillira Vienne & la Cologne.

Trasladará a la gran Germania,
Brabante y Flandes, Gante, Brujas y Bolonia:
La tregua santa, el gran duque de Armenia,
asediará Viena y Colonia.

XCV

Nautique rame inuitera les vmbres,
Du grand Empire lors viendra conciter:
La mer Aegee des lignes les en combres
Empeschant l'onde tirrenne defflottez.

Náutico remo invitará los umbrios,
del gran imperio pues concitará:
El mar Egeo líneas de obstáculos,
impidiendo la ola tirrena desembarcar.

XCVI

Sur le milieu du grand monde la rose,
Pour nouueaux faicts sang public espandu:
A dire vray on aura bouche close,
Lors au besoing viendra tard l'attendu.

En el medio del gran mundo la rosa,
por nuevos hechos sangre pública derramada:
A decir verdad se tendrá boca cerrada,
cuando sea necesario llegará tarde el esperado.

XCVII

Le n'ay defforme par horreur suffoqué,
Dans la cité du grand Roy habitable:
L'edict seuere des captifs reuoqué,
Gresle & tonnerre, Condon inestimable.

El nacido deforme por horror sofocado,
en la urbe del gran rey habitable:
El edicto severo de los cautivos revocado,
granizo y tormenta, condonación inestimable.

XCVIII

A quarante huict degré climaterique,
A fin de Cancer si grande seicheresse:
Poisson en mer, fleuue, lac cuit hectique,
Bearn, Bigorre par feu ciel en detresse.

A cuarenta y ocho grados climáticos,
al final de Cáncer tan grande sequía:
Pez en mar, río, lago, cocido héctico,
Bearne, Bigorra por fuego del cielo sufriendo.

XCIX

Milan, Ferrare, Turin, & Aquilleye,
Capue, Brundis vexez per geut Celtique:
Par le Lyon & phalange aquilee
Quant Rome aura le chef vieux Britannique.

Milán, Ferrara, Turín y Aquilea,
Capua, Brindisi vejados por gente celta:
Por el león y falange aquilina,
cuando Roma tenga el jefe anciano británico.

C

Le boute feu par son feu attrapé,
Du feu du ciel à Calcas & Gominge:
Foix, Aux, Mazere, haut vieillart eschappé,
Par ceux de Hasse des Saxons & Turinge.

El botafuego por su fuego atrapado,
fuego del cielo a Carcas y Cominge,
Foix, Aux, Mazere, insigne anciano huido,
por los de Hesse, Sajonia y Turingia.

Centuria VI

I

Avtour des monts Pyrenees grans amas
De gent estrange secourir Roy nouueau:
Pres de Garonne du grand temple du Mas,
Vn Romain chef le craindra dedans l'eau.

En torno a los Pirineos gran muchedumbre,
gente extraña socorre rey nuevo:
Cerca del Garona y del gran templo de Mas,
un romano jefe la temerá dentro del agua.

II

En l'an cinq cens octante plus & moins,
On attendra le siecle bien estrange:
En l'an sept cens, & trois cieux en tesmoings,
Que plusieurs regnes vn à cinq feront change.

En el año quinientos ochenta, más o menos,
se esperará un siglo muy extraño:
En el año setecientos, y tres cielos por testigos,
que varios reinos uno a cinco harán cambio.

III

Fleuue qu'esprouue le nouueau nay de Celtique
Sera en grande de l'Empire discordes:
Le ieune prince par gent ecclesiastique
Ostera le sceptre coronal de concorde.

Río que prueba al recién nacido céltico
será en grande del imperio discordia:
El joven príncipe por gente eclesiástica
desviará el cetro coronado de concordia.

IV

La Celtiq fleuue changera de riuage,
Plus ne tiendra la cité d'Agripine:
Tout transmué hormis le vieil langage,
Saturne, Leo, Mars, Cancer en rapine.

El céltico río cambiará de orilla,
no aguantará la ciudad de Agripina:
Todo transmutado menos la vieja lengua,
Saturno, Leo, Marte, Cáncer, a la rapiña.

V

Si grand famine par vnde pestifere,
Par pluye longue le long du polle arctiques,
Samatobryn cent lieux de l'hemisphere,
Viuront sans loy exempt de pollitique.

Tan gran hambruna por ola pestífera,
por lluvia larga a lo largo del polo Ártico,
Samatobryn cien leguas del hemisferio,
vivirán sin ley, exentos de política.

VI

Apparoistra vers le Septentrion,
Non loing de Cancer l'estoille cheuelue,
Suze, Sienne, Boëce, Eretrion,
Mourra de Rome grand, la nuict disperue.

Aparecerá hacia el Septentrión,
no lejos de Cáncer, la estrella de cabellera,
Susa, Siena, Boecia, Eretrión,
morirá de Roma una grande, la noche desaparecida.

VII

Norneigre Dace, & l'Isle Britannique,
Par les vnis freres seront vexees:
Le chef Romain issu de sang Gallique
Et les copies aux forests repoussees.

Noruega y Dacia y la isla Británica,
por los unidos hermanos serán humilladas:
El jefe romano salido de sangre gálica,
y los ejércitos en los bosques repelidos.

VIII

Ceux qui estoient en regne pour sçauoir,
Au Royal change deuiendront appouuris:
Vns exilez sans appuy or n'auoir,
Lettrez & lettres ne seront à grand pris.

Los que estaban en el reino para saber,
por el real cambio se empobrecerán:
Unos exiliados sin apoyo, oro no tendrán,
letrados y letras no serán muy apreciados.

IX

Aux sacrez temples seront faicts escandales,
Comptez seront par honneurs & loüanges,
D'vn que on graue d'argent d'or les medalles,
La fin sera en tourmens bien estranges.

En los sagrados templos se harán barbaridades,
contados serán por honor y alabanzas,
de uno que se grabe de plata, de oro las medallas,
el fin será en tormentos bien extraños.

X

Un peu de temps les temples des couleurs
De blanc & noir des deux entre meslee:
Rouges & iaunes leur embleront les leurs,
Sang, terre, peste, faim, feu d'eau affollee.

Un poco de tiempo los templos de colores,
de blanco y negro los dos entremezclados:
Rojos y amarillos les parecerán los suyos,
sangre, tierra, peste, fuego de agua enloquecida.

XI

Des sept rameaux à trois seront reduicts,
Les plus aisnez seront surprins par mort,
Fratricider les deux seront seduicts,
Les coniurez en dormans seront morts.

De siete retoños a tres serán reducidos,
los mayores serán sorprendidos por muerte,
fratricidas los dos serán seducidos,
los conjurados que duermen serán muertos.

XII

Dresser copies pour monter à l'empire,
Du Vatican le sang Royal tiendra:
Flamans, Anglois, Espagne auec Aspire,
Contre l'Italie & France contiendra.

Levantar ejércitos para subir al imperio,
del Vaticano la sangre real aguantará:
Flamencos, ingleses, España con Aspirio,
contra Italia y Francia contenderán.

XIII

Un dubieux ne viendra loing du regne,
La plus grand part le voudra soustenir:
Vn Capitole ne voudra point qu'il regne,
Sa grande charge ne pourra maintenir.

Un dudoso no llegará lejos del reino,
la mayor parte querrá sostenerlo:
Un capitolio no querrá en absoluto que reine,
su gran carga no podrá mantener.

XIV

Loing de sa terre Roy perdra la bataille,
Prompt eschappé poursuiuy suiuant prins,
Ignare prins soubs la doree maille,
Soubs feinct habit, & l'ennemy surprins.

Lejos de su tierra rey perderá la batalla,
pronto a escapar perseguido y preso,
ignora capturado bajo la dorada malla,
bajo falso hábito el enemigo le sorprende.

XV

Dessoubs la tombe sera trouué le Prince,
Qu'aura le pris par dessus Nuremberg:
L'espaignol Roy en capricorne mince,
Feinct & trahy par le grand Vvitemberg.

Bajo la tumba será hallado el príncipe,
que habrá su premio sobre Nuremberg:
El español rey en Capricornio leve,
engañado y traicionado por el gran Guttemberg.

XVI

Ce que rauy sera de ieune Milue,
Par les Normans de France & Picardie:
Les noirs du temple du lieu de Negrisilue
Feront aulberge & feu de Lombardie.

El que encantado sea del joven Milve,
por los normandos de Francia y Picardía:
Los negros del templo de lugar de Selva Negra
harán albergue y fuego de Lombardía.

XVII

Apres les limes bruslez le rasiniers,
Contrains seront changer habits divers:
Les Saturnins bruslez par les meusniers,
Hors la pluspart qui ne sera couuers.

Tras las limas quemadas los arrieros,
obligados serán cambiar hábitos diversos:
Los saturninos quemados por los molineros,
fuera de la mayoría que no será cubierta.

XVIII

Par les Phisiques le grand Roy delaissé,
Par sort non art de l'Ebrieu est en vie,
Luy & son genre au regne haut poussé,
Grace donnee à gent qui Christ enuie.

Por los físicos el gran rey abandonado,
por suerte y no arte del Ebrien está vivo,
él y su yerno, al reino alto elevados,
gracia otorgada a gente que Cristo quiere.

XIX

La vraye flamme engloutira la dame,
Qui voudra mettre les Innocens à feu:
Pres de l'assaut l'exercite s'enflamme,
Quant dans Seuille monstre en boeuf sera veu.

La verdadera llama tragará a la mujer,
que querrá poner los inocentes sobre el fuego:
Cerca del asalto el ejército se inflama,
cuando en Sevilla monstruo cual buey sea visto.

XX

L'union feincte sera peu de duree,
Des vn changez reformez la pluspart:
Dans les vaisseaux sera gent endurees,
Lors aura Rome vn noüueau Liepart.

La unión falsa será apenas estable,
los unos cambiados, reformados la mayoría,
en las naves hay gente endurecida,
cuando haya en Roma un nuevo leopardo.

XXI

Quant ceux du polle arctic vnis ensemble,
Et Orient grand effrayeur & craints,
Esleu noüueau, soustenu le grand tremble,
Rodes, Bisence de sang Barbare teincte.

Cuando los del polo Ártico unidos juntos,
en Oriente gran pánico y espanto,
elegido nuevo, sostenido el grande tiembla,
Rodas, Bizancio de sangre bárbara teñida.

XXII

Dedans la terre du grand temple celique,
Nepueu à Londre par paix feincte meurtry:
La barque alors deuiendra scimatique,
Liberté feincte sera au corn' & cry.

En la tierra del gran templo celta,
sobrino en Londres por paz falsa asesinado:
La barca entonces será cismática,
libertad falsa será de cuerno y grito.

XXIII

D'esprit de regne munismes descriés,
Et seront peuples esmeuz contre leur Roy:
Paix sainct nouueau, sainctes loix empirees,
Rapis onc fut en si tredur arroy.

De espíritu de reino descreídos,
y serán pueblos levantados contra su rey:
Paz hecha de nuevo, santas leyes empeoradas,
tras ser detenido y puesto en gran horror.

INTERPRETACIÓN

Esta cuarteta trata los hechos y cambios producidos durante el período posterior al inicio de la Revolución francesa.

Luis XVI fue un monarca complaciente, que no se mostraba cruel y que dejaba hacer. Tras la toma de la Bastilla, el 14 de julio de 1789, la posición del rey fue crítica y delicada, pues no tenía poder suficiente para defender a parientes ni amigos.

Para dar cabida a la monarquía en este nuevo régimen se redactó una constitución que él, si bien aceptó públicamente su discurso, evidenciaba que no entendía la necesidad de ciertas cortapisas marcadas por la ley. No obstante, acabó dando la impresión de que más bien la rechazaba. El desdén hacia la figura del monarca fue aumentando en ciertos sectores.

La nueva constitución se basaba en la declaración de los derechos de los hombres y los ciudadanos y con posterioridad se promulgó una declaración de paz, por la cual el país vetaba cualquier intento de participar en una conquista.

Todos estos cambios provocaron gran falta de respeto hacia la autoridad. Poco a poco las leyes que se fueron aprobando perjudicaban a las personas que defendían el antiguo régimen.

La última línea presagia las múltiples detenciones y el horror vivido por cualquier ciudadano, fuera cual fuera su clase o condición, ya que, como en todo período bélico, bastaba una simple delación para ir a la cárcel o morir bajo el filo de la guillotina.

Hay quien hace una interpretación más generalista sobre esta cuarteta. La decadencia causa problemas y provoca que la gente y los pueblos se levanten contra los líderes. Se logrará un acuerdo de paz y los mandos se corromperán.

XXIV

Mars & le scepte se trouuera conioinct,
Dessoubs Cancer calamiteuse guerre:
Vn peu apres sera nouueau Roy oingt,
Qui par long temps pacifiera la terre.

Marte y el cetro se encontrarán en conjunción,
bajo Cáncer calamitosa guerra:
Un poco después será nuevo rey ungido,
que por mucho tiempo pacificará la tierra.

Interpretación

Esta cuarteta es interpretada de la siguiente forma: el planeta Marte, en conjunción con Júpiter (aquí identificado como el «cetro»), bajo Cáncer señala la fecha exacta del 21 de junio de 2002. Ésta podría muy bien ser una fecha astrológica pues está vinculada a otras interpretaciones de la Tercera Guerra Mundial.

XXV

Par Mars contraire sera la monarchie,
Du grand pescheur en trouble ruyneux:
Ieune noir rouge prendra la hirarchie,
Les proditeurs iront iour bruyneux.

Marte contrariará la monarquía,
del gran pescador en problema ruinoso:
Joven negro rojo tomará la jerarquía,
los desleales irán en día brumoso.

XXVI

Quatre ans le siege quelque peu bien tiendra,
Vn suruiendra libidineux de vie:
Rauenne & Pyse, Veronne soustiendront,
Pour esleuer la croix de Pape enuie.

Cuatro años la sede alguien sostendrá,
uno libidinoso sobrevivirá:
Ravena, Pisa, Verona mantendrán su poder,
para elevar la cruz del Papa.

XXVII

Dedans les Isles de cinq fleuues à vn,
Par le croissant du grand Chyren Selin:,
Par les bruynes de l'air fureur de l'vn,
Six eschapez cachez fardeaux de lyn.

En el interior de las islas de los cinco ríos,
por el creciente del gran Chyren Selín,
por las brumas del aire furor de uno,
seis escapados, ocultos en fardos de lino.

XXVIII

Le grand Celtique entrera dedans Rome,
Menant amas d'exilez & bannis:
Le grand Pasteur mettra à mort tout homme,
Qui pour le coq estoyent aux Alpes vnis.

El gran celta entrará en Roma,
llevando masas de exiliados y proscritos:
El gran pastor condenará a muerte a todo hombre,
que por el gallo esté a los Alpes unido.

XXIX

La vefue saincte entendant les nouuelles,
De ses rameaux mis en perplex & trouble:
Qui sera duict appaiser les querelles,
Par son pourchas de razes fera comble.

La viuda santa escuchando las noticias,
de sus descendientes puesta en perplejidad y turbación:
Que será conducida a apaciguar las querellas,
por su investigación de actores será colmada.

XXX

Par l'apparence de faincte saincteté,
Sera trahy aux ennemis le siege.
Nuict qu'on cuidoit dormir en seureté,
Pres de Brabant marcheront ceux du Liege.

Por la apariencia de falaz santidad,
será traicionada por los enemigos de la sede:
Noche que se creía dormir con seguridad,
cerca de Brabante irán los de Lieja.

XXXI

Roy trouuera ce qu'il desiroit tant,
Quand le Prelat sera reprins à tort:
Responce au Duc le rendra mal content,
Qui dans Milan mettra plusieurs à mort.

El monarca hallará lo que tanto deseaba,
cuando el prelado sea llamado al orden por error:
Responder al duque le traerá mal contento,
que en Milán llevará a varios a la muerte.

Interpretación

Se narra el enfrentamiento del rey de Italia Victor Manuel III con Benito Mussolini. El mes de octubre de 1922 Roma estaba sitiada por los camisas negras fascistas que apoyaban al *duce*. Para poder solventar la inminente crisis y evitar una guerra civil se le pidió al rey que citara al fascista en Roma y que procediera

a formar un gobierno. Tras aceptar pasó a ser el primer ministro más joven de la historia de Italia.

Cuando se sucedieron los hechos de la Segunda Guerra Mundial el *duce* fue perdiendo el favor de sus conciudadanos y hubo grandes enfrentamientos. El 24 de julio de 1943 el rey volvió a asumir el poder de las fuerzas armadas y del gobierno, siendo Mussolini depuesto de su cargo.

En Milán fue detenido un gran número de partisanos, acusados de ayudar a las fuerzas aliadas que intentaban liberar Italia. No se permitió ningún intercambio de prisioneros y se les ejecutó públicamente en el centro de la ciudad.

XXXII

Par trahison de verges à mort battu,
Prins surmonté sera par son desordre:
Conseil friuole au grand captif sentu,
Nez par fureur quant Berlch viendra mordre.

Por traiciones de vergas a muerte golpeado,
superado será por su desorden:
Odio frívolo, consejo por el gran cautivo,
nacido por furor cuando Berich vaya a morder.

XXXIII

Sa main derniere par Alus sanguinaire,
Ne se pourra par la mer garentir:
Entre deux fleuues craindre main militaire,
Le noir l'ireux le fera repentir.

Su mano última por Alus sanguinaria,
no se podrá por el mar garantizar:
Entre dos ríos temer mano militar,
el negro airado le hará arrepentirse.

XXXIV

De feu voulant la machination,
Viendra troubler au grand chef assieger:
Dedans sera telle sedition,
Qu'en desespoir seront les profligez.

De fuego volante la conjura,
vendrá en turbar al gran jefe asediado:
Dentro habrá tal sedición,
que en desesperación estarán los vencidos.

XXXV

Pres de Rion, & proche à blanche laine,
Aries, Taurus, Cancer, Leo, la Vierge,
Mars, Iupiter, le Sol ardera grand plaine,
Bois & citez lettres cachez au cierge.

Cerca de Rion, y a la vera de blanca lana,
Aries, Tauro, Cáncer, Leo, Virgo,
Marte, Júpiter, el Sol arderá gran llanura,
bosques y ciudades letras escondidas al cirio.

XXXVI

Ne bien ne mal par bataille terrestre,
Ne paruiendra aux confins de Perouse:
Rebeller Pise, Florence voir mal estre,
Roy nuict blessé sur mulet à noire house.

Ni bien ni mal por batalla terrestre,
ni llegará a los confines de Perusa:
Rebelde Pisa, Florencia verá malestar,
rey de noche herido sobre mula con negra gualdrapa.

XXXVII

L'oeuure ancienne se paracheuera,
Du toict cherra sur le grand mal ruyne:
Innocent faict mort on accusera,
Nocent cache, taillis à la bruyne.

La obra antigua se acabará,
del techo caerá sobre el gran mal ruina:
Inocente hecho muerto se le acusará,
culpable oculto bajo la escarcha.

INTERPRETACIÓN

Esta cuarteta es interpretada por algunos como la profecía del plan para asesinar a John Fitzgerald Kennedy. El disparo al presidente de Estados Unidos fue realizado supuestamente por Lee Harvey Oswald desde el quinto piso de una librería.

Nostradamus quiere dejar constancia que no cree que el que fue declarado culpable realmente lo fuera, sino que hay otros responsables que permanecen bien ocultos bajo la escarcha. Según la investigación realizada por la Comisión Warren, existe una fotografía que muestra a alguien bajo los setos de un montículo, cercano al lugar por donde pasó la comitiva presidencial, y en la imagen se le ve empuñando un objeto largo. También hubo quien afirmó haber oído disparos procedentes de ese sitio.

XXXVIII

Aux profligez de paix les ennemis,
Apres auoir l'Italie superee,
Noir sanguinaire, rouge. sera commis,
Feu, sang verser, eau de sang coloree.

A los ansiosos de paz los enemigos,
tras haber a Italia superado,
negro sanguinario, rojo será cometido,
fuego, sangre derramar, agua de sangre teñida.

XXXIX

L'enfant du regne, par paternelle prinse
Expolier sera pour le deliurer:
Aupres du lac Trasimen l'axur prinse,
La troupe hostage par trop fort s'enyurer.

El hijo del reino por paternal condena,
expoliado será para liberar:
Junto al lago Trasimeno el azul tomado,
la tropa rehén por demasiada embriaguez.

XL

Grand de Magonce pour grande soif esteindre,
Sera priué de sa grande dignité:
Ceux de Cologne si fort le viendront plaindre,
Que la grand groppe au Rhin sera ietté.

Grande de Maguncia por grande sed extinguir,
será privado de su gran dignidad:
Los de Colonia se quejarán tan fuerte,
que la gran grupa al Rin será arrojada.

XLI

Le second chef du regne d'Annemarç
Par ceux de Frize & l'Isle Britannique,
Fera despendre plus de cent mille març
Vain exploicter voyage en Italique.

El segundo jefe del reino de Dinamarca,
por los de Frisia y la isla Británica,
hará malgastar más de cien mil marcos,
en vano explotar viaje a Itálica.

XLII

A Logmyon sera laissé le regne,
Du grand Selin plus fera de faict:
Par les Itales estendra son enseigne,
Regi sera par prudent contrefaict.

Por Logmión será entregado el reino,
del gran Selín que más hará de hecho:
Por los italos extenderá su enseña,
regido será por prudente contrahecho.

XLIII

Long temps sera sans estre habitee,
Où Signe & Marne autour vient arrouser:
De la Tamise & martiaux tentee,
De ceux les gardes en cuidant repousser.

Mucho tiempo estará deshabitada,
donde Sena y Marne alrededor vienen a regar:
Del Támesis y marciales tentada,
engañados los guardias creyendo rechazar.

XLIV

De nuict par Nantes Lyris apparoistra,
Des arts marins susciteront la pluye:
Vrabiq goulfre, grande classe parfondra,
Vn monstre en Saxe naistra d'ours & truye.

De noche por Nantes Iris aparecerá,
artes marinas suscitarán la lluvia:
En el abismo arábigo hundirse la gran flota,
un monstruo en Sajonia nacerá de oso y puerca.

XLV

Le gouuerneur du regne bien sçauant
Ne consentir voulant au faict Royal:
Mellile classe par le contraire vent,
Le remettra à son plus desloyal.

El gobernador del reino muy discreto
no consentirá queriendo a hecho real:
Maltesa flota por el contrario viento,
lo reenviará a su más desleal.

XLVI

Un iuste sera en exil renuoyé,
Par pestilence aux confins de Nonseggle,
Response au rouge le fera desuoyé,
Roy retirant à la Rame & à l'Aigle.

Un justo será al exilio reenviado,
por pestilencias a los confines de Noruega,
respuesta al rojo le hará desviado,
rey retirando a la rana y el águila.

XLVII

Entre deux monts les deux grands assemblez
Delaisseront leur simulté secrette:
Brucelle & Dolle par Langres accablez,
Pour à Malignes executeur leur peste.

Entre dos montes los dos grandes en asamblea
abandonarán su disimulado secreto:
Bruselas y Dolle por Langres agobiados,
para en Malinas ejecutar su peste.

XLVIII

La saincteté trop feinte & seductiue,
Accompagné d'vne langue diserre:
La cité vieille, & Parme trop hastiue,
Florence & Sienne, rendront plus desertes.

La santidad demasiado falsa y seductora,
acompañada de una lengua discreta:
La ciudad vieja, y Parma demasiado apresurada,
Florencia y Siena quedarán más desiertas.

XLIX

De la partie de Mammer grand Pontife,
Subiuguera les confins du Danube:
Chasser la croix, par fer raffé ne riffe,
Captifs, or, bague plus de cent mille rubes.

De parte de Mammer gran pontífice,
sojuzgará los confines del Danubio:
Perseguir las cruces, por hierro saqueo y robo,
cautivos, oro, sortijas, más de cien mil rubíes.

L

Dedans le puys seront trouuez les os,
Sera l'inceste, commis par la maratre:
L'estat changé, on querra bruit & los,
Et aura Mars atrendant pour son astre.

En el pozo se encontrarán los huesos,
será el incesto cometido por la madrastra:
El estado cambiado se querrá ruido y alboroto,
y se tendrá Marte esperando a su astro.

LI

Peuple assemblé, voir noueau expectacle,
Princes & Roys par plusieurs assistans,
Pilliers faillir, murs, mais comme miracle
Le Roy saué & trente des instans.

Pueblo reunido, ver nuevo espectáculo,
príncipes y reyes entre muchos asistentes,
pilares que fallan, muros, pero con milagro
el rey salvado y treinta de los presentes.

LII

En lieu du grand qui sera condamné,
De prison hors, son amy en sa place:
L'espoir Troyen en six mois ioins, mort né,
Le Sol à l'vrne seront peins fleuue en glace.

En lugar del grande que será condenado,
de prisión fuera, su amigo en su lugar:
La esperanza del troyano en seis meses juntos, muerte nacida,
el Sol en la urna será pintado río helado.

LIII

Le grand Prelat Celtique à Roy suspect,
De nuict par cours sortira hors de regne:
Par Duc fertile à son grand Roy Bretaine,
Bisance à Cypres & Tunes insuspect.

El gran prelado celta al rey sospechoso,
por la noche a la carrera saldrá del reino:
Por duque fértil a su gran rey de Bretaña,
Bizancio en Chipre y Túnez no sospechoso.

LIV

Au poinct du iour au second chant du coq,
Ceux de Tunes, de Fez, & de Bugie,
Par les Arabes, captif le Roy Maroq,
L'an mil six cens & sept, de Liturgie.

Al despuntar del día al segundo canto del gallo,
los de Túnez, de Fez y de Begie,
por los árabes cautivo el rey de Marruecos,
el año mil seiscientos y siete de liturgia.

LV

Au chalmé Duc en arrachant l'esponce,
Voile Arabesque voir, subit descouuerte:
Tripolis, Chio, & ceux de Trapesconce,
Duc prins, Marnegro & la cité deserté.

Al calmado duque, arrancándole el linaje,
vela arabesca ver, súbito descubrimiento:
Trípoli, Chíos y los de Trapesonce,
duque preso, Marnegro y la ciudad desierta.

LVI

La crainte armee de l'ennemy Narbon
Effrayera si fort les Hesperidues:
Parpignan vuide par l'aueugle d'arbon,
Lors Barcelon par mer donra les piques.

El temido ejército del enemigo narbonés
atemorizará tanto a los hespéricos:
Perpiñán vació por el ciego darbón,
luego Barcelona por mar dará las picas.

LVII

Celui qu'estoit bien auant dans le regne,
Ayant chef rouge proche à hierarchie,
Aspre & cruel, & se fera tant craindre,
Succedera à sacré monarchie.

Aquel que sea antes en el reino,
teniendo jefe rojo cerca de la jerarquía,
áspero y cruel y se hará tanto temer,
sucederá a sagrada monarquía.

LVIII

Entre les deux monarques esloignez,
Lors que le Sol par Selin clair perduë,
Simulté grande entre deux indignez,
Qu'aux Isles & Sienne la liberte renduë.

Entre los dos monarcas alejados,
cuando el Sol por Selín claridad perdida,
simultaneidad grande entre dos indignados,
que a las islas y Siena la libertad dada.

LIX

Dame en fureur par rage d'adultere,
Viendra à son Prince coniurer non de dire:
Mars bref cogneu sera la vitupere,
Que seront mis dixsept à martyre.

Dama en furor por rabia de adulterio,
vendrá su príncipe conjurados nombres a decir:
Pero breve conocido será el vituperio,
que serán llevados diecisiete al martirio.

LX

Le Prince hors de son terroir Celtique
Sera trahy, deceu par interprete:
Roüant, Rochelle par ceux de l'Armorique
Au port de Blaue deceus par moyne & prestre.

El príncipe fuera de su tierra céltica
será traicionado, engañado por intérprete:
Ruán, La Rochelle por los de Armónica,
en el puerto de Blaue engañados por clérigos dos.

LXI

Le grand tappis plié ne monstrera
Fors qu'à demy la pluspart de l'histoire:
Chassé du regne loing aspre apparoistra,
Qu'au faict bellique chacun le viendra croire.

El gran tapiz plegado no mostrará
más que a medias la mayor parte de la historia:
Expulsado del reino lejos áspero aparecerá,
que en hecho bélico todos lo creerán.

LXII

Trop tard tous deux les fleurs seront perdues,
Contre la loy serpent ne voudra faire:
Des ligueurs forces par gallots confondues,
Sauone, Albingue par monech grand martyre.

Demasiado tarde los dos las flores serán perdidas,
contra la ley serpiente no querrá hacer:
Fuerzas ligures por galope confundidas,
Savona, Albenga por monje gran martirio.

LXIII

La dame seule au regne demeuree.
D'vnic esteint premier au lict d'honneur:
Sept ans sera de douleur exploree,
Puis longue vie au regne par grand, heur.

La dama sola en el reino queda,
el único restante primero en el lecho de honor:
Siete años será de dolor explorada,
después larga vida en el reino por gran hora.

LXIV

On ne tiendra pache aucune arresté,
Tous receuans iront par tromperie:
De paix & trefue, & terre & mer protesté.
Par barcelone classe prins d'industrie.

No se alcanzará ningún final,
todos los receptores irán engañados:
De paz y tregua, tierra y mar protestados,
por Barcelona flota tomada con trabajo.

LXV

Gris & bureau demie ouuerte guerre,
De nuict seront assaillis & pillez:
Le bureau prins passera par la serre,
Son temple ouuert, deux au plastre grillez.

Gris y despacho media abierta guerra,
de noche serán asaltados y saqueados:
El despacho tomado pasará por el aprieto,
su templo abierto, dos en cal quemados,

LXVI

Au fondement de la nouuelle secte,
Seront les os du grand Romain trouuez,
Sepulchre en marbre apparoistra couuerte,
Terre trembler en Auril, mal enfoüetz.

En el fundamento de la nueva secta,
estarán los huesos del gran romano encontrados,
tumba en mármol aparecerá cubierta,
tierra tiembla en abril, mal desaparecido.

LXVII

Au grand Empire paruiendra tout vn autre,
Bonté distant plus de felicité:
Regi par vn issu non loing du peautre,
Corruer regnes grande infelicité.

Al gran imperio sucederá otro,
bondad distante más de felicidad:
Regido por uno salido no lejos de la pobreza,
corroer reinos gran infelicidad.

LXVIII

Lors que soldats fureur seditieuse.
Contre leur chef feront de nuict fer luire:
Ennemy d'Albe soit par main furieuse,
Lors vexer, Rome, & principaux seduire.

Cuando los soldados de furor sedicioso,
contra su jefe sea de noche hierro brillar:
Enemigo de Alba sea por mano furiosa,
cuando humillada Roma, y principales seducir.

LXIX

La pitié grande sera sans loing tarder,
Ceux qui dônoyent seront contraints de prêdre:
Nuds Affamez de froid, soif, soy bander,
Les monts passer commettant grand esclandre.

La piedad grande será sin mucho tardar,
los que daban serán obligados a tomar:
Nudos, muertos de hambre, sed, vendados,
los montes pasar cometiendo gran escándalo.

LXX

Au chef du monde le grand Chyren sera,
Plus outre apres ayme, criant, redouté:
Son bruit & los les cieux surpassera,
Et du seul tiltre victeur fort contenté.

De jefe del mundo gran Quirén será,
ninguno después armado, temido, respetado:
Su fama y loores los cielos sobrepasarán,
y como único título victorioso muy contento,

LXXI

Quand on viendra le grand Roy parenter
Auant qu'il ait du tout l'ame rendue:
Celuy qui moins le viendra lamenrer,
Par Lyons, aigles, croix couronne venduë.

Cuando venga el gran rey emparente,
antes de que haya del todo el alma entregado:
El que menos venga a lamentarse,
por leones, águilas, cruces, corona vencida.

LXXII

Par fureur feinte d'esmotion diuine,
Sera la femme du grand fort violee:
Iuges voulans damner telle doctrine,
Victime au peuple ignorant immolee.

Por furor fingido de emoción divina,
será la mujer del grande ultrajada:
Jueces queriendo dañar tal doctrina,
víctima al pueblo ignorante inmolada.

LXXIII

En cité grande vn moyne & artisan,
Pres de la porte logez & aux murailles,
Contre Moderne secret, caue disant
Trahis pour faire sous couleur d'espousailles.

En ciudad grande un monje y artesano,
cerca de la puerta alojado y en las murallas,
contra Módena secreto, cauteloso,
traición bajo aspecto de esponsales.

LXXIV

La dechassee au regne tournera,
Ses ennemis trouuez des coniurez:
Plus que iamais son temps triomphera,
Trois & septante à mort trop asseurez.

La expulsada al reino volverá,
sus enemigos hallados conjurados:
Más que nunca su tiempo triunfará,
tres y setenta a muerte muy seguro.

LXXV

Le grand pillot par Roy sera mandé,
Laisser la classe pour plus haut lieu atteindre:
Sept ans apres sera contrebandé,
Barbare armee viendra Venise craindre.

El gran piloto por rey será llamado,
dejar la flota para más alto puesto alcanzar:
Siete años después será contrabandado,
bárbara armada hará Venecia temblar.

LXXVI

La cité antique d'antenoree forge,
Plus ne pouuant le tyran supporter,
Le manche feinct au temple couper gorge,
Les siens le peuple à mort viendra bouter.

La ciudad antigua de ateriorada forja,
no pudiendo al tirano soportar,
el mango falso en el templo segar gargantas,
los suyos el pueblo a muerte querrá enviar.

LXXVII

Par la victoire du deceu fraudulente,
Deux classes vne, la reuolte Germanie:
Le chef meurtry & son fils dans la tente,
Florence, Imole pourchassez dans Romaine.

Por la victoria del burlado fraudulento,
dos flota una, la revuelta Germania:
El jefe asesinado y su hijo en la tienda,
Florencia, Imola perseguidas en Romaña.

LXXVIII

Crier victoire du grand Selin croissant:
Par les Romains sera l'Aigle clamé:
Tiecin Millan & Genes y consent,
Puis par eux mesmes Basil grand reclamé.

Gritar victoria del gran Selín creciente,
por los romanos será el Águila aclamada:
Ticino, Milán y genovés lo consienten,
después por ellos mismos Basilea grande reclamada.

LXXIX

Pres de Tesin les habitans de Loire,
Garonne, Saone, Saine, Tain & Gironde,
Outre les monts dresseront promontoire:
Conflict donné Par granci, sumerge onde.

Cerca de Tesino los habitantes del Loira,
Garona y Saona, Sena, Tain y Gironda,
más allá de los montes levantarán promontorio:
Conflicto dado, Pau garantizado, sumergida ola.

LXXX

De Fez le regne paruiendra à ceux d'Europe,
Feu leur cité & l'anne tranchera:
Le grand d'Asie terre & mer à grand troupe,
Que bleux, peres, croix, à mort dechassera.

De Fez el reino pasará a los de Europa,
fuego su ciudad, y hoja cortará:
El grande de Asia tierra y mar con gran tropa,
que lívido, pálida, cruz a muerte perseguirá.

LXXXI

Pleurs cris & plaints heurlemens, effrayeur,
Coeur inhumain, cruel, Roy & transy:
Leman les Isles, de Gennes les maieurs,
Sang espacher, fromfaim à nul mercy.

Llanto, gritos, lamentos, alaridos, terror.
Corazón inhumano, cruel, negro y transido:
Leman, las islas, de Génova las mayores,
sangre derramada, frío, hambre, para nadie perdón.

LXXXII

Par les deserts de lieu libre & farouche,
Viendra errer nepueu du grand Pontife:
Assommé à sept auecques lourde souche,
Par ceux qu'apres occuperont le Cyphe.

Por los desiertos de lugar libre y feroz,
vendrá errar sobrino del gran pontífice:
Hundido por siete como un pesado tronco,
por los que después ocuparán Cyle.

LXXXIII

Celuy qu'aura tant d'honneur & caresse.
A son entree de la Gaule Belgique.
Vn temps apres sera tant de rudesses,
Et sera contre à la fleur tant bellique.

El que tendrá tanto honor y caricias,
a su entrada de la Galia belga,
tiempo después cometerá tanta rudeza,
y será contra la flor tan bélica.

LXXXIV

Celuy qu'en Sparte Claude ne peut regner,
Il fera tant par voye seductiue:
Que du court, long, le fera araigner,
Que contre Roy fera sa perspectiue.

El que en Esparta Claudio no puede reinar,
hará tanto por vía de la seducción:
Que de corto, largo, lo hará arañar,
que contra rey hará su perspectiva.

LXXXV

La grand'cité de Tharse par Gaulois
Sera destruite, captifs tous à Turban:
Secours par mer au grand Portugalois,
Premier d'esté le iour du sacre Vrban.

La gran ciudad de Tarsis por los galos
será destruida, cautivos todos en turbante:
Socorro por mar del gran portugalés,
primero de verano el día de san Urbano.

LXXXVI

Le grand Prelat vn iour apres son songe,
Interpreté au rebours de son sens:
De la Gascogne luy suruiendra vn monge,
Qui fera eslire le grand prelat de Sens.

El gran prelado un día después de su sueño,
interpretado al revés de su sentido:
De la Gascuña le llegará un monje,
que hará elegir al gran prelado de Sens.

LXXXVII

L'election faicte dans Frankfort
N'aura nul lieu, Milan s'opposera:
Le sien plus proche semblera si grand fort,
Qu'outre le Rhin és mareschs cassera.

La elección hecha en Francfort,
no tendrá lugar, Milán se opondrá:
El más próximo parecerá tan fuerte,
que al otro lado del Rin a los infieles perseguirá.

LXXXVIII

Un regne grand demourra desolé,
Aupres de l'Hebro se feront assemblees:
Monts Pyrenees le rendront consolé,
Lors que dans May seront terres tremblees.

Un reino grande quedará desolado,
cerca del Ebro se reunirán:
Montes Pirineos le darán consuelo,
cuando en mayo haya temblores de tierra.

LXXXIX

Entre deux cymbes pieds & mains attachez,
De miel face oingt, & de laict substanté:
Guespes & mouchez, fitine amour fachez
Poccilateur faucer, Cyphe tenté.

Entre dos cepos pies y manos atados,
de miel cara untada, y de leche sustentado:
Avispas y moscas amor fingido,
agoreros falsear, Cyfe tentada.

XC

L'honnissement puant abominable
Apres le faict sera felicité
Grand excuse pour n'estre fauorable,
Qu'à paix Neptune ne sera incité.

El deshonor hediondo abominable,
tras el hecho será felicitado
gran excusado, para no ser favorable,
que a paz Neptuno no será incitado.

XCI

Du conducteur de la guerre nauale,
Rouge effrené, suere, horrible grippe,
Captif eschappé de l'aisné dans la baste,
Quand il naistra du grand vn fils Agrippé.

Del conductor de la guerra naval,
rojo desenfrenado, severo, horrible aversión,
cautivo escapado del mayor en una cesta,
cuando nacerá del grande un hijo de Agripa.

XCII

Prince de beauté tant venuste,
Au chef menee, le second faict trahy:
La cité au glaiue de poudre, face aduste,
Par trop grand meurtre le chef du Roy hay.

Príncipe de belleza tan encantadora,
al jefe llevado, el segundo hecha traición:
La ciudad con la espada de pólvora cara adusta,
por muy grande asesinato el jefe del rey odiado.

Interpretación

De nuevo estamos frente a una cuarteta que presagia hechos relacionados con la Revolución francesa.

Cuando llegue el príncipe de gran belleza habrá graves altercados y traiciones. Se está refiriendo al hijo de María Antonieta y de Luis XVI, que al nacer ya mostró unos rasgos impresionantes.

A partir de este momento se suceden una serie de incidentes que acabarán con el encarcelamiento y posterior ejecución de la familia real.

XCIII

Prelat autre d'ambition trompé,
Rien ne sera que trop viendra cuider:
Ses messagers & luy bien attrapé,
Tout au rebours voit qui les bois fendroit.

Prelado avaro de ambición traicionado,
nada será demasiado para pedirse:
Sus mensajeros, y él bien atrapado,
todo al revés ver quien la madera tajaría.

XCIV

Un Roy iré sera aux sedifragues,
Quand interdicts feront harnois de guerre:
La poison taincte au succre par les fragues
Par eaux meurtris, morts, disant serre serre.

Un rey airado contra los rebeldes,
cuando prohibidos sean los ameses de guerra:
El veneno teñido de azúcar por las frambuesas,
por las aguas asesinatos, muertos diciendo aprieta aprieta.

XCV

Par detracteur calomnie à puis nay,
Quand istront faicts enormes & martiaux:
La moindre part dubieuse à l'aisnay,
Et tost au regne seront faicts partiaux.

Por detractor calumniado apenas nacido,
cuando sean hechos enormes y marciales:
La menor parte dudosa al primogénito,
y pronto el reino se repartirá.

XCVI

Grande cité à soldats abandonnee,
On n'y eu mortel tumult si proche:
O qu'elle hideuse mortalité s'approche,
Fors vne offence n'y sera pardonnee.

Gran ciudad a los soldados abandonada,
nunca vio mortal tumulto tan próximo:
¡Oh, que odiosa mortandad se aproxima!
Ni una ofensa será perdonada.

XCVII

Cinq & quarante degrez ciel bruslera
Feu approcher de la grand cité neuue:
Instant grand flamme esparse sautera
Quand on voudra des Normans faire preuue.

Cinco y cuarenta grados cielos arderá,
fuego acercándose a gran ciudad nueva:
Al instante gran llama esparcida saltará,
cuando se quiera de normandos hacer prueba.

INTERPRETACIÓN

Ésta es una de las ahora famosas centurias que según muchos sirve para explicar que Nostradamus predijo el ataque del 11 de septiembre de 2001 a las «torres gemelas» de Nueva York (la «ciudad nueva») y el posterior incendio de las mismas. (Como ya se ha dicho con anterioridad hablaremos de este trágico evento en capítulo aparte.)

XCVIII

Ruyné aux Volsques de peur si fort terribles
Leur grand cité taincte, faict pestilent:
Piller Sol, Lune & violer leurs temples:
Et les deux fleuues rougir de sang coulant.

Arruinada en los Vosgos de miedo tan terrible,
su gran ciudad tinta, hecha pestilente:
Saquear Sol, Luna y mancillar templos,
y los dos ríos rojos por la sangre que los tiñe.

XCIX

L'ennemy docte se trouuera confus.
Grand camp malade, & defaict par embusches:
Môts Pyrenees & Poenus luy serôt faicts refus,
Proche du fleuue descouurant antiques roches.

El enemigo docto se tornará confuso,
gran campo enfermo, y de hecho por emboscadas:
Montes Pirineos y Poeno le habrán rehusado,
cerca del río hallados antiguos refugios.

C

Fille de l'Aure, asyle du mal sain,
Où iusqu'au ciel se void l'amphitheatre:
Prodige veu, ton mal est fort prochain,
Seras captiue, & des fois plus de quatre.

Hija del Aura, asilo del malsano,
donde hasta el cielo se ve el anfiteatro:
Prodigio visto, tu mal está próximo,
serás presa, y a veces más de cuatro.

I

L'Arc du tresor par Achilles deceu,
Aux procez sceu la quadrâgulaire:
Au faict Royal le cômêt sera sceu
Corps veu pêdu au veu du populaire.

El arco del tesoro por Aquiles engañado,
a los procesados comunicada la cuadrangular:
Para el hecho real el cómo será sabido,
cuerpo visto ahorcado a la vista del pueblo.

INTERPRETACIÓN

Los expertos indican que el «arco del tesoro» es el primer ministro de Luis XIII de Francia, Concino Concini, marqués de Ancre y nombrado mariscal de Francia en 1613 aunque casi no había participado en ningún combate. Durante unos años fue el responsable del tesoro y sus cuentas personales aumentaron considerablemente debido a que se dedicaba a vender favores. También recibía pensiones y salario la regente María de Medicis, que era la mujer de su amigo de infancia. Durante ese mismo período, Aquiles de Harlay, el conde de Beaumont, era el primer presidente del parlamento de París y con anterioridad había servido bajo Enrique III y Enrique IV. Es el responsable de la reforma de la Universidad de París. No es de extrañar que este hombre, fuera, precisamente, el primero en avisar al rey de las malas prácticas del marqués de Ancre. Este aviso fue ampliamente comentado por el joven monarca con su favorito, Charles d'Albert, quien acabó

dándose cuenta que debía tomar medidas porque Concini ya estaba descontrolado e incluso ignoró al rey. Al final, el 24 de abril de 1617, el mariscal fue arrestado mientras iba por la calle y al mostrar su sorpresa recibió un disparo, ya que pensaron que estaba mostrando resistencia.

Tal y como se dice al final de la cuarteta el cuerpo fue cogido por una serie de ciudadanos furiosos contra él y con las cuerdas de la campana lo ataron y lo mostraron en público. Al final le colgaron por los pies.

II

Par Mars ouuers Arles le donra guerre,
De nuict seront les soldats estonnez:
Noir, blanc à l'inde dissimulez en terre,
Sous la fainte ombre traistres verrez & sonnez.

Por Marte abierto Arlés le dará la guerra,
de noche serán los soldados sorprendidos:
Negro, blanco de la India disimulados en tierra,
bajo la falsa sombra traidores veréis y oiréis.

III

Apres de France la victoire nauale,
Les Barchinons, Saillimons, les Phocens.
Lierre d'or, l'enclume serré dedans la balle,
Ceux de Ptolon au fraud seront consens.

Tras Francia, la victoria naval,
los barcinonenses, los selinones, los focenos.
Hiedra de oro, yunque metido en la bala,
los de Tolón al fraude serán consentidos.

IV

Le Duc de Langres assiegé dedans Dole,
Accompagné d'Autun & Lyonnois:
Geneue, Ausbourg, ioinct ceux de Mirandole,
Passer les monts contre les Anconnois.

El duque de Langres asediado en Dolle,
acompañado de Autun y lioneses:
Ginebra, Ausburgo, unidos los de Mirandola,
pasar los montes contra los de anconetanos.

V

Vin sur la table en sera respandu,
Le tiers, n'aura celle qu'il pretendoit:
Deux fois du noir de Parme descendu,
Perouse à Pize fera ce qu'il cuidoit.

Vino en la mesa será derramado,
el tercero no tendrá lo que pretendía:
Dos veces de noche a Parma descendido,
Perusa a Pisa hará lo que el quería.

VI

Naples Palerne, & toute la Sicille,
Par main Barbare sera inhabitee:
Corsique, Salerne & de Sardeigne l'Isle,
Faim, peste guerre, fin de maux intentee.

Nápoles, Palermo y toda Sicilia,
por mano bárbara serán deshabitados:
Córcega, Salerno y de Cerdeña la isla,
hambre, peste, guerra, fin de los males intentados.

VII

Sur le combat de grands cheuaux legers,
On criera le grand croissant confond:
De nuict tuer. morts, habits de bergers,
Abismes rouges dans le fossé profond.

Sobre el combate grandes caballos ligeros,
se gritará al gran creciente confundido:
De noche matar montes, hábitos de pastores,
abismos rojos en las fosas profundas.

VIII

Florira, fuis, fuis le plus proche Romain,
Au Fesulan sera conflict donné:
Sang espandu, les plus grands prins à main,
Temple ne sexe ne sera pardonné.

Flora, huye, huye el más próximo romano,
en Fesolano será dado conflicto:
Sangre derramada, los más grandes cogidos con la mano,
ni templo ni sexo será perdonado.

IX

Dame l'abscence de son grand capitaine
Sera priee d'amour du Vice Roy:
Fainte promesse & malheureuse estreine,
Entre les mains du grand Prince Baroy.

Dama en ausencia de su gran capitán
será perdida en amores por el virrey:
Falsa promesa y desgraciado abrazo,
entre las manos del gran príncipe de Barois.

X

Par le grand Prince limitrophe du Mas,
Preux & vaillant chef du grand exercite:
Par mer & terre de Gallots & Normans,
Caspre passer Barcelone pillé isle.

Por el gran príncipe limítrofe de Mans,
valioso y valiente jefe del gran ejército:
Por mar y tierra de galos y normandos,
pasar más allá de Barcelona saqueada isla.

XI

L'enfant Royal contemnera la mere,
Oiel, pieds blessez rude, inobeissant,
Nouuelle à dame estrange & bien amere,
Seront tuez des siens plus de cinq cens.

El infante real despreciará a la madre,
ojo, pies heridos, rudo desobediente,
noticia a dama extranjera y muy amarga,
serán asesinados de los suyos más de quinientos.

XII

Le grand puisnay fera fin de la guerre
Aux Dieux assemble les excuses:
Cahors, Moissaac iront loing de la serre,
Refus Lestore, les Agenois rasez.

El gran nacido después hará el fin de la guerra,
a los dioses reúne los excusados:
Cahors, Moissac irán lejos del cerco,
rechazado Lestore, los de Agen arrasados.

XIII

De la cité marine & tributaire
La teste raze prendra la satrapie:
Chasser sordide qui puis sera contraire,
Par quatorze ans tiendra la tyrannie.

De la ciudad marina y tributaria,
la cabeza rapada tomará la satrapía:
Expulsar sórdido que luego será contrario,
por catorce años se mantendrá la tiranía.

XIV

Faux exposer viendra topographie,
Seront les cruches des monumens ouuertes:
Pulluler secte, saincte philosophie,
Pour blanches noires & pour antiques vertes.

Falso exponer vendrá topografía,
serán las criptas de los monumentos abiertas:
Pulular secta, santa filosofía,
por blancas, negras y por antiguas verdes.

INTERPRETACIÓN

Esta cuarteta responde a los hechos que se exponen a continuación: La Asamblea Constituyente de 1789 en Francia decidió acabar con la antigua división del país y con las reminiscencias de nombres del antiguo régimen. En su lugar habría un sistema de miembros elegidos de áreas que reflejan el cambio hacia el republicanismo. Se acordó una división de Francia en 83 departamentos. El 13 de diciembre de 1791, Luis XVI, llamado «el Falso», ratificó una nueva Constitución con sus divisiones en departamentos.

La segunda línea hace referencia a lo ocurrido tras la promulgación del decreto del 1 de agosto de 1793, por el cual se ordenaba que todas las tumbas y mausoleos de los monarcas anteriores, en iglesias y templos, se destruyeran antes del día 10, fecha en que se conmemoraría la caída de la monarquía del año anterior.

La siguiente línea hace referencia al ataque racionalista hacia la religión, tratando de sustituirla por el culto de la razón para satisfacer las necesidades humanas al margen de pensamientos religiosos. En la celebración antes mencionada se construyó un templo griego dentro de la catedral de Nuestra Señora de París encabezado con el siguiente cartel: «A la filosofía».

El negro es el color de los royalistas/tradicionalistas. El blanco representa a los Borbones. La frase final es una confirmación de la desaparición del antiguo régimen.

XV

Deuant cité de l'Insubre contree,
Sept ans sera le siege deuant mis:
Le tres-grand Roy y fera son entree,
Cité puis libre hors de ses ennemis.

Ante ciudad de la comarca Insubria,
siete será el sitio ante ella puesto:
El muy grande rey hará su entrada,
ciudad más libre sin sus enemigos.

XVI

Entree profonde par la grand Royne faicte
Rendra le lieu puissant inaccessible:
L'armee des trois Lyons sera deffaite,
Faisant dedans cas hideux & terrible.

Entrada profunda por la gran reina hecha,
volverá el lugar poderoso inaccesible:
El ejército de los tres leones será derrotado,
haciendo dentro cosas odiosas y terribles.

XVII

Le Prince rare de pitié & clemence
Viendra châger par mort grand cognoissance,
Par grand repos le regne trauaillié,
Lors que le grand tost sera estrillé.

El príncipe raro de piedad y clemencia
vendrá a cambiar por muerte gran conocimiento,
por gran reposo el reino trabajado,
cuando el grande pronto será condenado.

XVIII

Les assiegez couloureront leur paches,
Sept iours apres feront cruelle issuë,
Dans repoussez, feu, sang Sept mis à l'hache
Dame captiue qu'auoir la paix tissuë.

Los asediados colorearán sus impedimentas,
siete días después harán cruel salida,
en la repulsa, fuego sangre, siete muertos con hacha,
dama cautiva que tenía la paz tejida.

XIX

Le fort Nicene ne sera combatu:
Vaincu sera par rutilant metal.
Son faict sera vn long temps debatu,
Aux citadins estrange espouuental.

El fuerte de Niceno no será combatido,
vencido será por rutilante metal.
Su acto será por largo tiempo debatido,
a los ciudadanos extranjeros espantajo.

XX

Ambassadeurs de la Toscane langue,
Auril & May Alpes & mer passee,
Celuy de veau exposera l'harangue,
Vie Gauloise ne venant effacer.

Embajadores de toscana lengua,
abril y mayo Alpes y mar pasados,
el del terreno expondrá la arenga,
vida gálica no viniendo a borrar.

XXI

Par pestilente inimitié Volsicque,
Dissimulee chassera le tyran:
Au pont de Sorgues se fera la traffique
De mettre à mort luy & son adherant.

Por pestilente enemistad vólsica,
disimuladamente expulsará al tirano:
En el puente de Sorgues se hará el cambio
de llevar a la muerte a él y su seguidor.

XXII

Les citoyens de Mesopotamie
Ires encontre amis de Taroconne,
Ieux rits, banquets, toute gent endormie,
Vicaire au Rosne, prins cité, ceux d'Ausone.

Los ciudadanos de Mesopotamia
irán al encuentro amigos de Tarragona:
Juegos, ritos, banquetes, toda la gente dormida,
vicario en el Ródano, tomada ciudad, los de Ausonia.

XXIII

Le Royal sceptre sera contrainct de prendre,
Ce que ses predecesseurs auoyent engagé,
Puis que l'anneau on fera mal entendre,
Lors qu'on viendra le palais saccager.

El real cetro estará obligado a tomar,
lo que sus predecesores habían comprometido
luego que el anillo se hará mal oír,
cuando se haga el palacio saquear.

XXIV

L'enseuely sortira du tombeau,
Fera de chaines lie le fort du pont:
Empoisonné auec oeufs de Barbeau,
Grand de Lorraine par le Marquis du Pont.

El enterrado saldrá del túmulo,
hará con cadenas atar el fuerte del puente:
Envenenado con huevos de Barbio,
grande de Lorena por el marqués del Puente.

XXV

Par guerre longue tout l'exercice expulser,
Que pour soldats ne trouueront pecune,
Lieu d'or, d'argent, cuir on viendra cuser,
Gaulois aerain, siege, croissant de Lune.

Por tan larga guerra el tesoro pasado,
que para soldados no hallarán pecunio,
en lugar de oro, de plata, cuero se acuñara,
galo bronce, sellado creciente de Luna.

XXVI

Fustes & galeres autour de sept nauires,
Sera liuree vne mortelle guerre:
Chef de Madric receura coup de vires,
Deux eschapees, & cinq menees à terre.

Fustas y galeras alrededor de siete navios,
será librada una mortal guerra:
Jefe de Madrid recibirá golpe de varones,
dos escapados, y cinco llevados a tierra.

XXVII

Au cainct de Vast la grand caualerie,
Proche à Ferrage empeschee au bagage:
Prompt à Turin feront tel volerie,
Que dans le fort rauiront leur hostage.

Al flanco de vasto la gran caballería,
cerca de Ferrara impedidos por el bagaje:
Listos en Turín harán tal robo,
que en el fuerte raptarán sus rehenes.

XXVIII

Le capitaine conduira grande proye,
Sur la montagne des ennemis plus proche:
Enuironné par feu fera telle voye,
Tous eschappez, or trente mis en broche.

El capitán conducirá gran rapiña,
sobre la montaña de enemigos más cercana:
Rodeado por fuego hará tal vía,
todos escapados, o treinta abrasados.

XXIX

Le grand Duc l'Albe se viendra rebeller,
A ses grands peres fera le tradiment:
Le grand de Guise le viendra deceler,
Captif mené & dressé mouuement.

El gran duque de Alba se rebelará,
a sus ancestros hará traición:
El grande de Guisa le derrotará,
cautivo llevado y monumento elevado.

INTERPRETACIÓN

Fernando Álvarez de Toledo, el tercer duque de Alba fue un hombre que sofocó dos rebeliones. La segunda línea hace referencia a su implicación en la intriga de Gómez en la Corte española, sucedida tras su llamada para que regresara de Holanda donde había ejecutado a rebeldes. Su rebelión personal fue llevada a término porque su hijo deseaba casarse contra los deseos del rey. El 1579 el enlace matrimonial tuvo lugar con el consentimiento de Alba y Felipe II le arrestó. Eso fue como una traición a sus ancestros, que siempre habían permanecido fieles a la monarquía.

En la tercera línea se habla de las aspiraciones de Enrique II a Italia, que causó que el segundo duque de Guisa, Francisco de Lorraine, fuera enviado a conquistar Nápoles en 1557. No obtuvo éxito y fue llamado a repeler la armada española que había derrotado a la francesa en San Quintín. Esto relaciona a Francia y España.

La última línea de esta cuarteta narra lo acontecido el 1563 en la primera guerra de religión de Francia. Guisa logró tomar la fortaleza de Orleans, pero fue mortalmente herido el 18 de febrero y murió seis días más tarde. A su asesino le descuartizaron públicamente y al día siguiente de tal acto se hizo una procesión por el duque de Guisa.

XXX

Le sac s'approche, feu grand sang espandu
Po, grands fleuues aux bouuiers l'entreprise,
De Gennes, Nice apres l'on attendu,
Foussan, Turin, à Sauillan la prinse.

El saqueo se acerca, fuego, sangre derramada,
Po, grandes ríos, de los boyeros la empresa,
de Génova, Niza tras larga espera.
Fossar, Turín, de Savilan la toma.

XXXI

De Languedoç, & Guienne plus de dix
Mille voudront les Alpes repasser:
Grands Allobroges marcher contre Brundis
Aquin & Bresse les viendront recasser.

De Languedoc, y Guyena más de diez,
mil querrán los Alpes pasar:
Grandes alóbroges ir contra brundis,
Aquino y Brescia les harán retroceder.

XXXII

Du mont Royal naistra d'vne casane,
Qui caue, & compte viendra tyranniser:
Dresser copie de la marche Millane,
Fauene, Florence d'or & gens espuiser.

Del monte Real nacerá de una prosapia,
quien cava y cuenta vendrá a tiranizar:
Levantar fortuna de la marca milanesa,
Favencia, Florencia de oro y gente agotar.

XXXIII

Par fraude regne forces expolier,
La classe, obsesse, passages à l'espie,
Deux faincts amys se viendront taillier,
Esueillier hayne de long temps assoupie.

Por fraude reina, fuerzas expoliar,
la flota obsesa, pasajes al espía,
dos santos amigos se aliarán,
despertar odio largo tiempo latente.

XXXIV

En grand regret sera la gent Gauloise,
Coeur vain, leger croira temerité:
Pain, sel, ne vin, eau, venin ne ceruoise,
Plus grand captif, faim, froid, necessité.

El gran pesar estará en la gente gala,
corazón vano, ligero creerá temeridad:
Pan, sal, ni vino, agua, veneno ni cerveza,
mayor cautivo, hambre, frío, necesidad.

XXXV

La grande pesche viendra plaindre, plorer,
D'auoir esleu, trompez seront en l'aage:
Guiere avec eux ne voudra demourer,
Deceu sera par ceux de son langage.

El gran pecado lamentará, llorará,
de haber elegido, equivocados serán en la edad:
Caudillo apenas con ellos querrá estar,
engañado será por los de su lengua.

XXXVI

Dieu, le ciel tout le diuin verbe a l'onde,
Porté par rouges sept razes à Bizance:
Contre les oingt trois cens de Trebisconde
Deux lois mettront & horreur, puis credence.

Dios, el cielo, todo el divino Verbo en onda,
llevado por rojo siete razas a Bizancio:
Contra los ungidos trescientos de Trebisonda,
dos leyes pondrán, y horror, después creencia.

XXXVII

Dix enuoyez, chef de nef mettre à mort,
D'vn aduerty en classe guerre ouuerte:
Confusion chef l'vn se picque & mord,
Leryn, stecades nefs, cap dedans la nerte

Diez enviados, jefe de nave llevado a la muerte,
de uno advertido, en flota guerra abierta:
Confusión jefe, uno se pincha y muerde,
Leryn, varadas naves, rumbo a la nerte.

XXXVIII

L'aisné Royal sur coursier voltigeant
Picquer viendra si rudement courir,
Gueulle, lipee, pied dans l'estrein pleignant,
Trainé, tiré, horriblement mourir.

El primogénito real sobre corcel caracoleante
terminará por caer, tan rudamente correr,
cara, labios, pie en el estribo lamentándose,
arrastrado, sacado, horriblemente morir.

XXXIX

Le conducteur de l'armee Françoise,
Cuidant perdre le principal phalange:
Par sus paué de l'auaigne & d'ardoise,
Soy parfondra par Gennes gent estrange.

El conductor del ejército francés,
creyendo perder la principal falange:
Por encima del adoquinado de roca y pizarra,
se hundirá en Génova gente extranjera.

XL

Dedans tonneaux, hors oingts d'huile & gresse
Seront vingt vn deuant le port fermez
Au second guet par mort feront proüesse.
Gaigner les portes, & du guet assommez.

Dentro de toneles por fuera untados de aceite y grasa,
habrá veintiuno delante del puerto cerrado:
En la segunda mirada por muertos harán proeza,
ganad las muertas y los de la ronda fenecidos.

XLI

Les os des pieds & des mains enserrez,
Par bruit maison long temps inhabitee:
Seront par songes concauant deterrez,
Maison salubre & sans bruit habitee.

Los huesos de los pies y de las manos apretados,
por ruido casa mucho tiempo deshabitada:
Serán por sueños cavando desterrados,
casa salubre y sin ruido habitada.

INTERPRETACIÓN

Los Estados Unidos de América han estado ejerciendo su poder en el resto del mundo. En una época de malestar social, mucho peor que lo sucedido cuando el país estaba en guerra, habrá escisiones para la elección de un nuevo presidente. Se producirá una gran tensión en todo el país.

XLII

Deux de poison saisis nouueaux venus
Dans la cuisine du grand Prince verser:
Par le soüillard tous deux au faict cogneus,
Prins qui cuidoit mort l'aisné vexer.

Dos de los peces cogidos por los recién llegados,
en la cocina del gran príncipe a dar:
Por el mancillado los dos en el acto conocidos,
preso quien trata al primogénito dañar.

I

Pau, nay, Loron plus feu qu'à sang sera,
Laude nager, fuir grand aux surrez:
Les agassas entree refusera,
Pampon, Durance les tiendra enserez.

Po, nacido, Loron más a fuego que a sangre será,
laude nadar, huir el grande a los perseguidores:
Los acosará e ingreso rechazará,
Pampón, Duranza los mantendrá encerrados.

II

Condon & Aux & autour de Mirande
Ie voy du ciel feu qui les enuironne:
Sol Mars conioint au Lyon puis Marmande
Foudre, grand gresle, mur tombe dans Garône.

Condon y Aux y alrededores de Miranda,
veo del cielo fuego que les rodea:
Sol Marte unido al León, después Marmanda,
rayo, gran granizo, muro caído en Garona.

III

Au fort chasteau de Vigilanne & Resuiers
Sera serré le puisnay de Nancy:
Dedans Turin seront ards les premiers
Lors que de dueil Lyon sera transy.

En el fuerte castillo de Vigilanne y Resviers,
será encerrado el nonato de Nancy:
En Turín serán abrasados los primeros,
mientras que de duelo Lyon será transido.

IV

Dedans Monech le Coq sera receu,
Le Cardinal de France apparoistra:
Par Logation Romain sera deceu,
Foiblesse à l'Aigle, & force au Coq naistra.

En Mónaco el gallo será recibido,
el cardenal de Francia aparecerá:
Por legación romana será engañado,
debilidad del águila, y fuerza en el gallo nacerá.

V

Apparoistra temple luisant orné,
La lampe & cierge à Borne & Bretueil:
Pour la lucerne le Canton destourné,
Quand on verra le grand Coq au cercueil.

Aparecerá templo reluciente y adornado,
la lámpara y cirio en Borne y Bretueil:
Para Lucerna el cantón desviado,
cuando se vea el gran gallo en el ataúd.

VI

Clarté fulgure à Lyon apparante
Luysant, print Malte, subit sera esteinte:
Sardon, Mauris traictera deceuante,
Geneue à Londes à Coq trahison fainte.

Claridad fulgúrea en Lyon despunta,
reluciente, tomada Malta, súbitamente será extinguida:
Sardos, moriscos, tratará engañoso,
Ginebra en Londres al gallo traición fingida.

VII

Verceil, Milan donra intelligence
Dedans Tycin sera faicte la playe:
Courir par Saine eau, sang feu par Florence,
Vnique cheoir d'haut en bas faisant maye.

Verceil, Milán dará inteligencia,
en Tycin será hecha la herida:
Correr por Sena agua, sangre, fuego por Florencia,
una elección de arriba abajo haciendo bonanza.

VIII

Pres de Linterne dans de tonnes fermez,
Chiuaz fera pour l'Aigle la menee,
L'esleu chassé luy ses gens enfermez,
Dedans Turin rapt epouse emmenee.

Cerca de Linterna, en toneles cerrados,
Chivaz hará para el Águila la intriga:
El elegido, roto él, sus gentes encerradas,
en Turín rapto esposa llevada.

IX

Pendant que l'Aigle & le Coq à Sauone
Seront vnis, Mer, Levant & Ongrie,
L'armee à Naples, Palerne, Marque d'Ancone,
Rome, Venise par Barbe horrible crie.

Mientras que el águila y el gallo en Savona
estén unidos, mar, Levante y Hungría:
El ejército en Nápoles, Palermo, Marca de Ancona.
Roma, Venecia por Barba horrible grita.

X

Puanteur grande sortira de Lausanne,
Qu'on ne sçaura lorigine du fait.
L'on mettra hors toute la gent lointaine,
Feu veu au ciel, peuple estranger desfait.

Hedor grande saldrá de Lausana,
que no se sabrá el origen del hecho:
Se echará fuera toda la gente lejana,
fuego visto al cielo, pueblo extraño derrotado.

XI

Peuple infiny paroistra à Vicence
Sans force, feu brusler la basilique:
Pres de Lunage desfait grand de Valence,
Lors que Venise par morte prendra pique.

Pueblo infinito aparecerá en Vicenza,
sin fuerza, fuego quemará la basílica:
Cerca de Lunage derrota grande de Valence,
cuando Venecia por muerte tome pica.

XII

Apparoistra aupres de Buffalorre
L'haut & procere entré dedans Milan,
L'Abbé de Foix auec ceux de sainct Morre
Feront la forbe habillez en vilan.

Aparecerá cerca de Buffalore,
el alto y prócer entrado en Milán,
el abate de Foix con los de Saint Morre
harán trampas vestidos de villanos.

XIII

Le croisé fere par amour effrenee
Fera par Praytus Bellephoron mourir,
Classe à milans la femme forcenee
Beu breuuage, tous deux apres perir.

El cruzado hermano por amor desenfrenado
hará por Preto a Belloforón morir,
ejércitos de mil años la mujer enfurecida,
bebido el brebaje, los dos después morir.

XIV

Le grand credit d'or & d'argent l'abondance
Fera aueugler par libide l'honneur,
Sera cogneu d'adultere l'offence,
Qui paruiendra à son grand deshonneur.

El gran crédito de oro y plata en abundancia,
hará cegar por avaricia el honor,
será conocida del adúltero la ofensa,
que llevará a su gran deshonor.

XV

Vers Aquilon grands efforts par homasse
Presque l'Europe & l'Vniuers vexer,
Les deux eclypses mettra en telle chasse,
Et aux Pannon vie & mort renforcer.

Hacia Aquilón grandes esfuerzos de masas humanas,
casi Europa y el universo humillar,
las dos iglesias pondrán en tal persecución,
y a los panonios vida y muerte reforzar.

XVI

Au lieu que Hieron fait la nef fabriques.
Si grand deluge sera & si subite,
Qu'on n'aura lieu ne terre s'attaquer,
L'onde monter Fesulan Olympique.

En el lugar que Hierón hizo su nave fabricar,
tan gran diluvio será tan súbito,
que no habrá lugar ni tierras donde refugiarse,
la ola subirá Fesulano Olímpico.

XVII

Les biens aisez subit seront desmis,
Par les trois freres le monde mis en trouble.
Cité marine saisiront ennemis,
Fain, feu, sang, peste, & de tous maux le double.

Los acomodados súbitamente serán desposeídos,
por los tres hermanos el mundo puesto en trance:
Ciudad marina apresarán enemigos,
hambre, fuego, sangre, peste, y de todos los males el doble.

XVIII

De Flore issue de sa mort sera cause,
Vn temps deuant par ieune & vieille bueyre
Car les trois lys luy feront telle pause,
Par son fruit sauue comme chair crue mueyre.

De Flora salido de su muerte será causa,
un tiempo antes por joven y vieja confusión,
por los tres lis le harán tal pausa,
por su fruto salvaje como piel cruda madura.

XIX

A soustenir la grande cappe troublee,
Pour l'esclaircir les rouges marcheront:
De mort famille sera presque accablee,
Les rouges le rouge assommeront.

A sostener la gran capa enturbiada,
para esclarecerla los rojos marcharán:
De muerte familia será casi hundida,
los rojos al rojo abatirán.

XX

Le faux message par election feinte,
Courir par vrben rompue pache arreste:
Voix acheptee, de sang chappelle teinte,
Et à vn autre l'empire contraicte.

El falso mensaje por elección falsa,
correr por ciudad rota sin nada esperar:
Voces aceptadas, de sangre capilla salpicada,
y a otro el imperio entregado.

XXI

Au port de Agde trois fustes entreront,
Pourtant l'infect, non foy & pestilence,
Passant le pont mil milles embleront,
Et le pont rompre à tierce resistance.

En el puerto de Agde tres fustas entrararán,
llevando la infección, no fe y pestilencia:
Pasando el puente mil millares reunirán,
y el puente romper a la tercera resistencia.

XXII

Gorsan, Narbonne, par le sel aduertir
Tucham, la grace Parpignan trahie,
La ville rouge n'y voudra consentir,
Par haute vol drap gris vie faillie.

Gorsan, Narbona, por la sal advertir,
Tucham, la gracia Perpiñán traicionada,
la ciudad roja no querrá consentir,
por alta enseña gris vida fallida.

Interpretación

Una nueva cuarteta que hace referencia a la época de la Revolución francesa. Antoine-Joseph Gorsas, diputado de la Convención, periodista político y fundador del *Courrier de Paris à Versailles* junto con Luis, conde de Narbone-Lara, ministro de la Guerra de Luis XVI hasta el 9 de marzo de 1792, habían sido leales a la monarquía, pero la actitud pública había cambiado y ellos debilitaron sus creencias.

La sal mencionada en la primera línea es una metáfora para describir el cambio hacia la república.

Tras la detención del rey, Narbone intentó insuflar patriotismo a sus conciudadanos iniciando una guerra contra los alemanes, pero le obligaron a abandonar los planes.

Gorsas votó en contra de la ejecución del rey y procuró ayudar cuanto pudo para apaciguar a las masas. Esto le grangeó un gran número de enemigos y al final fue arrestado, juzgado y condenado. Una vez más Nostradamus profetiza la muerte del monarca y la época sangrienta que rodeó a este hecho.

XXIII

Lettres trouuees de la Royne les coffres,
Point de subscrit sans aucun non d'autheur:
Par la police seront cachez les offre,
Qu'on ne sçaura qui sera l'amateur.

Cartas encontradas de la reina en los cofres,
ninguna firma sin ningún nombre de autor:
Por la policía serán escondidos los regalos,
y no se sabrá quién sea el amante.

INTERPRETACIÓN

Se refiere a las cartas enviadas por la reina María Estuardo a James Hepburn encontradas tras el asesinato de su segundo marido, *lord* Darnley. Este matrimonio no fue feliz y se intentó incriminar a la reina a través de las cartas. No era posible saber nada de su autor y/o destinatario porque no tenían fecha, firma, encabezamiento ni despedida. Al no aportar pistas, fueron ocultadas. Entre diciembre de 1568 y enero de 1569 reaparecieron como evidencia contra María, ahora cautiva en Inglaterra y se dieron a conocer al público. Se usaron para incriminar a la reina escocesa en un crimen cometido en su país. En la actualidad, sólo se conservan copias de estas misivas.

XXIV

Le lieutenant à l'entree de lhuys
Assommera le grand de Parpignan,
En se cuidant sauuer à Monpertuis,
Sera deceu bastard de Lusignan.

El teniente a la entrada del zaguán
derribará al grande de Perpiñán,
y cuidándose de salvarse en Montpertuis,
será burlado bastardo de Losignan.

XXV

Coeur de l'amant ouuert d'amour fortiue
Dans le ruisseau fera rauir la Dame:
Le demy mal contrefera lassiue,
Le pere à deux priuera corps de l'ame.

Corazón del amante abierto de amor furtivo
en el arroyo fascinará a la dama:
El medio mal remedará fastidio,
el padre a los dos privará cuerpos del alma.

XXVI

De Caton és trouues en Barcelonne,
Mys decouuers lieu retrouuers & ruyne,
Le grand qui tient ne tient voudra Pamplonne,
Par l'abbage de Monferrat bruyne.

De Catón se encuentra en Barcelona,
puesto en descubrimiento lugar terroso y lejano,
el grande que tiene y no tiene querrá Pamplona,
por la abadía de Montserrat bruma.

XXVII

La voye auxelle l'vne sur l'autre fornix
Du muy deser hor mis braue & genest,
L'escript d'Empereur le fenix
Veu à celuy ce qu'à nul autre n'est.

La vía en que uno sobre el otro fornica,
del muy desértico fuera puesto bravo y honesto,
el escrito del emperador de Fénix,
Uru al que a ningún otro es.

XXVIII

Les simulachres d'or & d'argent enflez,
Qu'apres le rapt au feu furent iettez,
Au descouuert estaincts tous & troublez,
Au marbre escripts, prescrips intergetez.

Los simulacros de oro y de plata inflad,
que tras el rapto al fuego fueron arrojados,
al descubierto extintos todos y turbados,
en el mármol esculpido, lo prescrito interponed.

XXIX

Au quart pillier lon sacre à Saturne,
Par tremblant terre & deluge fendu
Soubs l'edifice Saturnin trouuee vrne,
D'or Capion rauy & puis rendu.

En el cuarto pilar donde se consagra a Saturno,
por temblante tierra y diluvio interrumpido:
Bajo el edificio Saturnino encuentra urna,
de oro Capión encantado y luego rendido.

INTERPRETACIÓN

Un gran número de desastres naturales serán el preludio de conflictos y miserias de todo tipo. El poder caerá y otras grandes naciones deberán colaborar. Todo ello se interpreta como un preludio de la Tercera Guerra Mundial.

XXX

Dedans Tholouse non loing de Beluzer,
Faisant vn puys loing, palais d'espectacle,
Thresor trouué vn chacun ira vexer,
Et en deux locz tour & pres delvasacle.

En Toulouse no lejos de Beluzer,
haciendo un pozo hondo, palacio de espectáculo,
tesoro hallado, cada uno irá a vejar,
y en dos sitios muy cerca del ara.

XXXI

Premier grand fruict le Prince de Pesquiere:
Mais puis viendra bien & cruel malin,
Dedans Venise perdra sa gloire fiere,
Et mis à mal par plus ioyue Celin.

Primer gran fruto el príncipe de Persquiere,
pero después se hará bien y cruel malvado,
a Venecia perderá su gloria fiera,
y puesto a mal por el más alegre Celino.

XXXII

Garde toy Roy Gaulois de ton nepueu,
Qui fera tant que ton vnique fils
Sera meurtry à Venus faisant voeu,
Accompagné de nuict que trois & six.

Guárdate rey galo de tu sobrino,
que hará tanto que tu único hijo
será asesinado en Venus haciendo voto,
acompañado de noche por tres y seis.

XXXIII

Le grand naistra de Veronne & Vincence,
Qui portera vn surnom bien indigne:
Qui à Venise voudra faire vengeance,
Luy mesme prins homme du guet & sine.

El grande nacerá de Verona y Vicenza,
quien llevará un apellido bien indigno:
Quien en Venecia querrá hacer venganza,
el mismo tomado por hombre de acecho y signo.

XXXIV

Apres Victoire du Lyon au Lyon
Sus la montaigne de Ivra Secatombe:
Delues & brodes septiesme million
Lyon, Vlme à Mansol mort & tombe.

Tras victoria del León en Lyon,
sobre la montaña del Jura hecatombe:
Delves y Brodes séptimo millón,
Lyon, Ulme, en Mansol muerte y tumba.

XXXV

Dedans l'entree de Garone & Bayse,
Et la forest non loing de Damazan:
Du mar saues gelees, puis gresle & bize
Dordonnois gelle par erreur de Mesan.

En la entrada del Garona y Bayse,
y el bosque no lejos de Damazán:
Pantanos helados, luego granizo y cierzo,
hielo en Dordonia por error de Mezán.

XXXVI

Sera commis conte oindre aduché
De Saulne & sainct Aulbin & bel l'oeure:
Pauer de marbre de tours loings espluché
Non Bleteram resister & chef d'oeuure.

Será encargado conde ungir,
de Saulne y san Aulbin y Bel la obra:
Pavimentar de mármol torres largo tiempo desnudas,
no pasarán de resistir y obra maestra.

XXXVII

La forteresse aupres de la Tamise
Cherra par lors le Roy dedans serré,
Aupres du pont sera veu en chemise
Vn deuant mort, puis dans le fort barré.

La fortaleza cercana al Támesis
caerá por entonces, el rey dentro encerrado,
junto al puente será visto en camisa,
uno delante muerto, después en el fuerte atrancado.

INTERPRETACIÓN

La fortaleza es el castillo de Windsor, residencia de la familia real británica desde la época de Guillermo I.

Tras varios años de guerra civil, el ejército de Cromwell, bajo el mando de Henry Ireton, decidió sitiar al rey y el 30 de noviembre de 1648 quedó custodiado en Newport. De ahí se le trasladó al castillo de Hurst, en la isla de Wight antes de ser llevado al castillo de Windsor. Durante su forzosa estancia allí, en la Casa de los Comunes en Londres, empezó un juicio contra el rey, acusado de traición.

Nostradamus apunta correctamente que el castillo, como asiento de la monarquía inglesa, perderá la estima de la gente. Esto sucedió durante la captura de Carlos. El febrero de 1649, Oliver Cromwell fue nombrado presidente del Consejo de Estado en lugar de Carlos II, que estaba en el extranjero desde 1645.

El 17 de marzo de 1649 el Parlamento abolió la monarquía, substituyéndola por un estado libre o *commonwealth*, el 19 de mayo.

La tercera línea hace referencia al momento en que el rey se dirige hacia el lugar donde le cortarán la cabeza. Menciona la palabra «camisa» porque al parecer no permitieron al monarca cubrirse con algo de más abrigo a pesar del frío que hacía.

XXXVIII

Le Roy de Bloys dans Auignon regner,
Vne autre fois le peuple emonopolle,
Dedans le Rosne par murs fera baigner,
Iusques à cinq le dernier pers de Nolle.

El rey de Blois en Aviñón reinar,
otra vez el pueblo monopolizado,
en el Ródano por mar hará bañar,
hasta cinco, el último cerca de Nolle.

XXXIX

Qu'aura esté par Prince Bizantin
Sera tollu par prince de Tholouses
La foy de Foix par le chef Tholentin
Luy faillira, ne refusant l'espouse.

Quien haya estado por príncipe Bizantino
será abucheado por príncipe de Toulouse:
La fe de Foix por el jefe Tolentino
le faltará, no rehusando la esposa.

XL

Le sang du Iuste par Taurer la daurade,
Pour se venger contre les Saturnins
Au nouueau lac plongeront la maynade,
Puis marcheront contre les Albanins.

La sangre del justo por Taurer la dorada,
para vengarse de los saturninos,
en el nuevo lago hundirán la mesnada,
luego marcharán contra los albanos.

XLI

Esleu sera Renard ne sonnant mot,
Faisant le fait public viuant pain d'orge:
Tyrannizer apres tant à vn cop,
Mettant à pied des plus grands sur la gorge.

Elegido será Renard sin decir palabra,
Haciendo penitencia pública viviendo de pan de cebada:
Tiranizará tanto como un gallo,
poniendo en el suelo a los más grandes bajo su pie.

XLII

Par auarice par force, & violence
Viendra vexer les siens chef d'Orleans,
Pres sainct Memire assaut & resistance
Mort dans sa tante diront qu'il dort leans.

Por avaricia, por fuerza y violencia,
vejarán a los suyos los jefes de Orleans,
cerca de San Memire asalto y resistencia,
muerto en su tienda dirán que duerme.

XLIII

Par le decide de deux choses bastards,
Nepueu du sang occupera le regne,
Dedans lectoyre seront les coups de dards,
Nepueu par peur pliera l'anseigne.

Por la decisión de dos cosas bastardas,
sobrino de sangre ocupará el reino,
en el lictorio serán los golpes de dardos,
sobrino por llanto plegará la bandera.

XLIV

Le procree nature d'Ogmion,
De sept à neuf du chemin destorner:
A Roy de longue & amy au my hom
Doit à Nauarre fort de Pav prosterner.

El procreado natural de Ogmión,
de siete a nueve del camino desviado:
A rey de mucho tiempo y amigo bueno
debe a Navarra fuerte de Pau entregar.

XLV

La main escharpe & la iambe bandee,
Longs puis n'ay de Calais portera,
Au mot du guet la mort sera tardee,
Puis dans le temple à Pasque saignera.

La mano en cabestrillo y la pierna vendada,
mucho tiempo el nonato de Calais llevará,
a la voz de contraseña la muerte se retrasará,
después en el templo en Pascua sangrará.

XLVI

Pol Mensolee ete mourra trois lieües du rosne,
Fuis les deux prochains tarasc destrois:
Car Mars fera le plus horrible trosne,
De coq & d'aigle de France freres trois.

Pol Mensole morirá a tres leguas del Ródano,
huido los dos cercanos a tarascos estrechos:
Pues Marte hará el más horrible trono,
de gallo y de águila de Francia hermanos tres.

INTERPRETACIÓN

Pol Mensole es Juan Pablo II, que será asesinado en un viaje fuera del Vaticano lo que ocasionará gran desestabilización social. El nuevo papa no durará mucho tiempo y sólo habrá dos más. El peligro está dentro de la propia Iglesia que aconsejará al pontífice de manera que le pondrá en peligro. El anticristo estará detrás de todo esto.

XLVII

Lac Transmenien portera tesmoignage,
Des coniurez sarez dedans Perouse,
Vn despolle contrefera le sage,
Tuant Tedesque sterne & minuse.

Lago Trasimeno llevará testimonio,
los conjurados estarán en Perusa,
un despojado se fingirá sabio,
matando al tedesco por el esternón y el rostro.

XLVIII

Saturne en Cancer, Iupiter auec Mars,
Dedans Feurier Chaldondon saluterre:
Saut Castallon assailly de trois pars,
Pres de Verbiesque conflit mortelle guerre.

Saturno en Cáncer, Júpiter con Marte,
en febrero Caldondon salva tierra:
Asalto a Castallón asediado por tres partes,
cerca de Verbiesque conflicto mortal guerra.

XLIX

Satur, au boeuf ioüe en l'eau, Mars en fleiche,
Six de Feurier mortalité donra,
Ceux de Tardaigne à Bruge si grand breche,
Qu'à Ponteroso chef Barbarin mourra.

Saturno como buey juega en el agua, Marte en picado,
seis de febrero mortalidad tendrá,
los de Cerdeña en Brujas tan grande brecha,
que en Ponteroso jefe berberisco morirá.

L

La pestilence l'entour de Capadille,
Vne autre faim pres de Sagont s'appreste:
Le chevalier bastard de bon senille,
Au grand de Thunes fera trancher la teste.

La pestilencia alrededor de Capadille,
otra hambruna cerca de Sagon se prepara:
El caballero bastardo, buen senil,
al grande de Túnez hará cortar la testa.

LI

Le Binzantin faisant oblation,
Apres auoir Cordube à soy reprinse:
Son chemin long repos pamplation,
Mer passant proy par la Golongna prinse

El bizantino haciendo oblación,
tras haber Córdoba retomado:
Su camino largo reposo bien ganado,
mar pasando proa por la colonia tomada.

LII

Le Roy de Bloys dans Auignon regner.
D'Amboise & semer viendra le long de Lyndre:
Ongle à Poytiers sainctes aisles ruiner,
Deuant Boni [...]

El rey de Blois en Aviñón reinar,
de Amboise y semilla vendrá junto al Lindre:
Uña en Poitiers santas alas arruinar,
Frente Boni... *[verso incompleto en la versión original]*

LIII

Dedans Bolongne voudra lauer ses fautes,
Il ne pourra au temple du soleil:
Il volera faisant choses si hautes,
En hierarchie n'en fut oncq vn pareil.

En Bolonia querrá lavar sus faltas,
no podrá hacerlo en el templo del sol,
volará haciendo cosas tan altas,
que en jerarquía no hubo nadie parecido.

LIV

Soubs la couleur du traicté mariage,
Fait par magnanime par grand Chyren Selin:
Quintin, Arras recouurez au voyage,
D'espagnols fait second banc maclin.

Bajo el color de la unión marital,
hecho magnánimo por gran Cyrén Selín:
Quintín, Arrás recuperados en el viaje,
de españoles hecho segundo tajo.

LV

Entre deux fleuues se verra enserré,
Tonneaux & caques vnis à passer outre,
Huict ponts rompus chef à tant enferré,
Enfans parfaicts sont iugulez en coultre.

Entre dos ríos se verá encerrado,
toneles y barricas unidos para ir al otro lado,
ocho puentes rotos jefe mientras encerrado,
niños perfectos degollados con cuchillo.

LVI

La bande foible la terre occupera,
Ceux du haut lieu feront horribles cris:
Le gros trouppeau d'estre coin troublera,
Tombe pres D. nebro descouuers les escris.

La banda débil la tierra ocupará,
los de arriba darán gritos horribles:
El gran tropel de seres en un rincón se turbará,
tumba cerca D. nebro descubiertos los escritos.

LVII

De soldat simple paruiendra en empire,
De robbe coture paruiendra à la longue:
Vaillant aux armes en Eglise ou plus pyre,
Vexer les prestres comme l'eau fait l'esponge.

De soldado simple llegará al imperio,
de ropa corta llegará a la larga:
Valiente en armas en la iglesia donde sea peor,
vejar al clero como al agua hace con la esponja.

LVIII

Regne en querelle aux freres diuisé,
Prendre les armes & le nom Britannique:
Tiltre Anglican sera tard aduisé,
Surprins de nuict mener à l'air Gallique.

Reino en querella entre hermanos dividido,
tomar las armas y el nombre británico,
título anglicano será tarde aconsejado,
sorprendido de noche guiar el aire gálico.

LIX

Par deux foix haut par deux foix mis à bas,
L'orient aussi l'occident foyblira:
Son aduersaire apres plusieurs combats,
Par mer chasse au besoing faillira.

Por dos veces elevado, por dos veces descendido,
el Oriente también el Occidente debilitará:
su adversario tras varios combates,
por mar perseguido a la necesidad sucumbirá.

LX

Premier en Gaule, premier en Romaine,
Par mer & terre aux Anglois & Paris,
Merueilleux faits par celle grand mesme,
Violant terax perdra le Norlaris.

Primero en Galia, primero en Rumania,
por mar y tierra a los ingleses y París:
Maravillosos hechos por esa gran estirpe,
violando monstruos perderá el Norlaris.

LXI

Iamais par le descouurement du iour,
Ne paruiendra au signe sceptifere:
Que tous ses sieges ne soyent en seiour,
Portant au coq don du Tag armifere.

Jamás por el descubrimiento del día,
no llegará al signo del cetro:
Que todos sus sitios no lo sean en reposo,
llevando al gallo presente del Tao con armas.

LXII

Lors qu'on verra expiler le sainct temple,
Plus grand du rosne leurs sacrez prophaner,
Par eux naistra pestilence si ample,
Roy fuit iniuste ne fera condamner.

Cuando se vea expoliar el santo templo,
el más grande del Ródano sus sagrados profanar,
entre ellos nacerá tan grande pestilencia,
rey huido injusto no hará condenar.

LXIII

Quand l'adultere blessé sans coup aura,
Meurdry la femme & les fils par despit,
Femme assommee l'enfant estranglera:
Huict captifs prins, s'estouffer sans respit.

Cuando el adúltero herido sin golpe haya
magullado a la mujer y al hijo por despecho,
hembra desmayada, al niño estrangulará:
Ocho cautivos presos, degollar sin parar.

LXIV

Dedans les Isles les enfans transportez,
Les deux de sept seront en desespoir:
Ceux du terroüer en seront supportez,
Nom pelle prins des ligues fuy l'espoir.

En las islas los niños transportados,
los dos de siete estarán desesperados:
Los del campo serán apoyados,
nombre, piel sujeta por ataduras desaparecida la esperanza.

INTERPRETACIÓN

Aquí Nostradamus empieza relatando la separación de niños y niñas de sus familias el mes de agosto del año 1939, hacia zonas seguras para salvarse de los bombardeos a causa de la guerra. Muchos de ellos ya no volvieron a ver a sus padres con vida.

La cuarteta sigue aludiendo a la huida de las ciudades a zonas menos peligrosas y acaba haciendo referencia a las alianzas entre Francia, Inglaterra y Polonia, que recibieron un gran revés al invadir los alemanes a los galos en el año 1940.

LXV

Le vieux frustré du principal espoir
Il paruiendra au chef de son empire:
Vingt mois tiendra le regne à grand pouuoir,
Tiran, cruel en delaissant vn pire.

El viejo frustado de principal esperanza
llegará a jefe de su imperio:
Veinte meses soportará el reino gran poder,
tirano, cruel, dejando a uno peor.

LXVI

Quand l'escriture D.M. trouuee,
Et caue antique à lampe descouuerte,
Loy, Roy, & Prince Vlpian esprouuee,
Pauillon Royne & Duc sous la couuerte.

Cuando la escritura D.M. encontrada,
y cueva antigua con lámpara descubierta,
ley, rey y príncipe Ulpiano probados,
pabellón reino y duque bajo la cubierta.

LXVII

Par, Car, Nersaf, à ruine grand discorde,
Ne l'vn ne l'autre n'aura election,
Nersaf du peuple aura amour & concorde,
Ferrare, Collonne grande protection.

Par, Car, Nersaf, ruina gran discordia,
ni uno ni otro tendrán elección,
Nersaf del pueblo tendrá amor y concordia,
Ferrara, Colonia gran protección.

LXVIII

Vieux Cardinal par le ieusne deceu,
Hors de sa charge se verra desarmé:
Arles ne monstres double soit apperceu,
Et liqueduct & le Prince embausmé.

Viejo cardenal por el joven engañado,
fuera de su cargo se verá desarmado:
Arlés no monstruos, doble será percibido,
y licueducto y el príncipe embalsamado.

INTERPRETACIÓN

Hacia el final de su vida el cardenal Richelieu nombró a Enrique Coiffier de Ruzé, marqués de Cinq-Mars, asistente personal del rey Luis XIII de Francia. Tenía 17 años y a los 21 aspiraba a subir aún más en el escalafón del poder, pero la respuesta del cardenal no fue tan esperanzadora como creía y fue captado por el hermano del rey, Gastón de Orleans, quien deseaba conspirar contra Richelieu. De hecho pretendía que el joven le matara a cambio de una plaza en el nuevo gobierno.

El marqués de Cinq-Mars estaba en una audiencia con el rey cuando le pasaron una nota en la que le comunicaban que el plan había sido descubierto. Sin pensarlo dos veces, el conspirador salió de palacio dirigiéndose a la casa de dos chicas que conocía quienes le permitieron quedarse. El padre de ellas regresó al hogar antes de lo previsto y reconociendo al visitante le denunció a la guardia y fue arrestado.

En Arlés, en junio de 1642, el tratado secreto de Gastón de Orleans, el duque de Bouillon y el marqués de Cinq-Mars fue descubierto en una inspección casual al despacho del embajador de España.

Richelieu, que se encontraba de viaje a Perpiñán, recibió una copia de todo lo que se encontró y decidió volver a París mientras pensaba la forma de exponérselo al monarca. No era consciente de que su vida estaba llegando al fin debido a una grave enfermedad. Vivió el tiempo suficiente para ver a Cinq-Mars ejecutado, el día 12 de septiembre de 1649. Él falleció el 4 de diciembre siguiente.

LXIX

Aupres du ieune le vieux ange baisser,
Et le viendra surmonter à la fin:
Dix ans esgaux aux plus vieux rabaisser,
De trois deux l'vn huictiesme seraphin.

Cerca del joven el viejo ángel bajará,
viniendo a coronarle al fin:
Seis años iguales al más viejo rebajar,
de tres dos uno octavo serafín.

LXX

Il entrera vilain meschant, infame
Tyrannisant la Mesopotamie
Tous amis fait d'adulterine dame,
Terre horrible noir de phisonomie.

Entrará villano, amenazador infame,
tiranizando la Mesopotamia,
todos amigos de adúltera dama,
tierra horrible negro de fisonomía.

LXXI

Croistra le nombres si grand des astronomes
Chassez, bannis & liures censurez,
L'An mil six cens & sept par sacrees glomes,
Que nul aux sacres ne seront asseurez.

Crecerá tanto el número de astrónomos
perseguidos, prohibidos y libros censurados,
el año mil seiscientos siete por sagrada bula,
que nadie en lo sagrado estará seguro.

INTERPRETACIÓN

Esta cuarteta hace referencia a los conflictos existentes entre la astronomía y la religión. Aunque ha habido muchos momentos al largo de la historia que ambas ideologías han estado en franca oposición, la fecha que se menciona en la tercera línea parece indicar específicamente el inicio de las nuevas ideas que se gestaban en la mente de un matemático.

El día 7 de enero de 1610 se produjo un hecho que había de cambiar al mundo. Galileo Galilei enfocó su telescopio hacia las estrellas e hizo un descubrimiento inesperado, un hallazgo que transgredía cualquiera de las creencias existentes hasta el momento, incluso las bíblicas. Se hizo un firme defensor de la teoría heliocéntrica de Copérnico, en ese momento considerada herética, y ello le causó graves problemas con la Inquisición. En el año 1616 tuvo que prometer que abandonaría la tesis copernicana.

LXXII

Champ Perusin ô l'enorme deffaite,
Et le conflict tout aupres de Rauenne,
Passage sacre lors qu'on fera la feste.
Vainqueur vaincu cheual manger la venne.

Cam Perusino, ¡oh, enorme derrota!
Y el conflicto muy cercano a Rávena,
paso sagrado cuando sea fiesta.
Vencedor vencido caballo comer avena.

LXXIII

Soldat Barbare le grand Roy frapper,
Iniustement non esloigné de mort
L'auare mere du fait cause sera,
Coniurateur & regne en grand remort.

Soldado bárbaro el gran rey golpeará,
injustamente no lejos de la muerte,
la avara madre del hecho causa será,
conjurado y reino en gran remordimiento.

LXXIV

En terre neufue bien auant Roy entré,
Pendant subiets luy viendront faire acueil:
Sa perfidie aura tel rencontré,
Qu'aux citadins lieu de feste & recueil.

En tierra nueva bien antes que haya entrado el rey,
mientras súbditos le vengan a dar la bienvenida,
su perfidia habrá tanto encontrado
que a los ciudadanos lugar de fiesta y recepción.

LXXV

Le pere & fils seront meurdris ensemble,
Le prefecteur dedans son pauillon:
La mere à Tours du fils ventre aura enfle,
Caiche verdure de fueilles papillon.

El padre y el hijo serán asesinados juntos,
el perseguidor en su pabellón:
La madre de Tours del hijo vientre tendrá preñado,
esconderá verdor de hojas mariposa.

LXXVI

Plus Macelin que Roy en Angleterre,
Lieu obscur n'ay par force aura l'empire:
Lasche sans foy sans loy saignera terre,
Son temps s'approche si pres que ie souspire.

Más carnicero que rey en Inglaterra,
lugar oscuro nacido por fuerza tendrá el imperio:
Cobarde sin fe sin ley sangrará la tierra,
su tiempo se aproxima tanto que yo suspiro.

LXXVII

L'antechrist trois bien tost annichilez,
Vingt & sept ans sang durera sa guerre:
Les heretiques morts, captifs exilez,
Sang corps humain eau rogie gresler terre.

El anticristo muy pronto aniquilado,
veintisiete años sangre durará la guerra:
Los herejes muertos, cautivos exiliados,
sangre, cuerpos humanos, agua enrojecida, granizada la tierra.

LXXVIII

Un bragamas auec la langue torte
Viendra des dieux le sanctuaire,
Aux heretiques il ouurira la porte,
En suscitant l'Eglise militaire.

Un Braganas con la lengua torcida
vendrá de los dioses el santuario,
a los herejes abrirá la puerta,
suscitando la iglesia militar.

LXXIX

Qui par fer pere perdra n'ay de Nonnaire,
De Gorgon sur la sera sang perfetant:
En terre estrange fera si tout de taire,
Qui bruslera luy mesme & son entant.

Quien por hierro padre perderá nacido de nonagenario,
de Gorgón estará la sangre derramada:
En tierra extranjera hará todo callarse,
que quemará a sí mismo y a su hijo.

LXXX

Des innocens le sang de vefue & vierge,
Tant de maux faits par moyen se grand Roge:
Sains simulachres trempez en ardant cierge,
De frayeur crainte ne verra nul que boge.

De los inocentes la sangre de viuda y virgen,
tantos malos actos por medio de su gran Rojo:
Santos simulacros templados en ardiente cirio,
de horror pánico no se verá a nadie que se mueva.

LXXXI

Le neuf empire en desolation
Sera changé du pole aquilonaire,
De la Sicile viendra l'esmotion,
Troubler l'emprise à Phillip. tributaire.

El nuevo imperio en desolación
será cambiado del polo aquilonario,
de Sicilia vendrá la emoción,
a turbar la empresa a Felipe, tributario.

LXXXII

Ronge long sec faisant du bon valet,
A la parfin n'aura que son congie:
Poignant poyson, & lettres au collet,
Sera saisi eschappe en dangie.

Muerde largo, seco, haciendo de buen criado,
al final no tendrá más que su cese,
ácido veneno, y cartas al cuello,
será cogido escapando en peligro.

LXXXIII

Le plus grand voile hors du port de Zara,
Pres de Bisance fera son entreprise:
D'ennemy perte & l'amy ne sera,
Le tiers à deux fera grand pille & prinse.

La mayor vela fuera del puerto de Zara,
próxima a Bizancio realizará su empresa:
Del enemigo pérdida y el amigo no estará,
el tercero de dos hará gran saco y toma.

LXXXIV

Paterne orra de la Sicile crie,
Tous les aprests du goulphre de Trieste,
Qui s'entendra iusque à la Trinacrie,
De tant, de voiles fuy, fuy l'horrible peste.

Paternal oirá de Sicilia sus gritos,
todos los aprestos del abismo de Trieste,
que se escucharán hasta en Trinacria,
de tantas velas huir, huir a la horrible peste.

LXXXV

Entre Bayonne & Saint Iean de Lux
Sera posé de Mars la promotoire,
Aux Hanix d'Aquilon Nanat hostera lux,
Puis suffoqué au lict sans adiutoire.

Entre Bayona y San Juan de Luz
será puesto de Marte el promontorio,
a los de Hanix de Aquilón Nanar quitará luz,
después sofocado en la cama sin auditorio.

LXXXVI

Par Arnani tholoser isle franque,
Bande infinie par le mont Adrian:,
Passe riuiere, Hutin par pont la planque,
Bayonne entrer tous Bichoro criant.

Por Hernani, Tolosa, Villafranca,
banda infinita, por el monte Adrián,
cruza río, Hutin puente el escondrijo,
Bayona entre todos Bichoro gritando.

LXXXVII

Mort conspiree viendra en plain effect,
Charge donnee & voyage de mort:
Esleu, cree receu par siens deffait.
Sang d'innocent deuant soy par remort.

Muerte conspirada en pleno efecto,
cargo dado y viaje de muerte,
elegida, creada, recibida por los suyos extenuada.
Sangre de inocencia ante la fe por remordimiento.

LXXXVIII

Dans la Sardeigne vn noble Roy viendra,
Qui ne tiendra que trois ans le royaume,
Plusieurs couleurs auec soy conioindra,
Luy mesme apres soin sommeil marrit scome.

A Cerdeña un noble rey vendrá,
que no tendrá más que tres años el reino,
varios colores con él aliará,
el mismo después cuidado habiendo unido al enemigo.

LXXXIX

Pour ne tomber entre mains de son oncle,
Qui ses enfants par regner trucidez,
Orant au peuple mettant pied sur Peloncle
Mort & traisné entre cheuaux bardez.

Para no caer en manos de su tío,
que a sus hijos para reinar asesinó,
orando al pueblo, poniendo al pie sobre Pelúnculo
muerto y arrastrado entre caballos bardados.

XC

Quâd des croisez vn trouué de sens trouble,
En lieu du sacre verra vn boeuf cornu:
Par vierge porc son lieu lors sera comble,
Par Roy plus ordre ne sera soustenu.

Cuando uno de los cruzados encontrado con sentido turbado,
en lugar sagrado verá un buey cornudo,
por virgen puerco su sitio entonces quedará colmado,
por rey ningún orden se mantendrá.

XCI

Parmy les champs des Rodanes entrees,
Où les croysez seront presques unys,
Les deux brassieres en pises rencontres
Et vn grand nombre par deluge punis.

Agitados los campos de las entradas del Ródano,
donde los cruzados estarán casi unidos,
los dos tirantes de arcilla encontrados
y un gran número por diluvio castigados.

XCII

Loing hors du regne mis en hazard voyage
Grand ost duyra pour soy l'occupera,
Le Roy tiendra les siens captif ostage
A son retour tout pays pillera.

Lejos fuera del reino en un azaroso viaje,
gran hueste conducida por él lo ocupará,
el rey tendrá a los suyos como cautivos rehenes
y a su regreso todo el país saqueará.

XCIII

Sept moys sans plus obtiendra prelature,
Par son decez grand scisme fera naistre:
Sept moys tiendra vn autre la preture
Pres de Venise paix, vnion renaistre.

Siete meses nada más obtendrá la prelatura,
por su muerte gran cisma aparecerá:
Siete meses durará de otro la prefectura,
cerca de Venecia paz unión renacida.

XCIV

Deuant le lac ou plus cher fut getté
De sept mois, & son ost desconfit,
Seront Hispans par Albanois gastez,
Par delay perte en donnant le conflict.

Ante el lago donde el más querido fue arrojado
de siete meses, y su huésped derrotado,
serán hispanos por albaneses derrotados,
por delación parte dará el conflicto.

XCV

Le seducteur sera mis en la fosse,
Et estaché iusques à quelque temps,
Le clerc vny le chef auec sa crosse:
Pycante droite attraira les contens.

El seductor será arrojado a la fosa,
y encerrado hasta un día,
el clero unido el jefe con su báculo.
Picante diestra acogerá a los contentos.

XCVI

La synagogue sterile sans nul fruit
Sera receue entre les infideles,
De Babylon la fille du porsuit:
Misere & triste luy trenchera les aisles.

La sinagoga estéril sin ningún fruto
será recibida, entre los infieles
de Babilonia la hija del perseguido,
miseria y tristeza le cortarán las alas.

XCVII

Aux fins de Var changer les Pompotans,
Pres du riuage les trois beaux enfans naistre,
Ruyne au peuple par aage competans,
Regne au pays changer plus voir croistre.

En los confines del Var cambiar el Pompotans,
cerca de la orilla los tres hermosos niños nacidos,
ruina al pueblo por edad competente.
Reino en el país cambiado luego verlo crecer.

INTERPRETACIÓN

Nota: *Var* es el anagrama de Victoria Alejandrina Regina.

El mandato de la reina Victoria empezó el 20 de junio de 1837 y terminó con su muerte el 22 de enero de 1901. Durante esta época Gran Bretaña vio muchos más cambios que en períodos anteriores. Muy importante fue el económico-social. La

corona perdió su poder ejecutivo y se transformó en un símbolo nacional muy potente puesto que encarnaba la constancia y la estabilidad en momentos turbulentos.

Pompotans («pomp+potens»), es decir, la ostentación y el poder representan aquí a Inglaterra durante el reinado de Victoria. El imperio británico fue muy poderoso por todo el mundo.

El castillo de Windsor, residencia de la familia real británica, acogió a los nueve hijos de la reina y es precisamente a sus tres varones que hace referencia la segunda línea de la cuarteta.

En la siguiente, el profeta se refiere a los graves problemas que se vivieron a causa de las hambrunas a partir de 1837. Hubo gran necesidad de obtener dinero para subsistir y mujeres y niños fueron explotados. Muchas familias decidieron probar suerte y buscar una vida mejor en Australia, Nueva Zelanda o incluso en Estados Unidos.

La última línea se vio cumplida en más de una ocasión durante este período victoriano. Por ejemplo, los transportes terrestres vieron grandes progresos (por ejemplo el ferrocarril) y ello hizo prosperar al país.

XCVIII

De gens d'Eglise sang sera espanché,
Comme de l'eau en si grand abondance:
Et d'vn long temps ne sera restranché,
Ve ve au clerc ruyne & doleance.

Gentes de Iglesia su sangre se derramará,
como agua en tal abundancia:
Y por largo tiempo no será restañada,
verán en el clero ruina y dolor.

XCIX

Par la puissance des trois Rois temporels,
En autre lieu sera mis le sainct Siege:
Où la substance de l'esprit corporel,
Sera remis & receu pour vray siege.

Por el poder de los reyes temporales,
en otro lugar será puesta la Santa Sede:
Donde la sustancia del espíritu corporal,
será repuesta y recibida por verdadera sede.

C

Pour l'abondance de larme respandue,
Du haut en bas par le bas au plus haut:
Trop grande foy par ieu vie perdue,
De soif mourir par abondant defaut.

Por la abundancia del arma repartida
de arriba abajo por el bajo al más alto:
Muy grande fe por juego vida perdida,
de sed morir por abundante deficiencia.

I

Dans la maison du traducteur de Bourç
Seront les lettres trouuees sur la table,
Borgne, roux, blanç chanu tiendra de cours,
Qui changera au noueau Connestable.

En la casa del traductor de Bourc,
se encontrarán las cartas sobre la mesa,
tuerto, pelirrojo, blanco, canoso contendrá el curso,
que cambiará al nuevo condestable.

II

Du haut du mont Auentin voix ouye,
Vuydez vuydez de tous les deux costez:
Du sang des rouges sera l'ire assomye,
D'Arimin Prato, Columna debotez.

Desde lo alto del monte Aventino voz oída,
¡marchad!, ¡largaos de todos los dos lados!
De la sangre de los rojos será la ira plena,
de Rimin Prato, columna minada.

III

La magna vaqua à Rauenne grand trouble,
Conduicts par quinze enserrez à Fornase:
A Rome naistra deux monstres à testes double
Sang, feu, deluge, les plus grands à l'espase.

La magna vaca en Rávena gran turbación,
conducidos por quince encerrados en Fornase:
En Roma nacerán dos monstruos de cabeza doble,
sangre, fuego, diluvio, los más grandes del espacio.

IV

L'an ensuyuant découuerts par deluge,
Deux chefs esleuz, le premier ne tiendra
De fuyr ombre à l'vn d'eux le refuge,
Saccagee case qui premier maintiendra.

El año siguiente descubiertos por el diluvio,
dos jefes electos, el primero no resistirá
de huir sombra a uno de ellos el refugio,
saquear covacha quien el primero se mantendrá.

V

Tiers doigt du pied au premier semblera
A vn nouveau monarque de bas haut,
Qui Pyse & Luques Tyran occupera
Du precedent corriger le deffaut.

Tercer dedo del pie al primero parecerá
un nuevo monarca de bajo arriba,
que Pisa y Lucca Tirano ocupará
del precedente corregir el defecto.

VI

Par la Guyenne infinité d'Anglois
Occuperont par nom d'Anglaquitaine,
Du Languedoc Ispalme Bourdeloys,
Qu'ils nommeront apres Barboxitaine.

Por la Guyena infinidad de ingleses
ocuparán en nombre de Angloaquitania,
del Languedoc Ispalme bordeleses,
que nombrarán después Barboxitania.

VII

Qui ouurira le monument trouué,
Et ne viendra le serrer promptement,
Mal luy viendra, & ne pourra prouué
Si mieux doit estre Roy Breton ou Normand.

Quien primero profane el sepulcro,
sin que al punto no lo ocluya,
mal le llegará y no podrá probar
si mejor debe ser rey bretón o normando.

VIII

Puisnay Roy fait son pere mettre à mort,
Apres conflict de mort tres inhonneste:
Escrit trouué, soupçon donna remort,
Quand loup chassé pose sur la couchette.

Después nacido rey hace a su padre llevar a muerte,
tras el conflicto de muerte muy deshonesta:
Escrito hallado, sospecha dará remordimiento,
cuando el lobo cazado se eche sobre la tierra.

IX

Quand lampe ardente de feu inextinguible
Sera trouué au temple des Vestales.
Enfant trouué feu, eau passant par crible:
Perir eau Nymes, Tholose cheoir les halles.

Cuando lámpara ardiente de fuego inextinguible
sea hallada en el templo de las vestales,
niño hallado fuego, agua pasando por criba:
Morir agua Nimes, Toulouse caer los mercados.

X

Moyne moynesse d'enfant mort exposé,
Mourir par ourse, & rauy par verrier,
Par Fois & Pamyes le camp sera posé
Contre Tholose Carcas dresser forrier.

Monje y abadesa de niño muerto expuesto,
morir por osa, y raptado por porquero,
por Foix y Pamies el campamento puesto
contra Toulouse Carcasona levantar defensas.

XI

Le iuste mort à tort à mort l'on viendra mettre
Publiquement du lieu esteint:
Si grande peste en ce lieu viendra naistre,
Que les iugeans fuyr seront contraints.

El justo sin justicia a muerte será llevado
públicamente y del medio aniquilado:
Tan gran peste en este lugar se producirá,
que los magistrados a huir serán obligados.

XII

Le tant d'argent de Diane & Mercure,
Les simulachres au lac seront trouuez:
Le figurier cherchant argille neuue
Lui & les siens d'or seront abbreuuez.

La tanta plata de Diana y Mercurio,
los simulacros en el lago se encontrarán:
El alfarero buscando arcilla nueva
él y los suyos de oro serán plenos.

XIII

Les exilez autour de la Soulongne
Conduits de nuict pour marcher en Lauxois,
Deux de Modenne truculent de Bolongne,
Mis decouuerts par feu de Burançois.

Los exiliados de la Solonia
conducidos de noche para ir a Lauxois,
dos de Módena crueles de Bolonia,
medio descubiertos por fuego de Burançois.

XIV

Mis en planure chauderons d'infecteurs,
Vin, miel & huyle & bastis sur fourneauxs,
Seront plongez, sans mal dit malfacteurs,
Sept fum extaint au canon des bordeaux.

Puesto en llano caldero de infectores,
vino, miel y aceite, montados sobre hornos,
serán hundidos, sin decir nada malo de los infamantes,
siete humos apagados en el cañón fronterizo.

XV

Pres de Parpan les rouges detenus,
Ceux du milieu parfondres menez loing:
Trois mis en pieces, & cinq mal soustenus,
Pour le Seigneur & Prelat de Bourgoing.

Cerca de Parpán los rojos detenidos,
los del medio fundidos y llevados lejos:
Tres puestos en piezas, y cinco mal sostenidos,
por el señor y prelado de Borgoña.

XVI

De castel Franco sortira l'assemblee,
L'ambassadeur non plaisant fera scisme:
Ceux de Ribiere seront en la meslee,
Et au grand goulfre desnie ont l'entree.

De castillo franco saldrá la asamblea,
el embajador no grato causará cisma:
Los de la ribera estarán en la pelea,
y en el gran abismo les negarán la entrada.

INTERPRETACIÓN

Un enfrentamiento entre el ejército y el gobierno de la República en España condujo a la Guerra Civil. En la primera línea el profeta alude el inicio de la guerra en Castilla a manos de Francisco Franco, el vencedor de la contienda.

El 17 de mayo de 1935, Gil Robles, líder del partido católico CEDA, nombró a Franco jefe del estado mayor. Nueve años más tarde le otorgaron el mando de las islas Canarias para apartarle del núcleo de poder. Al final, Franco se levantó en armas contra la República.

El embajador aludido en la segunda línea es el embajador ruso en España, que a su llegada impulsó el comunismo en su área de influencia. Al ver la represión comunista de este país mostró su desacuerdo marchándose a Valencia y con posterioridad participó en el complot organizado por Indalecio Prieto, político socialista, para hacer dimitir a Largo Caballero, el primer ministro.

En la tercera línea se habla de José Antonio Primo de Rivera, fundador de la Falange Española, partido de ideología católica. Aquí se hace especial referencia también a la batalla a orillas del río Manzanares que rodea Madrid por el oeste y el sur. En el año 1936, ciudadanos con rifles viejos y sin apenas munición atacaron a las fuerzas nacionales.

La última línea hace referencia al principio de la guerra, gestada en Marruecos. En concreto al momento en que los insurgentes no podían pasar a la costa española a través del estrecho de Gibraltar a causa de la falta de embarcaciones. Parte de la flota pertenecía al gobierno español.

XVII

Le tiers premier pis que ne fit Neron,
Vuidez vaillant que sang humain respandre:
Rédifier fera le forneron,
Siecle d'or mort, nouueau Roy grâd esclandre.

El tercero primero peor que lo fuera Nerón,
valiente mientras sangre humana derrame:
Reedificar hará el horno,
siglo de oro muerto, nuevo rey gran algarabía.

XVIII

Le lys Dauffois portera dans Nansi,
Iusques en Flandres electeur de l'Empire,
Neufue obturee au grand Montmorency,
Hors lieux prouuez deliure à clere peine.

El lirio del delfín llevará a Nancy,
hasta en Flandes elector del imperio,
nueva obstrucción al gran Montmorency,
fuera de su sitio pruebas entregadas con clara pena.

INTERPRETACIÓN

El rey Luis XIII de Francia nunca llegó a ejercer realmente su cargo, porque hubo siempre alguien que lo hizo por él.

El 1631, Gastón de Orleans, el hermano del rey, pasó a vivir en Nancy. Luis se preocupaba de la alianza formada entre el duque de Lorraine y Orleans debido a que Lorraine estaba aliado con Austria, un enemigo declarado de Francia. El rey envió sus tropas a Nancy bajo el estandarte «flor de lis» con la determinación de imponer su autoridad sobre lo que consideraba una situación más que peligrosa.

La paz no duró mucho tiempo. El paso siguiente de Gastón fue casarse con la princesa Margarita, la hermana del duque de Lorraine, el 3 de enero de 1632, con lo cual la alianza entre las dos familias se fortaleció. Al no existir consentimiento real a tal enlace se produjo una hostilidad entre hermanos. Ese mismo año cuando casi

había un acuerdo, el Languedoc se levantó contra él. Una vez más Orleans estaba tras la rebelión. El hermano del rey había persuadido a Enrique, el segundo duque de Montmorency y gobernador de Languedoc, que se uniera a él. El ejército de Luis marchó hacia el sur para enfrentarse a los rebeldes y en la batalla de Castelnaudray, el 1 de septiembre de 1632, Montmorency fue derrotado y hecho prisionero. Cuando Orleans supo de su revés se refugió en Flandes, donde fue recibido por la infanta de España, Clara Eugenia, la gobernadora de Holanda. De ella recibió la promesa de ayuda para seguir con los enfrentamientos contra su hermano.

Conociendo todo el apoyo, Luis necesitaba una excusa o motivo para invadir el país. Esto vino de la mano del rapto de uno de los encargados de elegir el emperador del Sacro Imperio romano. El 19 de marzo de 1636, Francia declaró la guerra contra España.

El duque de Montmorency era un personaje muy querido y durante su estancia en prisión a la espera de la ejecución, tanto Richelieu como el rey recibieron muchas peticiones de clemencia. No lograron más que una cosa, que su muerte fuera en privado para evitar rebeliones. El nombre del encargado de llevar a cabo la ejecución fue Clarepegne, dicho en castellano pena clara, tal y como se menciona en la última línea de esta cuarteta, «clara pena».

XIX

Dans le milieu de la forest Mayenne,
Sol au Lyon la fouldre tombera,
Le grand bastard yssu du grand du Maine,
Ce iour fougeres pointe en sang entrera.

En medio del bosque Mayena,
sol en Leo el rayo caerá,
el gran espurio salido del grande del Maine,
este día Fougeres punta en sangre entrará.

XX

De nuict viendra par la forest de Reines,
Deux pars vaultorte Hene la pierre blanche.
Le moyne noir en gris dedans Varennes,
Esleu cap cause tempeste, feu sang tranche.

De noche vendrá por el bosque de Reinas
dos partes torcido Herne la piedra blanca.
El monje negro en gris en Varennes,
elegido caudillo, a causa de tempestad, fuego, sangre, corte.

INTERPRETACIÓN

Una vez más, estamos frente a una predicción que concierne los hechos acontencidos tras la toma de la Bastilla, inicio de la Revolución francesa. Las tres primeras líneas tratan de la huida del rey y la reina de París y de su intento de buscar asilo en Bélgica.

Los monarcas, ayudados por amigos leales, deciden abandonar el palacio de las Tullerías. La noche del 20 de junio parten junto a sus hijos y la hermana de Luis. Tras una primera jornada sin incidencias, les reconocen y son delatados.

La última línea alude al trágico final que les llegó al ser detenidos y juzgados.

XXI

Au temple haut de Bloys sacre Salonne,
Nuict pont de Loyre Prelat, Roy pernicant:
Curseur victoire aux marests de la Sone,
D'où prelature de blancs abormeant.

En el imperio alto de Blois, sagrado Salonne,
noche puente del Loira, prelado, rey licencioso:
Ávido de victoria en las marismas del Saona,
desde donde prelatura de blancos eludiendo.

XXII

Roy & sa cour au lieu de langue halbe,
Dedans le temple vis a vis du palais:
Dans le iardin Duc de Mantor & d'Albe,
Albe & Mantor poignard langue & palais.

Rey y su corte en lugar de la lengua blanca,
dentro el templo junto al palacio:
En el jardín duque de Mantova y de Alba,
Alba y Mantova puñal lengua y palacio.

INTERPRETACIÓN

Tras el ataque a las Tullerías el mes de agosto de 1792, los monarcas fueron llevados al Templo, un edificio que había pertenecido al hermano de Luis, Carlos Felipe, el conde de Artois. Allí ya no gozaron de ningún tipo de privacidad puesto que los guardias ocupaban todas las habitaciones y con su ordinariez les llenaban de insultos y ofensas.

Durante un rato, a diario, los más pequeños de la casa disfrutaban de un descanso en el jardín y se le permitía a María Antonieta acompañar a su hijo más joven. Pero este contacto madre-hijo no duró mucho tiempo porque el 3 de julio de 1793, el duque de Normandía, de 8 años, fue entregado al cuidado de Antoine Simon. Ya nunca más vio a su madre y bajo la influencia de este tutor aprendió a jurar y a hablar mal. Esto es lo que se indica al final de esta cuarteta.

XXIII

Puisnay ioüant au fresch dessoubs la tonne,
Le haut du toict du milieu sur la teste,
Le pere Roy au temple saint Salonne,
Sacrifiant sacrera fum de feste.

El después nacido jugando al fresco bajo la cuba,
lo alto del techo en medio de su testa,
el padre rey en templo San Solonne,
sacrificando consagrará humo de fiesta.

XXIV

Sur le palais au rochier des fenestres,
Seront rauis les deux petits royaux:
Passer aurelle Luthece, Denis cloistres,
Nonnain, Mallods aualler vers noyaux.

Sobre el palacio en las rocas ventanas,
serán secuestrados los pequeños reales:
Pasar céfiro Lutecia, Denís claustros,
religiosas, malos tratos y nueces verdes.

XXV

Passant les ponts venir pres de rosiers,
Tard arriué plustost qu'il cuidera,
Viendront les noues Espagnols à Besiers,
Qu'icelle chasse emprinse cassera.

Pasando los puentes, acercarse a los rosales,
tarde llegado más que él crea,
vendrán los españoles a Beziers,
que a aquella expulsión la empresa fallará.

XXVI

Nice sortie sur nom des lettres aspres,
La grande cappe fera present non sien:
Proche de vultry aux murs de vertes capres,
Apres plombin le vent à bon essien.

Niza salida sobre el nombre de cartas ásperas,
la gran capa hará regalo no suyo:
Cerca de Voltri en muros de verdes alcaparras,
tras Plombín el viento en popa.

XXVII

De bois la garde, vent clos ronds pont sera,
Haut le receu frappera le Dauphin,
Le vieux teccon bois vnis passera,
Passant plus outre du Duc le droit confin.

De madera la guarda, calma al otro lado del puente,
alto el recibido golpeará al delfín,
el viejo tenaz bosques unidos pasará,
pasando más allá del duque el derecho confin.

XXVIII

Voile Symacle port Massiliolique,
Dans Venise port marcher aux Pannons:
Partir du goufre & sinus Illirique,
Vast à Socile, Ligurs coups de canons.

Vela, Simacle, puerto Masiólico,
en Venecia puerto ir hacia Panones:
Partir del golfo y Seno Irídico,
devastación en Sicilia, Ligures cañonazos.

XXIX

Lors que celuy qu'à nul ne donne lieu,
Abandonner voudra lieu prins non prins:
Feu neuf par saignes, bieument à Charlieu,
Seront Quintin Balez reprins.

Mientras que él a nadie da lugar,
abandonar quiera lugar tomado no tomado:
Fuego nave ensangrentada, betún en Charlieu,
serán Quintín y Balez recobrados.

XXX

Au port de Puola & de sainct Nicolas,
Perir Normande au goufre Phanatique,
Cap de Bisance rues crier helas,
Secours de Gaddes & du grand Philippique.

En el puerto de Puola y de San Nicolás.
peligro normando en el golfo Fanático,
cap de Bizancio calles gritar lamento,
socorro de Gales y del gran Filípico.

XXXI

Le tremblement de terre à Morrura,
Caffich sainct George à demy perfondrez:
Paix assoupie la guerre esueillera,
Dans temple à Pasques abysmes enfondrez.

El temblor de tierra en Mortara,
Cassich San Jorge medio derruido:
Paz, endormecida, la guerra despertará,
en templo en Pascua abismos hundidos.

XXXII

De fin porphire profond collon trouuee,
Dessouz la laze escripts capitolin:
Os poil retors Romain force prouuee,
Classe agiter au port de Methelin.

De fino porfirio profundo filón hallado,
bajo la losa escritora capitolina:
Huesos pelo retorcidos romano fuerza probada,
flota agitada en puerto de Metelín.

XXXIII

Hercules Roy de Rome & d'Annemarç,
De Gaule trois Guion surnommé:
Trembler l'Italie & l'vnde de sainct Març
Premier sur tous monarque renommé.

Hércules, rey de Roma y de Dinamarca,
de Galia guión muy cognominado:
Temblar Italia y la ola de San Marcos,
primero sobre todos monarca renombrado.

XXXIV

Le part soluz mary sera mitré,
Retour conflict passera sur le thuille:
Par cinq cens vn trahyr sera tiltré
Narbon & Saulce par couteaux auons d'huille.

El partido marido solo mitrado,
regreso conflicto pasará sobre la teja:
Por quinientos un traidor será nombrado,
Narbona y Saulce por condados tenemos fuerza.

INTERPRETACIÓN

En otoño de 1789 los reyes de Francia disfrutaban de una vida regalada en Versalles. El 5 de octubre la calma se rompió y 5.000 personas partieron de París para pedirle pan al rey. Apostados en las afueras de palacio vieron aparecer a los monarcas. Tras un silencio empezaron a gritar «la reina sola» y María Antonieta hizo partir a su marido (primera línea).

Consecuencia directa de la invasión es que los monarcas regresaron a París con todos y se fueron a las Tullerías, donde resistieron. En junio de 1791 intentaron escapar pero fueron capturados en Varennes y se les hizo volver. Dos meses más tarde salieron 500 personas desde Marsella llegando a París el último sábado del mes de julio de 1792. La familia real ya no sabía qué hacer puesto que el peligro era enorme. Fueron acusados y juzgados por traición.

En la última línea el profeta menciona a Luis, conde de Narbonne-Lara (ministro de la Guerra de Luis XVI), quien deseaba salvar a la monarquía entrando en guerra con Alemania pero no lo logró, y a Jean Baptiste Sauce, procurador de Varenne, lugar donde se arrestó a los monarcas, que fue quien entregó a los oficiales de arresto que llegaron a París. Ambos están implicados en el final del Rey.

XXXV

Et Ferdinand blonde sera deserte,
Quitter la fleur, suiure le Macedon,
Au grand besoin de faillira sa routte,
Et marchera contre le Myrmidon.

Ferdinanda rubia será escoltada,
dejar la flor, seguir al Macedonio,
con gran necesidad desfallecerá en su ruta,
y marchará contra el Mirmidón.

XXXVI

Un grâd Roy prins entre les mains d'vn Ioyne,
Non loin de Pasque confusion coup cultre:
Perpet, captifs foudre en la husne,
Lors que trois freres se blesseront & murtre.

Un gran rey capturado entre las manos de un Ioyne,
no lejos de Pascua confusión golpe cuchillada:
Perpetuo cautivo tiempo que rayo en el odio,
mientras tres hermanos se hieren y matan.

INTERPRETACIÓN

Aquí se narran los hechos acontecidos el cuarto domingo de Pascua, 14 de mayo de 1610. Enrique IV de Francia estaba viajando en coche por París, acompañado por algunos nobles. De pronto el coche se detuvo y se subió un hombre que a través de la ventana le clavó al monarca un cuchillo en el pecho.

Tras el asesinato, los testigos casi no eran conscientes de lo sucedido porque estaban sobrecogidos por la rapidez del suceso. Incluso el asesino, François Ravaillac, se quedó unos momentos sin reaccionar, lo que dio ocasión a que se le detuviera.

Los tres hermanos mencionados en la línea final son Richelieu, su hermano Enrique y su cuñado Pontcoulay. El 7 de abril de 1618 fueron exiliados a la ciudad papal de Aviñón. Luego Richelieu usó su influencia en un acto de nepotismo para conseguir que su hermano Enrique fuera nombrado gobernador del castillo en Angers. Fue una sentencia de muerte. El anterior gobernador, el marqués de Thémines, resentido por perder su trabajo, se enfrentó a Enrique y tras una lucha el hermano de Richelieu murió.

XXXVII

Pont & moulins en Decembre versez,
En si haut lieu montera la Garonne:
Meurs, edifices, Tolose renuersez,
Qu'on ne sçaura son lieu autant matronne.

Puente y molinos en diciembre caídos,
en tal elevado lugar subirá el Garona:
Muros, edificio, Toulouse revolcados.
que no se sabrá su lugar otro tanto la matrona.

XXXVIII

L'entree de Blaye par Rochelle & l'Anglois,
Passera outre le grand Aemathien:
Non loin d'Agen attendra le Gaulois,
Secours Narbonne deceu par entretien.

La entrada de Blaye por La Rochelle y el inglés,
pasará más allá el gran Emaciano:
No lejos de Aquisgrán esperará el galo,
ayuda Narbona engañada por diálogo.

XXXIX

En Arbissel à Veront & Carcari,
De nuict conduits par Sauonne attraper,
Le vifs Gascon Turby, & la Scerry,
Derrier mur vieux & neuf palais gripper.

En Arbissel a Verona y Carcari,
de noche conducidos por Savona, atrapad,
el vivo gascón Tunby y la Scerry,
tras muro viejo y nuevo palacio atacad.

XL

Pres de Quintin dons la forest bourlis,
Dans l'Abaye seront Flamens ranchés:
Les deux puisnais de coups my estourdis,
Suitte oppressee & garde tous achés.

Cerca de Quitín en el bosque enmarañado,
en la abadía estarán flamencos atrincherados:
Los dos menores de golpes medios aturdidos,
súbitamente hechos presos y guardias todos lacerados.

XLI

Le grand Chyren soy saisir d'Auignon,
De Rome lettres en miel plein d'amertu,
Lettre ambassade partir de Chanignon,
Carpentras pris par duc noir rouge plum

El gran Chirén se hará con Aviñón,
de Roma cartas de miel llenas de amargura,
carta embajada parte de Chanignon,
Carpentras tomada por duque negro roja y pluma.

XLII

De Barcellonne, de Gennes & Venise
De la Secille peste Monet vnis:
Contre Barbare classe prendront la vise,
Barbar poussé bien loing iusqu'à Thunis.

De Barcelona, de Génova y Venecia,
de Sicilia peste Monet unidos:
Contra bárbara flota tomando el rumbo,
bárbaro repelido muy lejos hasta Túnez.

XLIII

Proche à descendre l'armee Crucigere,
Sera guettee par les Ismaëlites,
De tous costez batus par nef Rauiere,
Prompt assaillis de dix galeres eslites.

Próximo a bajar el ejército crucífero,
será avistado por los ismailitas,
de todos los lados batidos por nave Raviera,
pronto asaltado por diez galeras selectas.

XLIV

Migrés, migrés de Geneue trestous,
Saturne d'or en fer se changera,
Le contre Faypoz exterminera tous,
Auant l'aduent le ciel signes fera.

Emigrados, emigrados de Ginebra todos,
Saturno de oro en hierro cambiará,
contra Raypoz, exterminará a todos,
antes del evento el cielo signos dará.

XLV

Ne sera soul iamais de demander,
Grand Mendosus obtiendra son empire,
Loing de la cour fera contremander,
Pymond, Picard, Paris Tyrron le pire.

No se cansará nunca de pedir,
gran Mendosus obtendrá su imperio,
lejos de la corte hará contramandar,
Piamonte, Picardía, París, Tyron el peor.

INTERPRETACIÓN

El duque de Vendôme obtuvo la soberanía tras la muerte de Enrique III el 1589. Al principio se opusieron a él y no le aceptaron hasta 1594. Enrique IV fue uno de los monarcas más grandes de Francia ya que consiguió grandes cosas para su país. Durante las guerras de religión en Francia (1588), el duque de Saboya, Carlos Manuel I, invadió la fortaleza francesa en Italia. En el año 1600, Enrique invadió Saboya y obligó al duque a que le devolviera dicha fortaleza. En enero de 1595 Enrique declaró la guerra a España. Yendo hacia el sur desde Holanda, las fuerzas españolas ocuparon Doullens y Cambrai (en Picardía). Diez meses después, Enrique se recuperó de la derrota y retomó Amiens y obligó a España a negociar. La paz se restableció el 1598 con el tratado de Veruins.

XLVI

Vuydez fuyez de Tolose les ronges,
Du sacrifice faire piation,
Le chef du mal dessous l'ombre des courges,
Mort estrangler carne omination.

Desalojad, huid de Toulouse los rojos,
del sacrificio hacer penitencia,
el jefe del mal bajo la sombra de las calabeceras,
muerto estrangular carnal profecía.

XLVII

Les soubz signez d'indigne deliurance,
Et de la multe auront contre aduis:
Change monarque mis en perille pence,
Serrez en cage le verront vis à vis.

Los infrascritos de indigno rescate,
y de la multa tendrán contraaviso:
Cambio monarca puesto en tal peligro,
encerrado en aula se verán cara a cara.

XLVIII

La grand cité d'Occean maritime,
Enuironnee de marets en cristal:
Dans le solstice hyemal & la prime,
Sera tentee de vent espouuantal.

La gran ciudad de océano marítimo,
rodeada de balsas de cristal:
En el solsticio invernal y la primavera,
será tentada por viento espantoso.

XLIX

Gand & Bruceles marcheront contre Anuers,
Senat de Londres mettront à mort leur Roy:
Le sel & vin luy seront à l'enuers,
Pour eux auoir le regne en desarroy.

Gante y Bruselas marcharán contra Amberes,
Senado de Londres condenará a muerte a su rey:
La sal y vino estarán en su contra,
para ellos tener el reino desordenado.

Interpretación

El 6 de diciembre de 1648, el coronel Thomas Pride, al mando de las fuerzas armadas, impidió a los miembros del Parlamento recién elegidos tomar posesión de su asiento en la Casa de los Comunes. Sólo un selecto número de 60 radicales independientes fueron autorizados a entrar. El Senado contenía una minoría revolucio-

naria que pidió la ejecución de Carlos I por alta traición. Cromwell accedió a las demandas y se arregló rápidamente el juicio. Tuvo lugar en Westminster Hall entre el 20 y el 27 de enero y tras ser declarado culpable el 30 de enero de 1649 fue decapitado fuera de ese mismo local.

El Tratado de Münster fue firmado el 30 de enero de 1648, un año antes de la ejecución de Carlos I. Su presencia en esta cuarteta profética es para dar una fecha a lo que luego aconteció. El tratado separó los intereses de España en los Países Bajos. Como consecuencia, una barrera política se impuso entre Amberes, y Gante y Bruselas. Ambas ciudades usaban Amberes a modo de puerto para el tráfico comercial en el mundo. Luego tuvieron que buscar otras salidas a sus bienes y el puerto empezó a declinar.

La sal y el vino de la tercera línea son metáforas bíblicas. La sal es la elite moral y el vino describe las nuevas ideas, demasiado poderosas para ser contenidas en las viejas estructuras. El rey Carlos I se encontraba en el lado equivocado de ambos y eso le condujo al juicio que acabó con su muerte.

El período de gobierno de Cromwell, y la influencia de sus ideas duró hasta el 1660. Durante esta época los nuevos principios políticos introducidos condujeron a divisiones internas.

L

Mandosus tost viendra à son haut regne,
Mettant arriere vn peu les Norlaris:
Le rouge blesme, le masle a l'interregne,
Le ieune crainte & frayeur Barbaris.

Mendosus pronto llegará a su elevado reino,
rechazando un tanto a los Norlaris:
El rojo palidece, el macho en el interregno,
el joven temor y espanto en Barbaris.

Interpretación

Mendosus es aquí Mendoza, un emisario enviado a Francia desde España. Debía hacer saber la petición de Felipe II al trono de Francia en nombre de la princesa española, sobrina de Enrique III, Isabel Clara Eugenia. También España quería darse a conocer como protectora de la religión católica. Pero Enrique de Navarra fue aceptado como el heredero de la Corona. Los que le rechazaron lo hicieron en base a que era hugonote y como tal ni el Papa ni los integrantes de la Liga Católica le veían con buenos ojos. Al final superó el problema convirtiéndose al catolicismo, y pronunció la conocida frase «París bien vale una misa».

LI

Contre les rouges sectes se banderont,
Feu, eau, fer, corde par paix se minera:
An point mourir ceux qui machineront,
Fors vn que monde sur tout ruinera.

Contra las rojas sectas se aliarán,
fuego, agua, hierro, cuerda por paz se agotará:
Al punto morir los que maquinen
menos uno que mundo totalmente arruinará.

INTERPRETACIÓN

El 10 de junio de 1794, el ciudadano Robespierre forzó a la Convención a adoptar la ley que permitía agilizar los trámites de juicio y ejecución para aquellos acusados de ser enemigos del pueblo. A quien se delatara por conspiración se le negaría todo derecho de defensa y es más, esta disposición sería directamente aplicada, sin distinciones de ninguna clase, a cualquier ciudadano, incluso aquellos que tuvieran el cargo de diputados.

En la última línea, Nostradamus nos dice que un conspirador no morirá en el lugar que en teoría le es destinado, sino que vivirá y podrá así llevar la ruina al cielo. Está hablando de Napoleón Bonaparte, quien, implicado en una conspiración para acabar con Robespierre, fue detenido y llevado a prisión, pero en lugar de ser guillotinado, se consideró que no había pruebas suficientes para que fuera ejecutado y antes de que le trasladaran a París fue liberado.

LII

La paix s'approche d'vn costé, & la guerre,
Oncques ne fut la poursuitte si grande:
Plaindre hôme, femme sang innocent par terre,
Et ce sera de France a toute bande.

La paz se acerca por un lado, y la guerra
nunca fue su búsqueda tan grande:
Lamentará hombre, mujer, sangre inocente por tierra,
y esto será de Francia por doquier.

LIII

Le Neron ieune dans le trois cheminees,
Fera de paiges vifs pour ardoir ietter:
Heureux qui loing sera de tels menees,
Trois de son sang le feront mort guetter.

El Nerón joven en las tres chimeneas,
hará mozos vivos para arder arrojar:
Feliz quien lejos esté de tales intrigas,
tres de su sangre le harán la muerte avistar.

LIV

Arriuera au port de Corsibonne,
Pres de Rauenne, qui pillera la dame,
En mer profonde legat de la Vlisbonne,
Sous roc cachez rauiront septante ames.

Llegará al puerto de Corsibona,
cerca de Ravena, quien saqueará la dama,
el mar profundo legado de la Lisboa,
bajo roca escondidos rapiñarán setenta almas.

LV

L'horrible guerre qu'en l'Occident s'appreste,
L'an ensuiuant viendra la pestilence,
Si fort l'horrible que ieune, vieux, ne beste,
Sang, feu. Mercure, Mars, Iupiter en France.

La horrible guerra que en Occidente se apresta,
al año siguiente vendrá la pestilencia,
tan horrible, que joven, viejo ni bestia,
sangre, fuego, Mercurio, Marte, Júpiter en Francia.

LVI

Cam pres de Noudam passera Goussan ville,
Et à Maiotes laissera son enseigne,
Conuertira en instant plus de mille,
Cherchât les deux remettre en chaine & legne.

Campo junto Noudam pasará Goussan villa,
y en Malotes dejará su enseña,
convertirá en instante más de mil,
buscando los dos volver a poner en cadena y soga.

LVII

Au lieu de Drvx vn Roy reposera,
Et cherchera loy changeant d'Anatheme,
Pendant le ciel si tresfort tonnera,
Portera neufue Roy tuera soy mesme.

En lugar de Drux un rey reposará
y buscará ley cambiando de anatema,
mientras el cielo tan fuerte tronará,
camada nueva, rey se suicidará.

LVIII

Au costé gauche à l'endroit de Vitry,
Seront guettez les trois rouges, de France,
Tous assommez rouge, noir non meurdry,
Par les Bretons remis en asseurance.

En el lado izquierdo de Vitry,
serán acechados los tres rojos de Francia,
todos rojos muertos, negro no asesinado,
por los bretones puestos a salvo.

LIX

A la Ferté prendra la Vidame,
Nicol tenu rouge qu'auoit produit la vie:
La grand Loyse naistra que fera clame,
Donnant Bourgongne à Bretons par enuie.

En Ferté tomará Vidame,
Nicole traje rojo que había dado la vida:
La gran Loyla nacerá que tendrá fama,
dando Borgoña a bretones por hastío.

LX

Conflict Barbar en la Cornette noire,
Sang espandu, trembler la Dalmatie:
Grand Ismael mettra son promontoire,
Ranes trembler secours Lusitanie.

Conflicto bárbaro en la azotea negra,
sangre derramada, temblar Dalmacia:
Gran Ismael pondrá su promontorio,
Ranes temblar ayuda Lusitania.

LXI

La pille faicte à la coste marine,
In cita noua & parens amenez,
Plusieurs de Malte par le fait de Messine,
Estroit serrez seront mal guerdonnez.

Pillaje hecho en la costa marina,
incita más ataques y padres llevados,
varios de Malta por el acto de Mesina,
estrechos cerrados serán mal guardados.

LXII

Au grand de Cheramon agora,
Seront croisez par ranc tous attachez,
Le pertinax Oppi, & Mandragora,
Raugon d'Octobre le tiers seront laschez.

En la gran ágora de Cheramon,
serán cruzados por filas todos unidos,
el pertinaz Opi y Mandrágora,
rojo de octubre al tercero harán soltar.

LXIII

Plainctes & pleurs cris, & grands hurlemens
Pres de Narbon a Bayonne & en Foix,
O quels horribles calamitez changemens,
Auant que Mars reuolu quelquefois.

Lamentos y lloros, gritos y grandes alaridos
cerca de Narbona en Bayona y en Foix,
¡Oh, qué horribles calamitosos cambios!,
antes que marzo cumplido algunas veces.

LXIV

L'Aemathion passer monts Pyrennees,
En Mas Narbon ne fera resistance,
Par mer & terre fera si grand menee,
Cap. n'ayant terre seure pour demeurance.

El Emaciano pasará montes Pirineos,
en marzo Narbona no hará resistencia,
por mar y tierra habrá tan gran intriga,
jefe no teniendo tierra segura para establecerse.

LXV

Dedans le coing de Luna viendra rendre
Où sera prins & mis en terre estrange,
Les fruicts immeurs seront à grand esclandre,
Grand vitupere, à l'vn grande loüange.

En el rincón de la Luna vendrá a posarse,
donde será capturado y puesto en tierra extraña,
los frutos inmaduros formarán gran alboroto,
enorme vituperio, a uno gran alabanza.

LXVI

Paix, vnion sera & changement,
Estats, offices bas haut & haut bien bas,
Dresser voyage, le fruict premier tourment,
Guerre cesser, ciuil proces debats.

Paz, unión habrá y cambio,
estados, cargos, bajo y alto, y lo elevado por el suelo,
preparar viaje, el fruto primerizo atormenta,
guerra cesar, civiles procesos debatidos.

LXVII

Du haut des monts à l'entour de Lizere,
Port à la roche Valent cent assemblez,
De Chasteauneuf Pierre late en donzere,
Contre le Crest Romans foy assemblez.

Desde arriba de los montes en las inmediatas de Lizere,
puerto en roca Valent cien reunidos,
de Chateauneuf Pedro al lado de la doncella,
contra la Crest Romans hace asamblea.

LXVIII

Du mont Aymar sera noble obscurcie,
Le mal viendra au ioinct de Saone & Rosne,
Dans bois cachez soldats iour de Lucie,
Qui ne fut onc vn si horrible throsne.

Del monte Aymar será noble oscurecido,
el mar vendrá en la unión de Saona y Ródano,
en bosque escondidos soldados día de Lucía,
que no hubo jamás tan horrible trono.

LXIX

Sur le mont de Bailly & la Bresle
Seront cachez de Grenoble les fiers:
Outre Lyon, Vien eux si grand gresle.
Langoult en terre n'en restera un tiers.

Sobre el monte de Bailly y la Bresle,
estarán ocultos en Grenoble los fieros:
Más allá de Lyon, Viena, aguas tan gran granizo,
de las gotas en tierra quedará un tercio.

INTERPRETACIÓN

Del norte de Italia, en las altas montañas, las fuerzas árabes e italianas bombardearán Lyon y Viena con misiles armados con cabezas nucleares, que acabarán con más de dos tercios de la población. Los que sobrevivan desearán no haberlo hecho.

LXX

Harnois trenchans dans les flambeaux cachez,
Dedans Lyon, le iour du Sacrement,
Ceux de Vienne seront trestous hachez,
Par les cantons Latins Mascon ne ment.

Aparatos cortantes en las antorchas escondidos,
en Lyon el día del Sacramento,
los de Viena serán muy pronto machacados,
por los cantones latinos, Mascon no miente.

LXXI

Aux lieux sacrez animaux veu à trixe,
Auec celuy qui n'osera le iour,
A Carcassonne pour disgrace propice,
Sera posé pour plus amule seiour.

A los lugares sagrados animales vistos de pelo,
con el que no osará el día,
en Carcasona por desgracia propicia,
será puesta para más amplia estancia.

LXXII

Encor seront les saincts temples pollus,
Et expillez par Senat Tholosain,
Saturne deux trois cicles reuollus,
Dans Auril, May, gens de noueau leuain.

Todavía serán los santos templos manchados,
y saqueados por Senado tolosano,
Saturno dos tres ciclos girados,
en abril, mayo, gente de nueva leva.

LXXIII

Dans Fois entrez Roy ceiulee Turban:
Et regnera moins euolu Saturne,
Roy Turban blanc Bizance coeur ban,
Sol, Mars, Mercure pres la hurne.

En Foix entrado rey encasillado turbante,
y reinará menos evolucionado Saturno,
rey turbante blanco Bizancio corazón vetado,
Sol, Marte, Mercurio cerca de la urna.

LXXIV

Dans la cité de Fertsod homicide,
Fait, & fait multe beuf arant ne macter,
Retours encores aux honneurs d'Artemide,
Et à Vulcan corps morts sepulturer.

En la ciudad de Fertsod homicidio,
hecho y no hecho muchos bueyes antes matar,
regreso todavía a los honores de Artemisa,
y a Vulcano cuerpos muertos sepultar.

LXXV

De l'Ambraxie & du pays de Thrace,
Peuple par mer, mal, & secours Gaulois,
Perpetuelle en prouence la trace,
Auec vestige de leurs coustume & loix.

De Ambracia y del país de Tracia
pueblo por mar, mal y ayuda galas,
perpetua en Provence Tracia,
con vestigios de su costumbre y leyes.

LXXVI

Avec le noir Rapax & sanguinaire,
Yssu du peaultre de l'inhumain Neron,
Emmy deux fleuues main gauche militaire,
Sera meurtry par Ioyne chaulueron.

Con el negro Rapax y sanguinario,
surgido del catre inhumano de Nerón,
entre dos ríos mano izquierda militar,
será asesinado por Ione sin pelo.

LXXVII

Le regne prins le Roy coniurera,
La dame prinse à mort iurez à sort,
La vie à Royne fils on desniera,
Et la pellix au fort de la consort.

El reino tomado el rey convidará,
la dama tomada a muerte jurados a suerte,
la vida al hijo de reina se negará,
y la pelliza al fuerte de la consorte.

INTERPRETACIÓN

Tras la accidentada y fallida huida de los reyes de Francia de París, en el año 1791 fueron devueltos a la capital, donde la Asamblea se dedicaba a controlar el país.

En agosto del siguiente año el fervor revolucionario creció y el palacio de las Tullerías fue atacado. La familia real fue desplazada a lo que fueron sus nuevas dependencias, pero en todo momento estuvieron controlados y vigilados.

Antes de que la Reina fuera ajusticiada, fue separada de su hijo. El joven tuvo, además de una vida corta, una existencia solitaria y muy penosa. Murió de tuberculosis.

La que fuera la amante del rey, Jeanne Bécu, condesa de Bary, era considerada por todos como una prostituta. Antes del estallido de la Revolución vivió muchos años con privilegios de la corte pero su final fue idéntico al de su rival, María Antonieta. Tras ser acusada de traición, fue juzgada y condenada a muerte. El 8 de diciembre de 1793, fue decapitada.

LXXVIII

La dame Grecque de beauté laydique,
Heureuse faicte de procs innumerable,
Hors translatee en regne Hispanique,
Captiue prinse mourir mort miserable.

La dama helena de belleza asombrosa,
feliz envuelta de virtudes innumerables,
fuera trasladada al reino hispánico,
presa hecha morir muerte miserable.

LXXIX

Le chef de classe par fraude stratageme,
Fera timides sortir de leurs galees,
Sortis meurtris chefs renieux de cresme,
Puis par l'embusche luy rendront le saleres.

El jefe de flota por fraudulenta estratagema,
habrá tímidamente que salir de sus galeras,
salidos asesinados jefe renegado brutalmente,
después por la emboscada le pagarán su salario.

LXXX

Le Duc voudra les siens exterminer,
Enuoyera les plus forts lieux estranges:
Par tyrannie Bize & Luc ruiner,
Puy les Barbares sans vin feront vendanges.

El duque querrá a los suyos exterminar,
enviando los más fuertes a lugares extraños:
Por tiranía Bize y Luc arruinar,
después los bárbaros sin vino harán vendimias.

INTERPRETACIÓN

El día 7 de noviembre del año 1921, Benito Mussolini se otorgó a sí mismo el título de *duce* con ocasión de su victoria en las recientes elecciones italianas, que le dieron al partido fascista un total de 35 escaños. El 29 de octubre del año siguiente, el rey Víctor Manuel le invitó para que le visitara y le pidió que ocupara el cargo de primer ministro.

A partir de ese momento se produjeron un gran número de altercados internos y llevó a su gente a participar activamente en la Segunda Guerra Mundial al lado del Tercer Reich de Adolf Hitler.

En la última línea se hace referencia a los alemanes, a los que califica de «bárbaros» y usa este vocablo como metáfora de legitimidad, pues invadieron a otros países saltándose tratados aprobados y firmados.

LXXXI

Le Roy rusé entendra ses embusches,
De trois quartiers ennemis assaillir,
Vn nombre estrange larmes de coqueluches,
Viendra Lemprin du traducteur faillir.

El rey artero entenderá sus añagazas,
de tres lados enemigos asaltar,
un número extraño lágrimas de espasmos,
vendrá Liemprin del traductor violentar.

LXXXII

Par le deluge & pestilence forte,
La cité grande de long temps assiegee,
La sentinelle & garde de main morte,
Subite prinse, mais de nulle outragee.

Por el diluvio y la fuerte pestilencia,
la ciudad grande desde hace mucho tiempo asediada,
el centinela y la guardia exterminados,
súbitamente tomada, pero en nada ultrajada.

LXXXIII

Sol vingt de Taurus si fort de terre trembler,
Le grand theatre remply ruinera:
L'air, ciel & terre obscurcir & troubler,
Lors l'infidelle Dieu & saincts voguera.

Sol veinte de Tauro tan fuerte tierra tiembla,
el gran teatro repleto arruinará:
El aire cielo y tierra oscurecidos y perturbados,
cuando al infiel Dios y santos arrollarán.

LXXXIV

Roy exposé parfera l'hecatombe,
Apres auoir trouué son origine,
Torrent ouurir de marbre & plomb la tombe,
D'vn grand Romain d'enseigne Medusine.

Rey expuesto realizará la hecatombe,
tras haber encontrado su origen,
torrente abrir mármol y plomo la tumba,
de un gran romano de enseña Medusina.

LXXXV

Passer Guienne, Languedoc & le Rosne,
D'Agen tenan de Marmande & la Roolle,
D'ouurir par foy parroy, Phocê tiêdra sô trosne,
Conflict aupres saint Pol de Mauseole.

Pasar Guyenne, Languedoc y el Ródano,
de Agen los amos de Marmanda y la Roole,
abrir por fuego pared, Foceo se mantendrá en su trono,
conflicto cerca de Pol de Manseole.

LXXXVI

Du bourg Lareyne paruiêdrôt droit à Chartres,
Et feront pres du pont Amhoni pause,
Sept pour la paix cauteleux comme Martres,
Feront entree d'armee à Paris clause.

Del burgo Lareyne llegarán directos a Chartres,
y harán cerca del puente Antonio pausa,
siete para la paz cautelosos como Martres,
harán entrada marcial en París enclaustrado.

LXXXVII

Par la forest du Touphon essartee,
Par hermitage sera posé le temple,
Le Duc d'Estampes par sa ruse inuentee.
Du mont Lehori prelat donra exemple.

En el bosque de Touphon desbrozado,
en la ermita será levantado el templo,
el duque de Estempes por su astucia inventada,
del monte Lehori prelado dará ejemplo.

LXXXVIII

Calais Arras, secours à Theroanne,
Paix & semblant simulera l'escoutte,
Soulde d'Alobrox descendre par Roane,
Destornay peuple qui defera la routte.

Calais, Arras, socorro a Theoranne,
paz y fingimiento simulará el vigía,
soldada de Alobrox, descenderá por Ruán,
eludiendo pueblo que deshará el camino.

LXXXIX

Sept ans sera Philipp, fortune prospere,
Rabaissera des Arabes l'effort,
Puis son midy perplex rebors affaire,
Ieune ognion abismera son fort.

Siete años será Felipe fortuna próspera,
descenderá de los árabes el esfuerzo,
tras su cenit perplejo complicado evento,
joven ogmión hundirá su potencia.

XC

Un capitaine de la Grand Germanie
Se viendra rendre par simulé secours:
Au Roy des Roys aide de Pannoie,
Que sa reuolte fera de sang grand cours.

Un capitán de la gran Germania
se rendirá por simulado socorro:
Al rey de reyes ayuda de Panonia,
que su revuelta hará de sangre gran río.

XCI

L'horrible peste Perynté & Nicopollo,
Le Chersonnez tiendra & Marceloyne,
La Thessalie vastera l'Amphipolle,
Mal incogneu, & le refus d'Anthoine.

La horrible peste Perinto y Nicópolis,
el Queroneso aguantará y Marcelonia,
Tesalia devastará a Anfípolis,
mal desconocido y el refutar de Antonio.

XCII

Le Roy voudra en cité neufue entrer,
Par ennemis expugner l'on viendra:
Captif libere faux dire & perpetrer,
Roy dehors estre, loin d'ennemis tiendra.

El rey querrá en urbe nueva entrar,
los enemigos le expulsarán:
Cautivo liberado suciedades decir y perpetrar,
rey fuera estar, lejos de enemigos aguantará.

XCIII

Les ennemis du fort bien esloignez,
Par chariots conduict le bastion,
Par sur les murs de Bourges esgrongnez,
Quand Hercules bastira l'Haemathion.

Los enemigos del fuerte bien alejados,
por carros conducido el bastión,
sobre los muros de Bourges destrozados,
cuando Hércules bata al Emación.

XCIV

Foibles galeres seront vnies ensemble,
Ennemis faux le plus fort en rampart:
Foibles assaillies Vratislaue tremble,
Lubecq & Mysne tiendront barbare part.

Frágiles galeras serán unidas juntas,
enemigos supuestos el más fuerte en murallas:
Débil asedidados, Bratislava tiembla,
Lubec y Misia tendrán bárbara parte.

XCV

Le nouueau faict conduira l'exercice,
Proche apamé iusqu'aupres du riuage:
Tendant secours de Millannoile eslite,
Duc yeux priué à Milanfer de cage.

El nuevo acto conducirá a la milicia,
próximo desalentada a las inmediaciones del cauce:
Teniendo socorro de Milanesa elite,
duque ciego en Milán hierro de jaula.

XCVI

Dans cité entrer exercit desniee,
Duc entrera par persuasion,
Aux foibles portes clam armee amenee,
Mettront feu, mort, de sang effusion.

En urbe penetrar ejército repelido,
duque entrará por diplomacia,
a las débiles puertas clama ejército llevado,
poniendo fuego, muerte, de sangre efusión.

XCVII

De mer copies en trois pars diuisee,
A la seconde les viures failleront,
Desesperez cherchant champs Helisees,
Premiers en breche entrez victoire auront.

De mar flota en tres partes dividida,
a la segunda las vituallas faltarán,
desesperados buscando Campos Elíseos,
primeros en brecha entrados victoria alcanzarán.

XCVIII

Les affigez par faute d'vn seul taint,
Contremenant à partie opposite,
Aux Lygonnois mandera que contraint
Seront de rendre le grand chef de Molite.

Los afligidos por falta de un solo tanto,
contraponiéndose a parte opuesta,
a los lígones mandará que obligados
será rendirse al gran jefe de Molita.

XCIX

Vent Aquilon fera partir le siege,
Par meurs ietter cendres, chauls, & poussiere:
Par pluye apres, qui leur fera bien pege,
Dernier secours encontre leur frontiere.

Viento Aquilón hará partir la sede,
por muros echar cenizas, cal y polvo:
Por lluvias luego, que le harán mucho daño,
última ayuda encuentra en su frontera.

C

Naualle pugne nuit sera superee.
Le feu aux naues à l'Occident ruine:
Rubriche neufue, la grand nef coloree,
Ire à vaincu, & victoire en bruine.

Naval pugna noche será superada,
el fuego, en las naves al Occidente arruina:
Rúbrica nueva, la gran nave colorada,
Irá al vencido, y victoria en neblina.

Centuria X

I

A L'ennemy, l'ennemy foy promise
Ne se tiendra, les captifs retenus:
Prins preme mort, & le reste en chemise,
Damné le reste pour estre soustenus.

Al enemigo, el enemigo fe prometida,
no aguantará, los cautivos retenidos:
Capturados, prima muerte, y el resto en camisa,
maldito el resto por ser apoyados.

II

Voille gallere voil de nef cachera,
La grande classe viendra sortir la moindre,
Dix naues proches tourneront pousser,
Grande vaincue vnics à soy ioindre.

Vela galera de nave esconderá,
la gran flota hará salir la menor,
diez naves cercanas la volverán a empujar,
gran vencida unidas a sí reunirse.

III

En apres cinq troupeau ne mettra hors vn
Fuitif pour Penelon laschera,
Faux murmurer, secours vnir pour lors,
Le chef le siege pour lors abandonnera.

Y tras de cinco rebaños sacar,
un fugitivo por Penelón dejará,
falso murmurar, ayuda venida por entonces,
el jefe el sitio entonces abandonará.

IV

Sur la minuict conducteur de l'armee
Se sauuera subit esuanouy,
Sept ans apres la fame non blasmee,
A son retour ne dira onc ouy.

A medianoche conductor del ejército
se salvará súbito desvanecimiento,
siete años después censurada,
a su regreso no dirá nunca que sí.

V

Albi & Castres feront nouuelle ligue,
Neuf Arriens Lisbon & Portugues,
Carcas, Tholouse consumeront leur brigue,
Quand chef neuf monstre de Lauragues.

Albi y Castres harán nueva liga,
nuevos arrianos Lisboa y portugueses,
Carcasona, Toulouse consumarán su insidia,
cuando jefe nuevo monstruo de Lauragnes.

VI

Sardon Nemaus si haut deborderont,
Qu'on cuidera Deucalion renaistre.
Dans le collosse la plus part fuyront,
Vesta sepulchre feu esteint apparoistre.

Sardon Nemas tan alto desbordarán,
que se deseará Deucalión renacer.
En el coloso la mayor parte huirá,
vesta sepulcro fuego extinto aparecerá.

VII

Le grand conflit qu'on appreste à Nancy,
L'Aemathien dira tout ie soubmets,
L'Isle Britanne par vin sel en solcy:
Hem, mi. deux Phi. long temps ne tiêdra Mets.

El gran conflicto que se apresta en Nancy,
El Emacio dirá «todo yo someto»,
la Isla Británica por vino, sal abundante:
Hem, mi. dos Phi. por largo tiempo no ocupará Metz.

VIII

Index & poulse parfondera le front,
De Senegalia le Conte à son fils propre,
La Myrnamee par plusieurs de prin front,
Trois dans sept iours blessés mort.

Índice y pulgar profundizarán el frente
de Senegal el conde a su hijo propio,
Myrnamea por varios señalada la frente,
tres en siete días heridos de muerte.

IX

De Castillon figuieres iour de brune,
De femme infame naistra souuerain Prince:
Surnom de chausses perhume luy posthume,
Onc Roy ne fut si pire en sa prouince.

De Castellón higueras día de bruma,
de mujer infame nacerá soberano príncipe:
Renombre de calzas perfúmanlo póstumamente,
nunca rey fue tan malo en su provincia.

X

Tasche de meurdre, enormes adulteres,
Grand ennemy de tout le genre humain:
Que sera pire qu'ayeuls, oncles ne peres,
Enfer, feu, eaux, sanguin & inhumain.

Montones de asesinados, enormes adulterios,
gran enemigo de todo el género humano:
Que será peor que abuelos, tíos y padres,
en hierro, fuego, agua, sanguinario e inhumano.

XI

Dessous Ionchere du dangereux passage,
Fera passer le posthume sa bande.
Les monts Pyrens passer hors son bagage,
De Parpignan courira duc à Tende.

Bajo la Junquera peligroso paso,
hará pasar el póstumo su banda.
Los montes Pirineos pasar fuera su bagaje,
de Perpiñan correrá duque a Tende.

XII

Esleu en Pape, d'esleu se mocqué,
Subit soudain esmeu, prompt & timide:
Par trop bon doux à mourrir prouoqué,
Crainte esteinte la nuict de sara mort guide.

Elegido como Papa, de elegido será burlado,
súbitamente con frecuencia emocionado, dispuesto y tímido:
Por demasiada bondad a morir provocado,
temor desaparecido la noche de su muerte guía.

INTERPRETACIÓN

Esta profecía encaja perfectamente con el breve pontificado del papa Juan Pablo I, Albino Luciani (el Papa de los 33 días), cuya exaltación al solio pontificio se produjo en 1978. Es del dominio público que las circunstancias de su repentina muerte estuvieron envueltas por un sospechoso halo de misterio y que las explicaciones hechas públicas por el Vaticano no convencieron, ni mucho menos, a la opinión mundial. Las hipótesis que en su momento se barajaron fueron múltiples, diversas y variopintas, pero una entre todas pareció cobrar mayor credibilidad: el papa Luciani fue asesinado para evitar que manifestara abiertamente ciertas intromisiones en la Iglesia por parte de capitostes mafiosos que pretendían controlar, o controlaban, las finanzas de la Santa Sede. Fuera como fuese, la desaparición de Juan Pablo I –un hombre bondadoso– sigue siendo un misterio, profetizado, como otros tantos, por Michel Nostradamus.

XIII

Souz la pasture d'animaux ruminant,
Par eux conduicts au ventre helbipolique,
Soldats cachez, les armes bruit menant,
Non long temptez de cité Antipolique.

Bajo el pasto de animal rumiante,
por ellos conducidos al vientre hiperbipólico,
soldados ocultos, las armas ruido llevando,
no lejos tentados por ciudad Antipólica.

XIV

Urnel Vaucile sans conseil de soy mesmes,
Hardit timide, car crainte prins vaincu,
Accompagné de plusieurs putains blesmes.
A Barcellonne au Chartreux conuaincu

Urnel Vaucille sin consejo de sí mismo,
osado tímido, por temor tomado, vencido,
acompañado de varias putas pálidas,
en Barcelona a los cartujos convencidos.

XV

Pere duc vieux d'ans & de soif chargé,
Au iour extreme fils desniant l'esguiere.
Dedans le puits vif mort viendra plongé.
Senat au fil la mort longue & legere.

Padre duque viejo en años y de sed cargado,
el último día hijo rechazado el vaso.
Dentro el pozo vivo muerto será ahogado.
Senado al hijo la muerte larga y ligera.

XVI

Heureux au regne de France, heureux de vie,
Ignorant sang, mort fureur & rapine:
Par mon flateurs sera mis en enuie,
Roy desrobé, trop de foye en cuisine.

Feliz en el reino de Francia, feliz de vivir,
ignorando sangre, muerte, furor y rapiña:
Por no aduladores será llevado a envidia,
rey desvestido, demasiado hígado en cocina.

XVII

La Royne estrange voyant sa fille blesme,
Par vn regret dans l'estomach enclos:
Cris lamentables seront lors d'Angolesme,
Et au germains mariage forclos.

La reina sometida viendo su hija pálida,
por un pesar en el estómago encerrado,
gritos lamentables habrá entonces en Angulema,
y del germano matrimonio excluido.

Interpretación

El 10 de agosto de 1792, el palacio de las Tullerías fue invadido por revolucionarios y la reina María Antonieta empezó así su período de retención, junto con su familia, en la Torre del Templo. Allí se vivieron muchos momentos de miedo y de gran incertidumbre. Pasados cuatro meses, su esposo, Luis XVI, fue apartado de su lado y llevado a juicio por traición. Le encontraron culpable y le sentenciaron a muerte. La noche antes de su ejecución, el 20 de enero de 1793, se le permitió ver a su familia por última vez. Cuando llegó el momento de irse, su hija María Teresa estaba tan apesadumbrada que se desmayó. Este hecho provocó una gran desazón en la reina, su madre, quien, guardándose las preocupaciones en su interior («pesar en el estómago encerrado»), mantuvo tal estado hasta el momento en que ella misma fue conducida a juicio, es decir, nueve meses menos cuatro días después de la muerte del monarca (como si de un embarazo se tratara).

Los últimos dos versos de esta cuarteta aluden a la continuación de los actos revolucionarios y a la sangre que corrió, así como a los lamentos que surgían de las gargantas de condenados y demás ciudadanos que no veían el fin de tanto horror.

El 15 de diciembre de 1799, Napoleón Bonaparte, que ya era primer cónsul, leyó una proclama en la que se informaba a todos los franceses que la revolución se daba por terminada. Seis meses antes, María Teresa, la hija de los monarcas, había abandonado Austria, donde permaneció tras su salida del templo el 26 de diciembre de 1795, y fue en dirección a Rusia, país en el que su tío, el duque de Artois, estaba exiliado. El 10 de junio del año 1799 contrajo matrimonio con el hijo del duque, es decir, su primo, duque de Angulema, y pasó entonces a ser la duquesa de Angulema, delfina de Francia, y así siguió hasta su muerte el año 1851. De su matrimonio no se conocen descendientes.

XVIII

Le ranc Lorrain fera place à Vendosme,
Le haut mis bas, & le bas mis en haut,
Le fils de Mamon sera esleu dans Rome,
Et les deux grands seront mis en defaut.

El rango lorenés dejará su sitio a Vendôme,
el alto puesto abajo, el bajo puesto en alto.
El hijo de Hamón será elegido en Roma,
y los dos grandes quedarán fuera.

Interpretación

Carlos IX murió sin descendencia el año 1574 y le sucedió su hermano más joven, Enrique III. Este acceso a la corona permitió que Enrique de Lorraine, tercer duque de Guisa, consiguiera el control de todo, puesto que la extrema juventud del monarca no le permitió imponerse en nada. Lorraine fue la fuerza dominante en la política francesa y contaba con un pequeño problema por parte de una facción minoritaria antes liderada por el almirante de Francia, Gaspar de Coligny, y fue sucedido por Enrique de Navarra, duque de Vendôme.

En junio de 1584 el hermano menor del rey murió sin descendencia y no había ningún heredero de la familia Valois. Al no tener hijos, Enrique III hubo que buscar un posible heredero, para lo cual se nombró al cuñado del rey, Enrique de Navarra.

Durante muchos años la casa de Lorraine continuó con la política mantenida en Francia; de hecho en 1558, el duque de Guisa podía actuar con total impunidad, como si fuese el rey, llegando al extremo de forzar la marcha de Enrique III de París.

Relacionada con esta supremacía se produjo la sustitución de sucesor por parte del monarca hacia el cardenal Borbón, quien la Santa Liga Católica propuso como futuro Carlos X. La elección fue ratificada por el papa Sixto V en Roma el mes de septiembre de 1585. Al mismo tiempo se excomulgaba al duque de Vendôme. La intención última de la Liga era nombrar un futuro rey que pudiera de una vez liberar a Francia de los hugonotes.

En las dos últimas líneas el profeta menciona la ratificación del cardenal Borbón con una alusión al *Libro de Esther*, en el cual aparece un personaje, Hamón, que hubo de purgar su reino de herejes.

XIX

Jour que sera par Royne saluee,
Le iour apres se salut, la premiere:
Le compte fait raison & valbuee,
Par auant humble oncques ne fut si fiere.

Día que será por reina saludado.
el día después el saludo, la oración:
La cuenta hecha razón y valor,
antes humilde nunca fue tan feroz.

XX

Tous les amis qu'auront tenu party,
Pour rude en lettres mis mort & saccagé.
Biens publiez par fixe grand neanty,
Onc Romain peuple ne fut tant outragé.

Todos los amigos que hayan tomado partido,
por rudo en letras llevado a muerte y saqueado.
Bienes olvidados por resuelto grande abrumado,
nunca romano pueblo fue tan ultrajado.

XXI

Par le despit du Roy soustenant moindre,
Sera meurdry luy presentant les bagues:
Le pere au fils voulant noblesse poindre
Fait comme à Perse jadis firent les Magues.

Por despecho del rey sosteniendo lo inferior,
será herido presentado los anillos:
El padre al hijo queriendo nobleza despuntar
hace, como en Persia otrora hicieran los Magos.

XXII

Pour ne vouloir consentir au diuorce,
Qui puis apres sera cogneu indigne:
Le Roy des isles sera chassé par sorte,
Mais à son lieu qui de roy n'aura signe.

Por no querer consentir el divorcio,
quien poco después será conocido indigno:
El rey de las islas será expulsado por la fuerza,
puesto en su lugar quien de rey no tendrá signo.

XXIII

Au peuple ingrat faictes les remonstrances.
Par lors l'armee se saisira d'Antibe,
Dans l'arc Monech feront les doleances,
Et à Freius l'vn l'autre prendra ribe.

Al pueblo ingrato hechas las advertencias,
cuando el ejército se apoderará de Antibes,
en el arco Mónaco harán las quejas,
y en Frejus uno al otro tomará Ribe.

XXIV

Le captif prince aux Itales vaincu
Passera Gennes par mer iusqu'à Marceille,
Par grand effort des forens suruaincu
Sauf coup de feu barril liqueur d'abeille.

El cautivo príncipe en las Italias vencido
pasará Génova, por mar hasta Marsella,
por gran esfuerzo de foráneos vencido,
salvo disparo barril licor de abejas.

XXV

Par Nebro ouurir de Bisanne passage,
Bien esloignez el tago fara moestra,
Dans Pelligouxe sera commis l'outrage,
De la grand dame assise sur l'orchestra

Por Nebro abrir de Brisanne paso,
bien alejados la rabia dará muestra,
en Pelligouse será cometido el ultraje,
de la gran dama sentada sobre la orquesta.

XXVI

Le successeur vengera son beau frere,
Occuper regne souz vmbre de vengeance,
Occis ostacle son sang mort vitupere,
Long temps Bretaigne tiendra auec la France.

El sucesor vengará a su cuñado,
ocupar reino bajo sombra de venganza,
abatido obstáculo su sangre muerte vitupera,
mucho tiempo Bretaña estará con Francia.

XXVII

Par le cinquiesme & vn grand Hercules
Viendront le temple ouurir de main bellique,
Vn Clement, Iule & Ascans recules,
L'espee, clef, aigle, n'eurent onc si grand picque.

Por el quinto y un gran Hércules,
vendrán el templo abrir con mano militar,
un Clemente, Julio y Ascanio reculados,
la espada, llave, águila, no tendrán nunca tan gran combate.

XXVIII

Second & tiers qui font prime musique,
Sera par Roy en honneur sublimee,
Par grance & maigre presque demy eticque
Raport de Venus faux rendra deprimee.

Segundo y tercero que harán la primera música,
será por rey en honor sublime,
por craso y magro casi médica ética,
relación de Venus falso volverá deprimido.

XXIX

De Pol Mansol dans cauerne caprine,
Caché & prins extrait hors par la barbe,
Captif mene comme beste mastine,
Par Bergourdans amenee pres de Tarbe.

De Pablo Mansol en caverna capruna,
escondido y sacado por la barba,
cautivo llevado como bestia mastín,
por begurdanos llevado cerca de Tarbes.

XXX

Nepveu & sang du sainct noueueau venu,
Par le surnom soustient arcs & couuert,
Seront chassez mis à mort chassez nu,
En rouge & noir conuertiront leur vert.

Sobrino y sangre del santo recién llegado,
por el renombre sostienen arcos y cubierto,
serán expulsados y arrojados a muerte desnudos,
en rojo y negro convertirán su verde.

XXXI

Le sainct Empire, viendra en Germanie,
Ismaëlites trouueront lieux ouuerts,
Asnes voudront aussi la Carmanie,
Les soustenans de terre tous couuerts.

El santo imperio irá a Germania,
ismaelitas encontrarán lugares abiertos,
asnos querrán también Carmania,
los seguidores de tierra totalmente cubiertos.

XXXII

Le grand empire chacun an deuoit estre,
Vn sur les autres le viendra obtenir:
Mais peu de temps sera son reigne & estre,
Deux ans aux naues se pourra soustenir.

El gran imperio cada año debe serlo,
uno sobre los otros lo obtendrá:
Pero poco tiempo será su reino y existencia,
dos años en las naves se podrá sostener.

XXXIII

La faction cruelle à robe longue
Viendra cacher souz ses pointus poignards,
Saisir Florence le Duc & lieu diphlonque,
Sa descouuerte par immurs & flangnards.

La facción cruel de ropas largas
esconderá los agudos puñales:
Tomar Florencia el duque y lugar inflamado,
su descubrimiento por inmaduros e infieles.

XXXIV

Gaulois qu'empire par guerre occupera,
Par son beau frere mineur sera trahy:
Pour cheual rude voltigeant trainera,
Du fait le frere long temps sera hay.

Galo que imperio por guerra ocupará,
por su cuñado menor será traicionado:
Por caballo rudo cabriolero arrastrará,
por el acto el hermano mucho tiempo será odiado.

XXXV

Puisnay royal flagrant d'ardant libide,
Pour se iouyr de cousine germaine:
Habit de femme au temple d'Arthemide,
Allant meurdry par incognu du Maine.

Hijo menor real flagrante de ardiente líbido,
para gozar de prima hermana:
Vestido de mujer en el templo de Artemisa,
paseante asesinado por desconocido del Maine.

XXXVI

Apres le Roy du soucq guerres parlant,
L'Isle Harmotique le tiendra à mespris:
Quelques ans bons rongeant vn & pillant,
Par tyrannie à l'isle changeant pris.

Tras el rey de souca guerra hablando,
las islas Harmóticas lo despreciarán:
Algunos años buenos royendo uno y pillando,
por tiranía a la isla cambiando presa.

XXXVII

L'assemblee grande pres du lac de Borget
Se ralieront pres du Montmelian:
Marchans plus outre pensifs feront proget
Chambry Moraine combat sainct Iulian.

La asamblea grande cerca del lago de Borget
se reunirá cerca de Montemelián:
Marchando más allá pensativos harán proyecto,
Chambery Moriane combate San Julián.

XXXVIII

Amour allegre non loing pose le siege.
Au sainct barbar seront les garnisons:
Vrsins Hadrie pour Gaulois feront plaige,
Pour peur rendus de l'armee aux Grisons.

Amor alegre no lejos sitúa la sede,
para el santo Bárbaro estarán las guarniciones:
Ursinos Hadria por galos harán daño,
por miedo rendidos del ejército a los Grisones.

XXXIX

Premier fils vefue malheureux mariage,
Sans nuls enfans deux Isles en discord:
Auant dixhuict incompetant eage,
De l'autre pres plus bas sera l'accord.

Primer hijo viuda desgraciado matrimonio,
sin ningún hijo dos islas en discordia:
Antes de dieciocho incompetente edad,
de la otra parte más bajo será el acuerdo.

INTERPRETACIÓN

Aquí Nostradamus habla del delfín Francis (el futuro rey Francisco II), casado con María Estuardo, la que después sería conocida como María, reina de los escoceses. Ambos contrajeron matrimonio el mes de abril del año 1558, pero no fue un enlace muy próspero porque el esposo nunca, ni en su niñez, había gozado de una buena salud y al poco tiempo, el 5 de diciembre de 1560, tres días antes de que su esposa cumpliera los 18 años, la dejó viuda y lo que era peor, sin hijos.

Las dos islas en discordia de la segunda línea hacen referencia a Inglaterra y Escocia; ambas pugnaban para heredar a María I, la reina católica que murió sin descendientes. Su sucesión por parte de la reina protestante Isabel I de Inglaterra sólo sirvió para que se agravasen más las diferencias entre ambos lados de la frontera, situación ya de por sí bastante grave debido a que María se había autoproclamado reina de Inglaterra cuando asumió la corona de Escocia y con ese título fue conocida en toda la Europa católica.

Francia también estaba sumergida en guerras relacionadas con la religión. La muerte de Enrique II le dió el trono a su hijo, demasiado joven, lo que provocó grandes luchas y enfrentamientos entre los que creían tener algún derecho en la regencia. Tras la muerte de Francis, su hermano Carlos IX fue nombrado rey. Para su desgracia, empezó el reinado en un momento en que comenzaban las guerras de religión francesas. Este conflicto de intereses políticos y religiosos iniciado por los Guises y los Borbones llevó a la masacre de la vigilia de San Bartolomé.

XL

Le ieune n'ay au regne Britannique,
Qu'aura le pere mourant recommandé:
Iceluy mort Lonole donra topique,
Et à son fils le regne demandé.

La joven nacida en reino británico,
que habrá el padre agonizante recomendado:
Aquel muerto Lonole dará tópico,
y a su hijo el reino demandado.

XLI

En la frontiere de Caussa & de Charlus,
Non guieres loing du fonds de la valee:
De ville Franche musique à son de luths,
Enuironnez combouls & grand mittee.

En la frontera de Caussade y Charlus,
no muy lejos del fondo del valle:
De villa Francia música al son de laúdes,
rodeados Combouls y la gran embajada.

XLII

Le regne humain d'Angelique geniture,
Fera son regne paix vnion tenir:
Captiue guerre demy de sa closture,
Long temps la paix leur fera maintenir.

El reino humano de Anglica progenie,
hará su reino por paz y unión mantener:
Cautiva guerra en medio de su clausura,
mucho tiempo la paz les hará mantener.

XLIII

Le trop bon temps trop de bonté royale,
Fais & deffais prompt subit negligence:
Legier croira faux d'espouse loyalle,
Luy mis à mort par beneuolence.

El demasiado buen tiempo de bondad real
hace y deshace pronto súbita negligencia:
Ligero creerá lo falso de esposa leal,
le condena a muerte por su benevolencia.

XLIV

Par lors qu'vn Roy sera contre les siens,
Natifs de Bloys subiuguera Ligures,
Mammel, Cordube & les Dalmatiens,
Des sept puis l'ôbre à Roy estrênes & lemeures.

Por entonces un rey contra los suyos,
nativo de Blois sojuzgará Ligures,
Mammel, Córdoba y los dalmacianos,
de siete luego la sombra al rey suerte y lemures.

XLV

L'ombre du regne de Nauarre non vray
Fera la vie de sort illegitime:
La veu promis incertain de Cambray,
Roy Orleans donra mur legitime.

La sombra del reino de Navarra no verdadero
hará la vida de fuerte ilegítima:
El voto prometido incierto de Cambrai,
rey Orleans dará muro legítimo.

XLVI

Vie soit mort de l'or vilaine indigne,
Sera de Saxe non nouueau electeur:
De Brunsuic mandra d'amour signe,
Faux le rendant au peuple seducteur.

Vida sale muerte del oro villana indigna,
no será de Sajonia el nuevo elector:
De Brunswick mandará de amor signo,
falso dándolo al pueblo seductor.

XLVII

De bourze ville à la dame Guyrlande,
L'on mettra sur par la trahison faicte,
Le grand prelat de Leon par Formande,
Faux pelerins & rauisseurs deffaicte.

De Bourze a la dama Guyrlande,
se le elevará por la traición hecha,
el gran prelado de León por Formande,
falsos peregrinos y encantador derrotado.

XLVIII

Du plus profond de l'Espaigne enseigne,
Sortant du bout & des fins de l'Europe,
Troubles passant aupres du pont de Laigne,
Sera deffaicte par bande sa grand troupe.

De lo más profundo de la enseña de España,
saliendo del confín y fin de Europa,
problemas pasando junto al puente de Laigne.
será derrotada por banda su gran tropa.

XLIX

Iardin du monde aupres de cité neufue,
Dans le chemin des montaignes cauees:
Sera saisi & plongé dans la Cuve,
Beuuant par force eaux soulphre enuenimees.

Jardín del mundo junto a ciudad nueva,
en el camino de montañas cavadas:
Será tomado y arrojado a la cuba,
forzado a beber aguas sulfurosas envenenadas.

INTERPRETACIÓN

Esta cuarteta contiene la profecía de lo que ocurrió el 11 de septiembre del año 2001, cuando se produjo el brutal ataque a las torres gemelas («montañas cavadas») de Nueva York («ciudad nueva»).

Debemos tener presente que para un hombre de la época de Nostradamus, por mucho que visionara perfectamente sus escritos, debía resultar muy difícil comprender qué eran los rascacielos. De ahí que para él fueran como montañas en las que se podía pasear por dentro.

Las dos últimas líneas parecen sugerir que como consecuencia del hundimiento del World Trade Center las aguas de Manhattan quedarán envenenadas. Lo que sí es cierto es que aún no se pueden conocer las consecuencias exactas de tal descalabro ni tampoco de qué forma afectará definitivamente a la ciudad.

L

La Meuse au iour terre de Luxembourg,
Descouurira Saturne & trois en lurne:
Montaigne & pleine, ville cité & bourg,
Lorrain deluge, trahison par grand hurne.

El Mosa en el día tierra de Luxemburgo,
descubrirá Saturno y tres en la urna:
Montaña y llano, villa, ciudad y burgo,
lorne diluvio, traición por gran canalla.

LI

Des lieux plus bas du pays de Lorraine
Seront des basses Allemaignes vnis:
Par ceux du siege Picards, Normâs, du Maisne,
Et aux cantons se seront reünis.

De los lugares más bajos del país de Lorena,
serán las bajas Alemanias unidas:
Por los del sitio Picardos, normandos, del Maine,
y en los cantones se reunirán.

LII

Au lieu où Laye & Scelde se marient,
Seront les nopces de long temps maniees:
Au lieu d'Anuers où la crappe charient,
Ieune viellesse consorte intaminee.

En el lugar donde Laye y Escalda se unen,
serán las nupcias desde lejos preparadas:
En el lugar de Amberes donde las aguas corren,
joven vejez consorte sin contaminar.

LIII

Les trois pelices de loing s'entrebatront,
La plus grand moindre demeurera à l'escoute:
Le grand Selin n'en sera plus patron,
Le nommera feu pelte blanche routte.

Las tres pellizas de lejos se batirán,
la mayor menor estará a la escucha:
El gran Selín no será ya más el patrón,
lo nombrará fuego peltre blanca ruta.

LIV

Nee en ce monde par concupine fertiue,
A deux haut mise par les tristes nouuelles,
Entre ennemis sera prinse captiue,
Et amenee à Malings & Bruxelles.

Nacida en este mundo por concubina furtiva,
a dos alturas puesta por las tristes noticias,
entre enemigos será tomada cautiva,
llevada a Malinas y Bruselas.

LV

Les malheureuses nopces celebreront
En grande ioye mais la fin malheureuse,
Mary & mere nore desdaigneront,
Le Phybe mort, & nore plus piteuse.

Las desgraciadas nupcias celebrarán
con gran alegría, pero el fin desgraciado,
María madre y nuera deseñarán,
el Phibe muerto, muerto y nueva más lastimada.

LVI

Prelat royal son baissant trop tiré,
Grand fleux de sang sortira par sa bouche,
Le regne Angelicque par regne respiré,
Long temps mort vifs en Tunis côme souche.

Prelado real su descendente muy caído,
gran flujo de sangre saldrá por su boca,
el reino Anglo por reino respirado,
mucho tiempo muertos en Túnez como cepa.

LVII

Le subleué ne cognoistra son sceptre,
Les enfans ieunes des plus grands honnira:
Oncques ne fut vn plus ord cruel estre,
Pour leurs espouses à mort noir bannira.

El sublevado no conocerá su cetro,
los hijos jóvenes del más grande maldecirá:
Nunca tan cruel ser existió,
para sus esposas a muerte negra condenará.

LVIII

Au temps du dueil que le felin monarque
Guerroyera la ieune Aemathien:
Gaule bransler, perecliter la barque,
Tenter Phossens au Ponant entretien.

En el momento del duelo felino monarca
guerreará contra la joven Emaciouna:
Gala trastornar, periclitar la barca,
tentar focenses en el diálogo Poniente.

LIX

Dedans Lyon vingtcinq d'vne haleine,
Cinq citoyens Germains, Bressans, Latins:
Par dessous noble conduiront longue traine.
Et descouuers par abbois de mastins.

En Lyon veinticinco de un hálito,
cinco ciudadanos germanos, brescianos, latinos:
A escondidas del noble concluirán larga cola,
y descubiertos por aullidos de mastines.

LX

Ie pleure Nisse, Mannego, Pize, Gennes,
Sauonne, Sienne, Capuë Modene, Malte:
Le dessus sang, & glaiue par estrennes,
Feu, trembler terre, eau, malheureuse nolte.

Lloro por Niza, Mónaco, Pisa, Génova,
Savona, Siena, Capua, Módena, Malta:
Encima sangre y acero por añadidura:
fuego, temblor de tierra, agua, desgracia no deseada.

LXI

Betta, Vienne, Emorte, Sacarbance,
Voudront liurer aux Barbares Pannone:
De feu et samg en cité de Bisance,
Les coniurez descouuers par matrone.

Betta, Viena, Emorre, Sacarbance,
querrán entregar a los bárbaros Pannonia:
De fuego y sangre en ciudad de Bizancio,
los conjurados descubiertos por matrona.

LXII

Pres de Sorbin pour assaillir Ongrie,
L'heraut de Brudes les viendra aduertir:
Chef Bisantin, Sallon de Sclauonie,
A loy d'Arabes les viendra conuertir.

Cerca de Sorbín para asaltar Hungría,
el heraldo de Brudes les advertirá:
Jefe bizantino, Sallon de Esclavonia,
a ley de árabes les convertirá.

LXIII

Cydron, Raguse, la cité au sainct Hieron,
Reuerdira le medicant secours:
Mort fils de Roy par mort de deux heron,
L'Arabe, Hongrie feront vn mesme cours.

Cydrón, Ragusa, la ciudad del santo Hierón,
pedirá el mendicante socorro:
Muerto hijo de rey por muerte de dos garzas,
el árabe, Hungría, harán el mismo recorrido.

LXIV

Pleure Milan, plure Luques, Florence,
Que ton grand Duc sur le char montera,
Changer le siege pres de Venise s'aduance,
Lors que Colonne à Rome changera.

Llora Milán, llora Lucca, Florencia,
que tu gran duque sobre el carro subirá,
cambiar la sede tomada de Venecia se adelanta,
cuando Colonia a Roma cambiará.

LXV

O vaste Rome ta ruyne s'approche,
Non de tes murs, de ton sang & substance
L'aspre par lettres fera si horrible coche,
Fer pointu mis à tous iusques au manche.

¡Oh, vasta Roma, tu ruina se acerca!
Ni de tus muros, de tu sangre y sustancia:
El áspero por letras hará tan horrible atentado,
hierro puntiagudo metido en todos hasta la empuñadura.

LXVI

Le chef de Londres par regne l'Americh,
L'Isle d'Escosse tempiera par gelee:
Roy Reb auront vn si faux Antechrist,
Que les mettra trestous dans la meslee.

El jefe de Londres por reino América,
la isla de Escocia se endurecerá con la helada:
Rey Reb tendrá un tal falso anticristo,
que les llevará a todos en la confusión.

LXVII

Le tremblement si fort au mois de May,
Saturne, Caper, Iupiter, Mercure au boeuf:
Venus aussi, Cancer, Mars, en Nonnay,
Tombera gresle lors plus grosse qu'vn oeuf.

El temblor tan fuerte en el mes de mayo,
Saturno, Capricornio, Júpiter, Mercurio en el buey:
Venus, también Cáncer, Marte en Monray,
caerá granizo entonces mayor que un huevo.

LXVIII

L'armee de mer deuant cité tiendra,
Puis partira sans faire longue allee:
Citoyens grande proye en terre prendra,
Retourner classe prendre grande emblee.

La armada ante ciudad aguantará,
después partirá sin hacer largo viaje:
Ciudadanos gran presa en tierra tomarán,
regresar flota retomar gran ímpetu.

LXIX

Le fair luysant de neuf vieux esleué,
Se ront si grands par Midy Aquilon:
De sa soeur propre grandes alles leué,
Fuyant meurdry au buisson d'Ambellon.

El hierro reluciente de nuevo viejo ensalzado,
serán tan gandes por Medio Aquilón:
De su hermana propia grandes alas levantadas,
huyendo magullado al matorral de Ambellón.

LXX

L'oeil par obiect fera telle excroissance,
Tant & ardante que tombera la neige:
Champ arrousé viendra en decroissance,
Que le primat succombera à Rege.

El ojo por objeto hará tal excrecencia,
tanto y ardiente que caerá la nieve:
Campo regado decaerá,
que el primado sucumbirá en Rege.

LXXI

La terre & lair geleront si grand eau,
Lors qu'on viendra pour Ieudy venerer:
Ce qui sera iamais ne fut si beau,
Des quatre parts le viendront honorer.

La tierra y el aire helarán tanta agua,
cuando se venga en jueves a venerar:
El que será jamás fue tan bello,
de las cuatro partes vendrán a adorarle.

LXXII

L'an mil neuf cens nonante neuf sept mois,
Du ciel viendra vn grand Roy d'effrayeur:
Resusciter le grand Roy d'Angolmois,
Auant apres Mars regner par bon-heur.

El año mil novecientos noventa y nueve siete meses,
del cielo vendrá un gran rey de terror:
Resucitar el gran rey de Angolmois,
antes después de Marte reinar por dicha.

INTERPRETACIÓN

Al leer la primera línea sin analizarla, parece que se menciona el mes de julio del año 1999 como momento en el que se producirá un gran cataclismo, pero es muy conveniente tener presente una serie de hechos.

En la época en que Nostradamus escribió sus profecías imperaba el calendario juliano y el año empezaba oficialmente el 26 de marzo. Además, hay que tener en cuenta que menciona el mes séptimo (del latín *septem*) que es septiembre y no julio. Además, el gran rey del terror que vendrá del cielo no es otro que Urano.

Es decir, Nostradamus nos está profetizando que el mes de septiembre de 1999 vendrá uranio del cielo, como así sucedió. El día 30 de ese mes, tres hombres de la central nuclear de Tokaimura, en Japón, mezclaron por error uranio con ácido nítrico, lo que provocó una leve explosión. A continuación se produjo una pequeña reacción nuclear que mandó radiación a la atmósfera, afectando a 300.000 personas en un radio de acción de 50 millas cuadradas. Japón pidió ayuda a Estados Unidos para poder solucionar este conflicto.

LXXIII

Le temps present auecques le passé
Sera iugé par grand Iouialiste:
Le monde tard luy sera lassé,
Et desloyal par le clergé iuriste.

El tiempo presente con el pasado
será juzgado por gran jovialista:
El mundo tarde le habrá fatigado,
y desleal por el clero jurista.

LXXIV

Au reuolu du grand nombre septiesme,
Apparoistra au temps ieux d'Hecatombe:
Non esloigné du grand aage milliesme,
Que les entrez sortiront de leur tombe.

En la revuelta del gran número séptimo,
aparecerán en el tiempo juegos de Hecatombe:
No alejados de la gran edad milenaria,
que los sepultados saldrán de sus tumbas.

LXXV

Tant attendu ne reuiendra iamais,
Dedans l'Europe, en Asie apparoistra:
Vn de la ligue yssu du grand Hermes,
Et sur tous Roys des Orients croistra.

El tan esperado no volverá jamás,
en Europa, en Asia aparecerá:
Uno de la liga salido del gran Hermes,
y sobre todos los reyes de Oriente crecerá.

LXXVI

Le grand Senat discernera la pompe,
A l'vn qu'apres sera vaincu chassé:
Ses adherans seront à son de trompe
Biens publiez, ennemis dechassez.

El gran Senado permitirá la pompa,
a uno que después será vencido perseguido:
Sus seguidores serán a toque de trompetas
bienes públicos, enemigos expulsados.

LXXVII

Trente adherans de l'ordre des quirettes
Bannis, leurs biens donnez ses aduersaires:
Tous leurs bienfaits seront pour demerites,
Classe espargie deliurez aux Corsaires.

Treinta seguidores del orden de los quírites
proscritos, sus bienes donados a sus adversarios:
Todos sus méritos quedarán en faltas,
flota dispersa entregada a los corsarios.

LXXVIII

Subite ioye en subite tristesse,
Sera à Rome aux graces embrassees:
Dueil, cris, pleurs, larm. sang, excellent liesse,
Contraires bandes surprinses & troussees.

Súbita alegría en súbita tristeza,
será en Roma por las gracias abrazadas:
Duelo, gritos, llantos, lágrima de sangre, excelsa alegría,
contrarias bandas sorprendidas y tronchadas.

LXXIX

Les vieux chemins seront tous embellys,
Lon passera à Memphis somentree:
Le grand Mercure d'Hercules fleur de lys,
Faisant trembler terre, mer & contree.

Los viejos caminos estarán todos embellecidos,
se pasará a Menfis avisos:
El gran Mercurio de Hércules flor de lys,
haciendo temblar tierra, mar y campos.

LXXX

Au regne grand du grand regne regnant,
Par force d'armes les grands portes d'airain:
Fera ouurir, le Roy & Duc ioignant,
Fort demoly, nef à fons, iour serain.

En el reino grande del gran reino reinante,
por fuerza de las armas las grandes puertas de bronce
hará abrir, el rey y duque victoriosos,
puerto demolido, nave al fondo, día sereno.

LXXXI

Mis tresors temple citadins Hesperiques,
Dans iceluy retiré en secret lieu:
Le temple ouurir les liens fameliques,
Reprens, rauis, proye horrible au milieu.

Puesto tesoro templo ciudadanos hespéricos,
en aquel retirado y secreto lugar:
El templo abrir los lazos famélicos,
recuperar, maravillado, presa horrible en medio.

LXXXII

Cris, pleurs, larmes viendront auec couteaux,
Semblant fuyr, donront dernier assaut:
L'entour parques planter profonds plateaux,
Vifs repoussez & meurdris de plinsaut.

Gritos, llantos, lágrimas vendrán con cuchillos,
pareciendo huir, darán último asalto:
El entorno parques plantar profundas mesetas,
vivos rechazados y maltrechos en la toma.

LXXXIII

De batailler ne sera donné signe,
Du parc seront contraints de sortir hors:
De Gand l'entour sera cogneu l'ensigne,
Qui fera mettre de tous les siens à morts.

Del pelear no será dado signo,
del parque serán obligados a salir fuera:
De Gante en los alrededores será conocida la enseña,
Que llevará todos los suyos a muerte.

LXXXIV

La naturelle à si haut non bas,
Le tard retour fera marris contens:
Le Recloing ne sera sans debats,
En employant & perdant tout son temps.

Lo natural a tan alto no baja,
el tardío regreso hará esposos contentos:
El Recloing no estará sin debates,
empleando y perdiendo todo su tiempo.

LXXXV

Le vieil tribun au point de la trehemide
Sera pressee, captif ne deliurer,
Le vueil, non vueil, le mal parlant timide,
Par legitime à ses amis liurer.

El viejo tribuno al borde del abismo
será apresado, cautivo no entregar,
el viejo no viejo, el mal hablando tímido,
por legítimo a sus amigos entregar.

LXXXVI

Comme vn gryphon viendra le Roy d'Europe,
Accompagné de ceux d'Aquilon,
De rouges & blancs conduira grand troupe,
Et iront contre le Roy de Babylon.

Como un depredador vendrá el rey de Europa,
acompañado por los de Aquilón,
de rojos y blancos conducirá gran tropa,
e irán contra el rey de Babilonia.

LXXXVII

Grâd Roy viendra prendre port pres de Nisse,
Le grand empire de la mort si en fera
Aux Antipolles, posera son genisse,
Par mer la Pille tout esuanouyra.

Gran rey vendrá a tomar puerto cerca de Niza,
el gran imperio de la muerte hará
en las antípodas, pondrá su genio,
por mar la Pille todo se desvanecerá.

LXXXVIII

Pieds & Cheual à la seconde veille
Feront entree vastient tout par la mer:
Dedans le poil entrera de Marseille,
Pleurs, crys & sang, onc nul temps si amer.

Pies y caballos en la segunda víspera
harán entrada devastando todo por el mar:
En el puerto de Marsella entrará,
lamentos, gritos y sangre, nunca hubo tiempo tan amargo.

LXXXIX

De brique en mabre seront les murs reduits,
Sept & cinquante annees pacifiques:
Ioye aux humains, renoué l'aqueduict,
Santé, grands fruicts, ioye & temps mellifiques.

De ladrillo a mármol serán todos los muros reducidos,
siete y cincuenta años pacíficos:
Alegría a los humanos, renovado el acueducto,
salud, grandes frutos, alegría y tiempos maléficos.

XC

Cent fois mourra le tyran inhumain,
Mis à son lieu sçauant & debonnaire,
Tout le Senat sera dessous sa main,
Fasché sera par malin temeraire.

Cien veces morirá el tirano inhumano,
puesto en su lugar sabio y bondadoso,
todo el Senado estará bajo su mano,
enojado será por maligno temerario.

XCI

Clergé Romain l'an mil six cens & neuf,
Au chef de l'an feras election:
D'vn gris & noir de la Compagnie yssu,
Qui onc ne fut si maling.

Clero romano el año mil seiscientos y nueve,
en la cumbre del año se hará elección:
De un gris y negro de la Compañía salido,
que nunca fue tan maligno.

XCII

Devant le pere l'enfant sera tué,
Le pere apres entre cordes de ionç,
Geneuois peuple sera esuertue,
Gisant le chef au milieu comme vn tronc.

Ante el padre el hijo será muerto,
el padre después entre cuerdas de junco,
genovés pueblo será abatido,
yaciendo el jefe en medio como un tronco.

XCIII

La barque neufue receura les voyages,
Là & aupres transfereront l'Empire:
Beaucaire, Arles retiendrons les hostages,
Pres deux colomnes trouuees de Porphire.

La barca nueva recibirá los viajeros,
allá y luego transferirán el imperio:
Beaucaire, Arlés retendrán los rehenes,
cerca dos columnas encontradas de Porfirio.

XCIV

De Nismes d'Arles & Vienne contemner,
N'obeyr à ledict d'Hespericque:
Aux labouriez pour le grand condamner,
Six eschappez en habit seraphicque.

De Nimes, de Arlés y Viena despreciar,
no obedece todo al edicto de Hespérico:
A los laboriosos para el grande condenar,
seis huídos en hábito seráfico.

XCV

Dans les Espaignes viendra Roy trespuissant,
Par mer & terre subiugant or Midy:
Ce ma fera, rabaissant le croissant,
Baisser les aisles à ceux du Vendredy.

A las Españas vendrá rey muy poderoso,
por mar y tierra sojuzgando el Mediodía:
Este mal hará, abatiendo el creciente,
bajar las alas a los del viernes.

XCVI

Religion du nom de mers vanicra,
Contre la secte fils Adaluncatif,
Secte obstinee deploree craindra
Des deux blessez par Aleph & Aleph.

Religión de los mares vencerá,
contra la secta hijo Adaluncativo,
secta obstinada deplorada temerá
de dos heridos por Aleph y Aleph.

XCVII

Triremes pleines tout aage captif,
Temps bon à mal, le doux pour amertume:
Proye à Barbares trop tost seront hatifs,
Cupid de voir plaindre au vent la plume.

Trirremes llenos de toda edad cautivos,
tiempo bueno tiene mal, el dulce por amargura:
Botín para los bárbaros pronto tendrán dispuesto,
ansia de ver lamentar al viento la pluma.

XCVIII

La splendeur claire à pucelle ioyeuse
Ne luyra plus, long temps sera sans sel:
Auec marchans, ruffiens, loups odieuse,
Tous pesle mesle monstre vniuersel.

El esplendor claro de doncella gozosa
no lucirá más, mucho tiempo, será sin sal:
Con mercaderes, rufianes, lobos odiosos,
todos mezclados monstruo universal.

XCIX

La fin le loup, le lyon, beuf & l'asne,
Timide dama seront auec mastins:
Plus ne cherra à eux la douce manne,
Plus vigilance & custode aux mastins.

El fin del lobo, el león, buey y asno,
tímida dama estarán con mastines:
Más no caerá por ellos el dulce maná,
más vigilancia y custodia a los mastines.

C

Le grand empire sera par Angleterre,
Le Pempotam des ans de trois cens:
Grandes copies passer par mer & terre,
Les Lusitains n'en seront par contens.

El gran imperio será para Inglaterra,
el Pempotán de años más de trescientos:
Grandes ejércitos pasar por mar y tierra.
los lusitanos no estarán por eso contentos.

INTERPRETACIÓN

En la época en que se escribió esta cuarteta Inglaterra era un país que no poseía ni ejército ni poder naval destacado que justificara las ambiciones que se le auguran en aquélla. La emergencia de Inglaterra como gran poder mundial empezó en la época en que derrotaron a la denominada Armada Invencible española. El imperio británico surgido a partir de ese instante duró más de trescientos años e incluyó un gran número de países en todo el mundo.

A pesar de perder su influencia sobre Estados Unidos en el siglo XVIII, aún tenía poder sobre muchísimos países y regiones en todo el mundo: las Bermudas, India, Honduras, las Malvinas y en muchas zonas de África y Asia. Para poder manetener la paz y el control en todas esas posesiones tan distantes unas de otras, los ejércitos y la marina británica cruzaban periódicamente mares y países, como indica el profeta Nostradamus en los dos últimos versos.

LOS QUE DICEN
HABER INTERPRETADO A NOSTRADAMUS

En los párrafos finales del espacio con que he presentado esta obra exponía, creo que con claridad, mi personal punto de vista respecto a los intentos producidos a lo largo de los siglos por romper la impenetrabilidad y el esoterismo con que Nostradamus envolvió, ocultó, el significado de sus profecías, razones sobre las que así mismo apuntaré más adelante mi punto de vista. También he dicho que, al margen de mi escepticismo, en ningún momento desdeño tales trabajos ni pongo en tela de juicio su fiabilidad cuando, al parecer, profesionales más versados que yo han brindado su aquiescencia a algunos de esos estudios. No obstante, pienso y seguiré pensando, que penetrar en el universo adivinatorio del vidente francés, frisa los senderos de la utopía... Algo parecido a la fiebre de los alquimistas que persiguieron –¿y persiguen?– su encuentro con el *alkhaest*[1].

De todas formas, hablaremos de alguna de esas teorías y de sus autores, tan respetables aquéllas como éstos.

Pero antes, pienso que será interesante para nuestros lectores conocer dos significativas curiosidades protagonizadas por Michel Nostradamus que ponen de manifiesto, fehacientemente y sin lugar a la menor duda, la infalibilidad de muchos de los pronósticos surgidos del privilegiado cerebro de este asombroso iluminado.

Veamos...

Tras el fallecimiento de su primera esposa y de los hijos con ésta habidos, Nostradamus atravesó una etapa de desconcierto e inseguridad –por decirlo en román paladino, perdió la brújula, el norte, y se sumió en un pozo de tiniebla y angustias–, lo que en el lenguaje actual calificaríamos de crisis de identidad. Ésta le

[1] Más conocido como «disolvente universal» o «piedra filosofal» que, junto con el «magisterio», consistían en las utópicas pretensiones de los alquimistas. En el *alkhaest*, no obstante, venían a fundirse y reunirse «la piedra filosofal», «la panacea universal» y el «disolvente irresistible» que servirían, una vez obtenidos, no sólo para transmutar los metales viles en oro y curar todas las enfermedades conocidas por aquel entonces, sino para convertirse así mismo, en el «elixir de la vida», medicina capaz de prolongar la existencia humana indefinidamente... Es posible que en la actualidad algunos alquimistas prosigan la búsqueda (haberlos, háilos)., pero el resultado será exactamente el mismo que obtuvieron Hermes Trismegisto, Zósimo de Tebas, Paracelso, etc., sin restar mérito a la dedicación de estos hombres a tan noble como inviable tarea. (*Nota del autor.*)

llevó, buscando huir del pasado, el consuelo, la distracción y es muy posible que hasta el evadirse de pensamientos muy negros que habían invadido su mundo de tentaciones..., que le llevó, decía, a la realidad de un largo viaje. Su un tanto desorientado periplo le condujo a muchos lugares y ciudades del extranjero y así la cosa, estando Nostradamus en un rincón de Italia, caminando por una de sus calles, vino en tropezarse con tres frailes franciscanos, a los que cedió el paso apartándose cortésmente, pero, de manera súbita y ante el asombro y estupefacción de los religiosos, se posternó ante uno de ellos: el hermano Felice Peretti. Los compañeros de éste no entendían nada de todo aquello, máxime si se consideraba, como ellos sabían, que Peretti era hombre de humilde condición, de baja cuna y que antes de profesar había estado muchos años al cargo de una porqueriza.

—¿Por qué os arrodilláis ante éste caballero?

—Porque mi condición me obliga a rendir pleitesía a un hombre santo.

Se miraron entre sí, sonriendo, convencidos de que estaban en presencia de un enajenado.

Cuarenta años después el hermano Peretti era exaltado al solio pontificio, llamándose a partir de entonces Sixto V.

En otra ocasión, encontrándose Michel de visita en el castillo de *lord* Florinville, conversaban ambos sobre las profecías del astrólogo, médico y vidente. Florinville que, obviamente, no acababa de creer a pies juntillas en los poderes del francés, no pudo sustraerse a la tentación de ponerle a prueba, llevándole a los corrales del castillo para mostrarle una pareja de bien cebados cerdos, uno blanco y otro negro, preguntándole:

—¿Cuál creéis que nos comeremos para cenar, maestro?

—El negro sin duda, señor. Porque el blanco, antes, será devorado por un lobo.

En secreto, el anfitrión ordenó a su cocinero que preparase el blanco para el ágape nocturno, y así se hizo. Pero mientras el jefe de cocina y sus auxiliares trabajaban afanosamente en la elaboración del menú, por la puerta de la estancia, que por descuido había quedado entreabierta, asomó un cachorro de lobo atraído por los deliciosos efluvios que emanaban del cerdo que se estaba guisando y, en menos de lo que cuesta decirlo, dio buena cuenta del tocino. Cuando quienes allí se encontraban descubrieron la «faena» del lobezno y ante el miedo a las graves consecuencias que aquel error podía desencadenar contra ellos, unidas a la ira de su amo, decidieron guisar el cerdito negro y servirlo sin más complicaciones.

Durante la cena, Florinville, orgulloso y satisfecho por haber «arruinado» la reciente profecía de Nostradamus, se encaró con éste, para decirle:

—Maestro, de acuerdo con lo previsto nos estamos comiendo el cerdo blanco. Por aquí, difícilmente se acercan los lobos.

El profeta, completamente seguro de que la razón estaba de su parte, le dijo a su contertulio que llamase al cocinero. Y cuando el fámulo estuvo en su presencia, Nostradamus le preguntó:

—¿Qué cerdo habéis guisado para la cena, el blanco o el negro?

El cocinero, quizá para no cargar su conciencia con una nueva mentira, quizá por sentir la necesidad de sincerarse al margen de lo que pudiera sucederle, o quizá porque el destino impuso una vez más su ley inexorable, explicó la verdad, con estas palabras:

—La profecía de mi señor Nostradamus, se ha cumplido –y acto seguido relató los hechos tal y como habían acontecido.

Si entendemos ambos casos como dos simples secuencias anecdóticas, estaremos admitiendo que todo el trabajo de Nostradamus es pura anécdota. Son demasiados los aciertos del profeta, tantos que imposibilitan minimizar su labor.

Comentaba en los inicios de este apartado que expondría mi opinión, subjetiva por supuesto, acerca de los porqués que habían llevado al genial francés a envolver las cuartetas de sus centurias en un halo enigmático, indescifrable muchas veces, extremadamente confuso y complejo. Justifica ese aparente oscurantismo epistolar el hecho de que Nostradamus vivió en una difícil etapa de la historia de la Humanidad –suponiendo que haya existido alguna fácil, si no, basta con mirar la que estamos viendo en estos momentos–, ahíta de prohibiciones, en la que toda cosa que rebasara los estrechos y estrictos márgenes de la legalidad permitida convertía al transgresor poco menos que en un delincuente, cuando no en reo de penas gravísimas. Por otra parte, la Santa Inquisición –uno más de los divertidos «inventos» de la Iglesia católica–, en lo más álgido de su apogeo, imperturbable martillo de herejes, brujas, posesos del diablo, magos, alquimistas, profetas, videntes y todos cuantos se arrogaran la paternidad de las materias consideradas divinas y consagradas a Dios, el único que las entendía y manifestaba, no veía con buenos ojos (más bien todo lo contrario) a los que practicaban la astrología, la astronomía, levantaban horóscopos y cartas astrales incluso, en algunos casos, a los doctorados en Medicina, ya que determinadas curaciones se consideraban consecuencia directa de las inspiraciones satánicas que habían recibido los galenos. Y en cuanto a las predicciones, ni que decir tiene que se conseguían a través de terribles y sacrílegos pactos establecidos con Satanás. Así las cosas, no puede extrañarnos que Michel Nostradamus se refugiara en un lenguaje tan oscurantista como la época en que le tocó vivir, para legar a las generaciones coetáneas y futuras el producto de sus lecturas astrales y de su capacidad para escrutar el porvenir.

En eso creo que podemos estar todos de acuerdo. O casi todos, ¿no?

Vamos, seguidamente, en cumplimiento de lo reiterado con anterioridad, a dedicar un apartado a los estudiosos del profeta. Y para ello hemos elegido a dos de los protagonistas más carismáticos, de mayor relieve en esta área, porque citarlos a todos franquea los límites de la imposibilidad del espacio de que disponemos para esta obra, amén de que para el lector acabaría convirtiéndose en algo farragoso, aburrido y sumamente repetitivo.

Comenzamos con Jean Charles de Fontbrune, sirviéndonos de unos textos de Bruno Cardeñosa, quien califica al intérprete, como «cronista de Nostradamus».

Jean Charles de Fontbrune saltó a un primer plano de la actualidad periodística mundial al publicar, hace casi 20 años, una obra titulada *Nostradamus, historiador y profeta* (Barcanova, 1981), un *bestseller* del que se vendieron 2.000.000 de ejemplares largos, catapultando al autor desde el anonimato a la fama. Bruno Cardeñosa, generoso a la hora de deshacerse en elogios hacia la personalidad de Fontbrune, dice textualmente que se trata de «el más sensacionalista de los intérpretes de Nostradamus». Y dice así mismo, que cuando vertió tales apologías sobre el escritor e intérprete, no imaginaba que poco tiempo después gozaría del placer de entrevistarle.

—¿Quién es Nostradamus, qué es para usted Nostradamus? –preguntaba Cardeñosa al «heredero» del profeta francés.

—Para mí lo es todo. Le debo un enriquecimiento personal enorme. Gracias a él he adquirido profundos conocimientos en historia, lingüística, geografía, política, filología... A Nostradamus no puedo considerarle, sencilla y llanamente, más que un amigo.

Pero además le debe –siempre en opinión de Cardeñosa– el haberse convertido en uno de los fenómenos editoriales más arrolladores de los últimos años. Parece ser que la publicación de *Nostradamus, historiador y profeta* en 1981 provocó que Francia quedara sumida en una especie de sopor profético, en un delirio popular, cuya fiebre arrastró al propio presidente de la República a comprar el libro de Fontbrune. Y es que, ciertamente e interpretando con perfecta exactitud las predicciones del profeta, Fontbrune, en las más de 500 páginas de su volumen, predijo la llegada al poder del Partido Socialista y el atentado sufrido por Juan Pablo II.

—Sus profecías están vigentes –dice el autor, refiriéndose a Nostradamus– y siguen cumpliéndose y se cumplirán, conforme los acontecimientos mundiales se vayan produciendo. ¿Casualidad? ¡En absoluto! Nostradamus era de todo punto consciente de ser capaz de traspasar con sus poderes mentales las fronteras del espacio y el tiempo, anticipando así el porvenir.

Parece ser que no todas las interpretaciones de las cuartetas y profecías del vidente francés, presentadas de cara al futuro en el libro de Fontbrune, fueron espectaculares aciertos, ya que también erró meridianamente.

—Siempre he reivindicado el derecho a equivocarse que tienen, tenemos los humanos, puesto que los únicos que no se equivocan son los que nunca se arriesgan –se justificaba Jean Charles de Fontbrune, en 1999, con motivo de una entrevista que le realizaron al publicarse en España su nueva obra sobre el vidente francés, *Nostradamus, 2000-2025: ¿Guerra o paz?*

—En el segundo libro –continua diciendo De Fontbrune– he procurado corregir ciertos fallos de traducción que cometí en el anterior, porque no resultaba fácil derivar al francés actual escritos procedentes del provenzal del siglo XVI. Mi error, posiblemente, consistió en empecinarme excesivamente en las etimologías griega y latina de algunas expresiones que utilizaba, olvidándome del francés medio y antiguo.

Así se expresaba el intérprete hace dos años, mes arriba mes abajo, acusado, por cierto, de ser exageradamente tremendista, catastrofista, respecto a sus peculiares interpretaciones de determinadas cuartetas de Nostradamus. En su flamante *bestseller*, planteaba para la llegada de 2025 una nueva «edad de oro», pacífica para la Humanidad. Sin embargo, su visión esta vez más optimista de las profecías del maestro, pasa por la llegada del anticristo y de una Tercera Guerra Mundial, previa a ese dorado período.

—Sin embargo –proseguía Fontbrune en el transcurso de la entrevista–, no podemos permanecer ignorantes al hecho de que Nostradamus pretende advertir y por eso sólo predice las hecatombes que afectarán a la Humanidad. En consecuencia, no alude a Internet, la televisión, la puesta en órbita de satélites en misión de paz, porque tales circunstancias, en sí, no son negativas, no causan más mal al hombre que el que el propio hombre quiere que le causen. Nostradamus no es Jules Verne... Advierte de los peligros, de las catástrofes.

Son más de tres décadas las que Jean Charles de Fontbrune lleva dedicadas al estudio del carismático vidente, pero convive con él prácticamente desde el momento de nacer ya que su progenitor, Max de Fontbrune, doctor en Medicina, recibió por aquel entonces, de manos de un paciente, un ejemplar único de un libro editado en 1568. Se trata de una edición príncipe de las profecías de Nostradamus. Aquella obra, de cubierta de tela marrón, viaja con Jean Charles doquiera que va, protegida por un viejo y desgastado forro de plástico que evidencia con su deterioro el uso cotidiano que el escritor hace de ella: Cuando Max de Fontbrune abrió aquel insólito ejemplar, hace bastante más de medio siglo, quedó estupefacto: «una de las profecías aludía a un militar apellidado Franco que impondría en España una larga e inflexible dictadura». Cuatro años después, Max publicó *Las profecías del maestro Michel Nostradamus explicadas y comentadas*, volumen en el cual anticipaba la dramática confrontación bélica (Segunda Guerra Mundial) que estallaría un año después, relatando así mismo las perversidades del Tercer Reich y de su líder Adolf Hitler. Por una extraña y más que sospechosa casualidad, en 1940, en la Francia ocupada por las legiones del *führer*, las planchas y 2.000 ejemplares del libro fueron destruidos. Pero el galeno francés ya había incorporado al siglo XX la figura del sabio, médico y vendedor de cosméticos para señoras y otros mejunjes, astrónomo, iluminado y vidente, profeta por antonomasia, que era y se llamaba Michel de Notredame, Nostradamus. Y su hijo, Jean Charles, iba en camino de convertirse en un brillante continuador de la tarea por él iniciada, encargándose de que no perdiera actualidad, quien aún recuerda la pasión casi enfebrecida, visceral, con la que su progenitor se enfrentó a aquellos poemillas visionarios, que incluso impresionaron al literato Henry Miller, autor, entre otras, de obras tan significativas como *Trópico de Cáncer*, que compartió innumerables jornadas con la familia De Fontbrune en la década de los 50. Tras la desaparición de su padre, Jean Charles se enfrentó al desafío de su existencia: poner en práctica un método increíble para la traducción e interpretación de las profecías de Nostradamus. Y con el soporte de expertos del Centro Nacional de Investigaciones Científicas francés, desarrolló un programa original basado en un fichero informático de tratamiento del lenguaje y de estadísticas para analizar la frecuencia de uso de palabras. Explicado de otra manera, Fontbrune descubrió el significado de determinadas expresiones del programa. Sirviéndose de tal proceso pudo averiguar también que Nostradamus, para designar protagonistas y enclaves, utilizó anagramas, o sea, vocablos a los que alteró el orden de las letras.

Consecuencia de este sistema fue *Nostradamus, historiador y profeta*; obra que, aparecida en octubre de 1980 con una tirada inicial de 6.000 ejemplares, no generó el interés de los *mass media* hasta mayo del siguiente año.

—Muchos se subieron al carro de mi éxito, conscientes de que sus críticas anteriores estaban exentas de fundamento –explicaba el autor. Y tales críticas se centraban –precisamente– en el programa, sistema o método, que se citaba. Sin ir más lejos, en las cuartetas en las cuales el intérprete «vio» la llegada del Partido Socialista al poder en Francia, aludía al gobierno de la «rosa»; Jean Charles creyó que el profeta había predicho de esta forma el icono que distinguiría al socialismo internacional, sin embargo, sus detractores le acusaban de esconder que Nostradamus fue un hombre que tuvo acceso a conocimientos esotéricos y que según distintas fuentes militó en algunas sociedades secretas, entre ellas, la orden de los Rosacruces. Jean Charles rechazó –y sigue rechazando– enérgicamente aquellos juicios que consideraba mal intencionados.

—La mayor parte de esas historias referidas a la vida del maestro son pura fantasía, leyendas sin ton ni son. Era un hombre de ciencia y practicando la asepsia fue como desarrolló el sistema para combatir con éxito la peste bubónica, primer paso hacia su bien ganada fama, fama que no conquistó, obviamente, practicando la magia. Ni ocultismo, ni ejercicios escabrosos, ni pactos con seres de otra dimensión: tan sólo un científico capaz de prever el futuro.

Y ya que al futuro se refiere Jean Charles de Fontbrune, en su última publicación, *Nostradamus, 2000-2025: ¿Guerra o paz?* (Robin Book, 1999), en la que parece alejarse tímidamente de su tradicional catastrofismo (el que le hizo popular), dice: «El futuro puede cambiarse, las cuartetas del maestro son un aviso». Pero la pregunta es ¿qué va a pasar con el futuro de la ex Yugoslavia?

—Estabilidad provisional. Nostradamus vincula mucho lo que ocurra en el Cáucaso a lo que tenga que llegar en los Balcanes. Algunas cuartetas hacen suponer que a causa de los conflictos del Cáucaso, Estados Unidos y Rusia pueden llegar al establecimiento de serias hostilidades.

Cabe preguntarse y preguntarle al intérprete si alguna de estas circunstancias puntuales (o todas al unísono) pueden desembocar en la Tercera Guerra Mundial:

—Sí. Es muy posible, junto a Oriente Medio y el Islam.

A la vista de esta respuesta y por aquello del lógico y puro egoísmo es de justicia indagar sobre el protagonismo de España en tales eventos:

—Hay una cuarteta que dice «a las Españas llegará un reino poderoso». Y señala que habrá un rey, que según todos los indicios es el actual, que unirá a Occidente contra el Islam.

Se desprende de esas cuartetas que el mundo árabe penetrará en España procedente de Marruecos...

—Es factible. Una de las cuartetas señala que el actual rey marroquí, Mohamed VI, será aprisionado por los fundamentalistas. Puede tratarse del detonante.

Al margen de tan importantes circunstancias parece ser que se viven unos momentos difíciles particularmente en la Europa central, en que los movimientos nazis están asumiendo un peligroso auge. ¿Hasta dónde y hasta cuándo?

—Nostradamus llama a Hitler el fénix, y ése es un animal que resurge de sus cenizas. En consecuencia...

Dice Fontbrune en su último libro, el que estamos comentando, que este Papa, o el próximo, puede morir en un atentado un 13 de diciembre en medio de conflictos mundiales.

—¡Han enterrado tantas veces a Juan Pablo II...! Lo cierto es que eso tiene que ver más con las profecías de san Malaquías, sobre las que también he escrito. Él predijo que quedan dos pontífices, el de ahora y el siguiente. Y según la horquilla de tiempo calculado, el último morirá hacia el 2025 o el 2026, lo que coincide con las predicciones de Nostradamus, que también habla de la destrucción de Roma.

El maestro no menciona prácticamente nunca a Norteamérica:

—Al profeta sólo le interesa Europa, por lo cual, sólo habla de Estados Unidos cuando existe relación con el viejo continente. Pero a través de mis estudios deduzco que Nostradamus predijo que la llegada de un nuevo mundo sólo será posible tras la extinción del capitalismo.

Uno se pregunta qué posibilidades de existencia tiene el futuro humano sin capitalismo:

—Absolutamente todas. Todas. Llegará, tras su muerte y desaparición, el amor de verdad, sin los banqueros por medio. En último término podría considerarse incluso, que la bestia del Apocalipsis de san Juan es Estados Unidos.

El *ayatollah* Jomeini ya lo dijo un día: «¡Oh, el gran Satán!».

Citaré acto seguido al segundo y último estudioso de la obra de Nostradamus, elegido en función no sólo de su popularidad en este ámbito, sino del reconocimiento expresado hacia él por una gran mayoría de profesionales que se interesan en el esclarecimiento de los enigmas del maestro.

Se trata de José García Álvarez, autor del libro *¡Nostradamus despierta!*, quien se refiere a la «clave del profeta» como la obsesión de miles de mortales que han dedicado gran parte de su vida a la correcta interpretación de las profecías del francés, diciendo así mismo que esa búsqueda ha sido la sepultura de un mundo de sufrimientos, truncando en la mayoría de los casos un universo de esfuerzos y sacrificios, de ilusiones y esperanzas, convirtiéndolas en fracaso, decepción, desesperanza... Y acaba matizando, textualmente, que, la clave del profeta, ha preservado su intimidad como pura doncella protegiendo su virginidad; y así, durante siglos, se ha mantenido incólume, inmaculada, en recatada espera, rehusando a unos y desanimando a otros, para dar sólo su consentimiento, cuando en el tiempo idóneo, alguien [él] formulará el «ábrete sésamo» capaz de abrir su puerta mágica.

Tratar de resumir ahora la compleja labor, la meticulosa entrega protagonizada por García Álvarez al servicio del estudio de tarea tan compleja como exige –y de hecho le ha exigido– el cabal discernimiento de los misterios legados por el maestro, es pretensión imposible, por lo cual, para situar al lector en el concreto *leit motiv* que se desprende de los esfuerzos interpretativos de este estudioso, reproduciré en lo básico y esencial, una entrevista concedida por el escritor hispano –vía correo electrónico– a un conocido matutino ecuatoriano.

Este es el resumen:

—¿Cuántos años de investigación ha invertido en la redacción de su obra *¡Nostradamus despierta!*?

—Unos 25 aproximadamente, que es el tiempo transcurrido entre el primer impulso que me llevó a abrir un libro de Nostradamus. Ha habido muchas noches de insomnio, de trabajar sin descanso, de esfuerzo... Pero lo que ahora importa es la tarea realizada, y nadie, salvo Dios, sus mensajeros celestiales y yo, sabemos cuánto fue lo que costó de privacidad y sacrificio.

—Parece ser que su tarea se resume en el hallazgo de una «clave secreta» que le ha permitido entender el mensaje del profeta. ¿Puede explicar cuál ha sido el proceso de investigación seguido para llegar a ese hallazgo?

—Esta es una pregunta compleja que requiere una respuesta detallada y que procuraré sintetizar en lo posible. La clave de Nostradamus ha sido como una doncella pura protegiendo su virginidad; y así, durante siglos, se ha mantenido virginal, inmaculada, en recatada espera, rehusando a intérprete tras intérprete y desanimando a muchos estudiosos. Tenía que ser yo, según parece, con el auxilio de los que vienen de las estrellas, quien en su tiempo diera con la fórmula mágica para desvelar el arcano. El «ábrete sésamo», estaba en el número 3797, citado en la carta a su hijo César. El proceso de investigación es largo de explicar, así que lo resumiré en varios pasos:

1.º El profeta había publicado primero 7 centurias y luego 3.

2.º Era evidente que no podían ser vaticinios hasta el año 3797, viendo los signos de los tiempos. «Esto haría retirar la frente a algunos», deja dicho el profeta.

3.º En varias cuartetas se hace hincapié: «siete en tres», «siete en tres».

4.º Dice el iluminado «se agrupan según una cadena». Esa cadena es el 3797. Se trata, en realidad, de una sucesión periódica de 10 (3-7), que desarrollada da 903 cuartetas y 97 cuartetas restantes, y cuya constante se repite periódicamente, y que, en este caso, es 3.

5.º Los términos de esta sucesión periódica son, pues, 10: 3-7, 6-7, 9-7, 12-7, 15-7, 18-7, 21-7 (ascendentes) y 18-7, 15-7, 12-7 (descendentes). Más 97 cuartetas finales. Y suman 1.000. Puede comprobarse. Concretando, el proceso de reparto

para desordenar las cuartetas en el orden de la clave se desarrolló de la siguiente manera: colocó el millar de vaticinios, numerados del 1 al 1.000, en 7 montones con 143 augurios cada uno. Hecho esto, tomó las 3 primeras cuartetas de cada uno de los montones y las fue colocando, de forma sucesiva, en 3 montones. En total 21 colocadas. A continuación, tomó las 6 cuartetas siguientes de cada uno de los 7 montones, y las volvió a colocar encima, una tras otra, en los 3 montones. Y así, sucesivamente, hizo lo propio, tomando y repartiendo 9 cuartetas, 12 cuartetas, 15 cuartetas, 18 cuartetas, 21 cuartetas, otra vez 18 cuartetas, 15 cuartetas y 12 cuartetas, de cada uno de los 7 montones, en 3 montones, «Siete en tres». Las cuartetas regidas por los siete planetas en el cielo de aquel tiempo, pasarán a reagruparse en tres épocas, de la Luna, del Sol y de Saturno, que indica el profeta cuando dice, «con arreglo a las cosas del cielo». Luego, los 3 montones los reparte en 10 montones y quedarán las «centurias» listas para publicarse. Pero, vino el ladrón y le robó 58 profecías, que años más tarde aparecerían como las «sextillas»... Eso ya sería demasiado largo de explicar. Puede verse en mi libro, *¡Nostradamus despierta!*, donde está todo perfectamente detallado.

—¡Demencial palabra! ¡Increíble! Estoy por preguntarle si Nostradamus, en vez de ser un profeta, era en realidad un visionario, un alienado...

—¡Por Dios! Estamos hablando de un hombre irrepetible con una sabiduría excepcional. La calidad y la precisión profética, inigualables, de Michel de Notredame están fuera de toda duda. Y estamos hablando también de un médico, un astrólogo y un vidente, que vivió en el siglo XVI, y que arriesgó su vida y su fama con sus célebres centurias, para prevenir a los humanos de los terribles sucesos que les aguardaban en el devenir del tiempo, hasta el final de esta generación. Yo hallé su, hasta entonces inalcanzable clave, contenida en el número 3.797, dato proporcionado por el maestro en una de sus dos epístolas y descubrí el secreto de las sextillas. Eso me ha permitido ordenar, interpretar y desarrollar las 1.000 cuartetas de su obra, colocándolas en su totalidad y por primera vez en más de cuatro siglos, en riguroso orden cronológico, desde el año 1556 hasta el fin de esta Humanidad, ya muy cercano. La historia ya ha confirmado 820 de esas cuartetas, con hechos no descubiertos por ella, como los asesinatos de Napoleón Bonaparte, Adolf Hitler, Joseph Stalin y Juan Pablo I, o la traición de Winston Churchill. Las 180 restantes desgranan un inquietante futuro en el que, entre otros acontecimientos estremecedores, sucederán:

1. Una guerra en el Mediterráneo entre norteamericanos, árabes e israelitas.
2. El asesinato del rey Juan Carlos I de España.
3. Un golpe de Estado que acabará con la democracia española.
4. La Tercera Guerra Mundial asolará al mundo.
5. Los papas *De Gloria Olivae* y Juan Pablo II serán asesinados, después de que Karol Wojtyla abandone la sede romana y la traslade a otro lugar.
6. París, Roma, Nueva York, Los Ángeles y otras grandes ciudades serán destruidas por guerras y cataclismos.

7. Guerra entre China y Occidente.
8. Una segunda venida de Jesucristo, el redentor.
9. Una gran manifestación extraterrestre.
10. Exterminio del anticristo.
11. Descenso de la gran cosmonave *La nueva Jerusalén.*
12. Rescate y evacuación de *Los elegidos.*
13. Oscurecimiento del Sol y la Luna.
14. Venida del gigantesco astro *Hercólubus,* que variará el eje de la Tierra y será el detonador del final de esta raza.

—Con el panorama tan «halagüeño» que acaba de pintarnos, quisiera preguntarle si le ha quedado alguna catástrofe, alguna hecatombe, alguna tragedia, alguna destrucción más por interpretar... ¿Le ha quedado alguna?

—No es momento de ser irónico ni cáustico frente a una realidad incuestionable. Las profecías del maestro dejan ya de ser un acto de fe, porque fe sería creer en aquello que no se ve, y existen demasiadas evidencias fehacientes del puntual cumplimiento de sus predicciones. Quizá me ha quedado alguna por interpretar, es posible... Pero, sinceramente, lo dudo.

—No he querido ser irreverente ni cuestionar un trabajo que ha merecido plácemes y aprobaciones en amplios sectores de la opinión mundial. Aclarado este punto... ¿Cuáles han sido los motivos que le han llevado a redactar su libro? ¿Está entre ellos la «esperanza» (entre comillas, claro) de poder cambiar la actitud de las personas y así evitar el terrible destino pronosticado por Nostradamus para la Humanidad?

—Siempre he sentido una gran inquietud e inclinación hacia las profecías y, como digo en el prólogo de la obra en cuestión, hubo un tiempo en que mi mente y mi corazón marcharon desbocados, espoleados por una curiosidad bastante desmedida por los eventos del futuro; hoy, ya nada del provenir me inquieta, porque mi mente y mi corazón están serenos. En 1975, entré en contacto físico, mental y espiritual con seres superiores del espacio, a los que llamo hermanos mayores, aquellos que son. Yo soy un «rama» y estaba disponible igual que lo estoy hoy. Entre otras misiones, «ellos» me ayudaron a desarrollar la del profeta francés, pues éste era el tiempo en que había de ser correctamente interpretada. Tengo una fe inquebrantable en Nostradamus, e interiormente estoy convencido de que es infalible en sus pronósticos. Lo ha sido hasta ahora y lo será hasta el final. Coincide, además, con lo dicho por otros grandes profetas como Jesús, Juan Evangelista y los que he consultado en mis estudios de profecía comparada. Lo que deseo profundamente, y ésa es mi gran esperanza, es que todos mis hermanos del mundo reciban el mensaje impreso en mi libro, que les mostrará todo lo que proviene del futuro, y eso les lleve a reflexionar y rectificar sus conductas, dirigiéndolas al camino del Bien, con el consiguiente beneficio para sus almas en la hora final. El destino de la Humanidad ya es irreversible, pero aún son posibles los provechos espirituales para quienes abandonen la senda del Mal.

—Si el destino está escrito y es inalterable como indica la casi totalidad de los profetas, ¿cuál es la función concreta del libre albedrío? ¿O tenemos que elegir entre la sumisión o la rebeldía?

—Fue dicho y está escrito, que el hombre ha nacido libre, con el signo de la infinitud sobre su destino, independientemente de los márgenes aparentes del nacimiento y la extinción, entre los que transcurre una fase del aprendizaje de su espíritu, a la que él llama «vida» o «existencia». Dios le creó a su imagen y semejanza, pero él ha elegido libremente ser como es y seguir el camino de las tinieblas. Y eso es lo que no puede ser. Queda sólo tiempo de buscar a Dios con urgencia. De tratar de sentirlo en lo más profundo del corazón, implorando su clemencia, haciendo firme propósito de arrepentimiento y transmutando las conductas erradas que impiden la pureza del alma. Cuán hermoso sería que, ante las lecturas de las profecías del porvenir cercano, millones y millones de criaturas de este planeta corrigieran sus comportamientos cambiando lo negativo de su interior en positivo. Volvería a repetirse, sin duda, el milagro de la sensata ciudad de Nínive, ocurriendo otra vez, como en el caso del bíblico profeta Jonás.

—Las diferentes confesiones religiosas, ¿han tomado alguna postura determinada frente a las profecías?

—Sí, la postura del silencio. Callan... Como siempre eluden las noticias tendentes a sacar a sus ministros de los muros estrechos de su propia ciudadela, de su ignorancia, por miedo a que los otros puedan ser libres y tener que afrontar realidades más grandes que sus miserables conciencias. Por eso quieren, a toda costa, que la Humanidad siga ciega, sumida en el oscurantismo, y sorda a la palabra de la verdad. ¿Por qué la Iglesia católica esconde el mensaje que había sido anunciado por la celeste dama de Fátima? Todos esperamos, desde 1960, la divulgación del contenido de esa profecía y la Iglesia la sigue silenciando obstinadamente. ¿Por qué? Ha sido dicho y escrito: «Vosotros no entraréis en el reino de los Cielos e impedís que los otros entren». Y está diáfano que ellos, como los de las demás religiones existentes en el mundo, han puesto el veto a María, a Nostradamus y a otros profetas, porque en sus predicciones no salen bien parados y por eso quieren ocultarlas a cualquier precio.

—Después de esa ardua tarea en la que ha engarzado pasado, presente y futuro, ¿ha podido encontrar por fin el sentido de la vida?

—Sí. Ya han transcurrido 25 años de mi vida en esta tierra desde que empecé a escribir el primer renglón de aviso, y sigo siendo el espíritu que hace uso de este habitáculo físico, más envejecido y deteriorado, al que los demás continuan llamando José. Ese es el que no soy, aunque lo siga utilizando. Después de todo cuanto he escrito, sólo me resta pedirle a los habitantes de este mundo que, si les es difícil creerme, les sea fácil reflexionar. Que evalúen los hechos prestos a suceder en un futuro inmediato y mediten serenamente, para sacar las conclusiones que se imponen y puedan comprender, a continuación, que el final de esta generación es una inquietante e irreversible verdad de nuestro tiempo. Respeto, prudentemente, que los demás acepten o rehúsen lo que digo, porque la libertad de pensamiento es derecho fundamental de todo ser humano. Yo he encontrado sentido a mi vida y he hecho lo que en conciencia y por inspiración debía hacer. Ahora está orientada hacia un objetivo: «Comunicar lo que me ha sido dicho por los seres angélicos a otras personas que, sobre nuestro plano, pueden ser capaces de desarrollar los valores indispensables para ser, al menos, buenas y sin prejuicios». He querido actuar según la metodología que mi maestro Jesús el Cristo me ha enseñado y es meta de mi existencia hacer lo posible por parecerme a Él.

> *El final pronto llegará y será hora de hacer selección en la mies de la Tierra: el trigo irá al granero y la paja servirá para quemar el brasero. Dios vendrá y se manifestará a todos los hombres de este mundo; pero, esta vez, de manera diferente a como lo hizo antes.*

PUNTO Y FINAL
(de momento)
CAE EL WORLD TRADE CENTER Y TIEMBLA EL PENTÁGONO

El día 11 de septiembre de 2001, con la efigie del profeta flotando en lontananza envuelta en una impenetrable nebulosa, la tragedia se cierne sobre Nueva York. Dos aviones de vuelos interiores regulares se dirigen como exhalaciones mortales hacia los dos edificios más emblemáticos de la ciudad de los rascacielos, estrellándose contra ellos en misión suicida de sus pilotos y con el sacrificio inherente de unos pasajeros que no entienden por qué han sido llamados a participar, y morir, en semejante holocausto. El impacto es brutal, horrísono, espeluznante, y le siguen dos volcanes ígneos de infrahumano estallido. Las torres caen, la hecatombe se ha consumado.

A esta sangrante acción terrorista no registrada hasta ahora en los anales de la historia moderna viene a añadirse, minutos después, el ataque al Pentágono de la capital estadounidense, con técnica muy similar a la empleada en Nueva York.

¿Sabía algo el maestro de «rascacielos y pentágonos»?

Sí. Es evidente que sí.

Buena prueba de ello es que la cruel actuación terrorista de ese 11 de septiembre ha reavivado el interés del gran público por la obra profética de Nostradamus, pues más de uno de sus intérpretes habían manifestado sus temores a que «algo» muy grave sucediera en la que el profeta denomina la «ciudad nueva», es decir, Nueva York.

He repetido a lo largo de este trabajo que es difícil, para mí casi siempre imposible, penetrar en el mundo misterioso del astrólogo galo e identificar el sentido exacto, concreto, de sus palabras e imágenes, sin la existencia de un referente que pueda simplificar la labor de un profano. Sin un punto de partida medianamente fiable, hacer una lectura correcta de cualquier profecía de Nostradamus es correr un riesgo, un albur, con un elevado porcentaje favorable al error. Quizá por eso, quizá porque hay cosas que los humanos somos reacios a admitir y nos resistimos a creer, a pesar de los avisos de los intérpretes cualificados de este incuestionable vidente, ni se conoció con antelación el alcance exacto de los trágicos acontecimientos que estaban a la vuelta de la esquina, ni tampoco fueron considerados como posibles por parte de quienes, escépticos al hecho profético, claro, tenían capacidad para evitar, o como menos paliar, el destructivo evento.

Ahora, la catástrofe, lamentablemente, es toda una realidad. Una realidad sin parangón. No obstante, veamos cuáles son las cuartetas del maestro en las que predecía la escalofriante tragedia sufrida por miles de inocentes ciudadanos de los Estados Unidos de América:

Centuria I, cuarteta LXXXVII

En el fuego del centro de la tierra,
hará templar alrededores de ciudad nueva,
dos grandes rocas largo tiempo harán guerra,
luego Aretusa enrojecerá de nuevo el río.

Centuria VI, cuarteta XCVII

Cinco y cuarenta grados cielos arderá,
fuego acercándose a gran ciudad nueva:
Al instante gran llama esparcida saltará,
cuando se quiera de normandos hacer prueba.

Centuria X, cuarteta XLIX

Jardín del mundo junto a ciudad nueva,
en el camino de montañas cavadas:
Será tomado y arrojado a la cuba,
forzado a beber aguas sulfurosas envenenadas.

Según Le Pelletier estas tres cuartetas permiten relatar exactamente lo que sucedió el fatídico 11 de septiembre.

Al escribir en la cuarteta XCVII de la centuria VI el verso «Cinco y cuarenta grados cielos arderá» se está refiriendo al ángulo desde el cual un observador puede ver el momento en que los aviones vuelan y chocan contra las torres gemelas. En la tercera línea añade: «Al instante gran llama esparcida saltará», es decir, en el mismo instante del choque habrá una gran bola de fuego. La palabra «prueba» de la última línea fue repetidamente mencionada en los discursos del presidente Bush, cuando para transmitir ánimos a la población no dejaba de anunciar que iban a superar esa prueba.

Cuando en la cuarteta LXXXVII de la centuria I menciona: «dos grandes rocas largo tiempo harán guerra» y «luego Aretusa enrojecerá de nuevo el río» relata los largos minutos en que las dos torres resistieron en pie el brutal ataque, para acabar cayendo y dejando la bahía llena de escombros y toda la zona de alrededor con víctimas. El «temblor» relatado en la línea precedente ha sido confirmado por miles de testigos que al explicar lo sucedido mencionaban que habían notado cómo tembla-

ba la tierra. Parecía que el hundimiento de los dos edificios había causado un terremoto. Lo que sí resulta interesante y quizá, hasta cierto punto, sorprendente es que en la primera línea habla del «centro de la tierra». Si traducimos al inglés las palabras básicas nos encontramos con *center* y *world*. ¿Estaba el profeta dándonos el nombre del lugar donde ocurriría el ataque? ¿Hablaba del World Trade Center?

En la cuarteta XLIX de la última centuria de Nostradamus, es curioso ver la forma en que se describen las torres: «montañas cavadas». Estas líneas tienen importancia porque hacen referencia a la ciudad atacada. Una demostración más de que el profeta tenía claro que algo grave iba a suceder.

Pero estas tres no parecen ser las únicas referencias al ataque que se pueden reconocer a lo largo de las centurias. Hay quien opina que esta cuarteta que ahora añadimos completa las explicaciones precedentes:

Centuria I, cuarteta XXIV

En la ciudad nueva pensativo para condenar,
el pájaro de presa al cielo acaba de ofrecerse:
Después de la victoria a los cautivos perdonar,
Cremona y Mantua grandes males habrán sufrido.

Otra mención a la ciudad nueva nos alerta sobre Nueva York. El «pájaro de presa» de la segunda línea es el avión raptado que se «ofrece» en sacrificio, es decir, comete una atrocidad en nombre de alguna misión sagrada y tras lo cual recibe el perdón. De todos es sabido que los terroristas musulmanes van directamente al cielo cuando al cometer un ataque en nombre de su religión se suicidan.

Pero para Nostradamus, lo realmente importante, su verdadero mensaje, es que todos estos hechos conducirán irremediablemente a la Tercera Guerra Mundial.

ÍNDICES

Índice cronológico

1535 a 1895 - Ciclo de la Luna (I, XLVIII).
1558 - Enlace matrimonial entre Francisco II y María Estuardo (X, XXXIX).
1559 - Muerte de Enrique II (I, XXXV).
1560 - Conspiración de Ambrós (III, XLI).
1560 - Muere Francisco II (X, XXXIX).
1563 - Muerte del duque de Guisa: procesión en su honor (VII, XXIX).
1564 a 1566 - Viaje de Carlos IX, rey de Francia, con Catalina de Medicis (II, LXXXVIII).
1568 a 1569 - Se hacen públicas las cartas de María Estuardo a James Hepburn (VIII, XXIII).
1572 - Inicio de los asesinatos hugonotes (IV, XLVII).
1574 - Muere Carlos IX y le sucede Enrique III (X, XVIII).
1576 - Formación de la Sagrada Liga Católica (III, LV).
1579 - Fernando Álvarez de Toledo, tercer duque de Alba, se enfrenta al rey (VII, XXIX).
1584 - Muere Enrique III y le sucede Enrique de Navarra, duque de Vendôme (X, XVIII).
1585 - El duque de Vendôme, excomulgado (X, XVIII).
1587 - María Estuardo, condenada a muerte (I, LXXXVI).
1587 - Paz con Navarra y recuperación de París (III, L).
1587 a 1595 - Sagrada Liga Católica (III, L).
1588 - Carlos Manuel I, duque de Saboya, invade la fortaleza francesa en Italia (IX, XLV).
1588 - Derrota de la Armada Invencible (III, LXXXVIII).
1588 - Día de las Barricadas (III, LI).
1589 - Asesinato de Enrique III (III, L).
1589 - Batalla en Arques (III, L).
1589 - El duque de Vendôme obtiene la soberanía (IX, XLV).
1590 - Batalla en Ivry (III, L).
1595 - Enrique IV declara la guerra a España (IX, XLV).
1596 - Pomégues, Ratinneau y castillo de If, tomados por los españoles (III, LXXXVIII).
1598 - Tratado de Veruins (IX, XLV).
1600 - Enrique IV invade Saboya (IX, XLV).
1610 - Asesinato de Enrique IV (IX, XXXVI).
1610 - Descubrimiento de Galileo Galilei (VIII, LXXI).
1615 - Enlace entre Ana de Austria y Luis XIII (IV, LXXX).
1616 - Galileo Galilei promete abandonar la tesis copernicana (VIII, LXXI).
1617 - Arresto y muerte de Concino Concini, colgado por los pies (VII, I).
1618 - Exilio de Richelieu, su hermano Enrique y su cuñado Pontcoulay (IX, XXXVI).
1631 - Luis XIII envía sus tropas a Nancy (IX, XVIII).
1632 - Batalla de Castelnaudray: Montmorency es hecho prisionero (IX, XVIII).
1632 - Enlace matrimonial entre Gastón de Orleans y la princesa Margarita (IX, XVIII).
1636 - Francia declara la guerra a España (IX, XVIII).
1638 - Nace Luis XIV, heredero al trono de Francia (IV, LXXX).
1642 - Descubrimiento en Arlés del tratado secreto de Gastón de Orleans, el duque de Bouillon y el marqués de Cinq-Mars (VIII, LXVIII).
1648 - El coronel Thomas Pride en oposición a los miembros del Parlamento (IX, XLIX).
1648 - El rey: acusado y encerrado en su castillo (VIII, XXXVII).
1648 - Escocia es derrotada por Inglaterra (II, LXVIII).
1648 - Tratado de Münster: barrera política entre Amberes, Gante y Bruselas (IX, XLIX).
1649 - Abolición de la monarquía (VIII, XXXVII).
1649 - Cromwell condena a muerte a Carlos I (VIII, XXXVII).
1649 - Decapitación de Carlos I (IX, XLIX).
1649 - Ejecución de Cinq-Mars y fallecimiento de Richelieu (VIII, LXVIII).
1649 - Oliver Cromwell, presidente del Consejo de Estado (VIII, XXXVII).
1654 - Alianza angloportuguesa (II, LXVIII).
1660 - Restauración del reino de Inglaterra (Carlos II) (II, LXVIII).
1665 - Carlos II de Inglaterra declara la guerra a Holanda (II, LI).
1665 - Gran plaga de Londres (II, LIII).
1666 - Gran fuego de Londres (II, LI).
1667 - Entrada de la flota holandesa en Inglaterra (II, LXVIII).
1699 - Leopoldo, nombrado rey de Hungría (II, XC).
1740 a 1780 - Gobierno de la emperatriz María Teresa (II, XC).
1776 - Independencia de Estados Unidos (IV, XCVI).
1789 - Asamblea Constituyente de Francia: fin del Antiguo Régimen (VII, XIV).
1789 - Descristianización de Francia (I, XLIV).
1789 - El pueblo no quiere ver al rey (IX, XXXIV).
1789 - Revolución francesa (I, LVII).
1789 - Toma de la Bastilla (I, XIV).
1789 a 1790 - Júpiter entra en Leo, Revolución francesa, imposible de detener (II, XCVIII).
1791 - Los monarcas franceses capturados en Varennes (IX, XXXIV).
1791 - Los reyes de Francia, devueltos a París (IX, LXXVII).
1791 - Nueva Constitución en Francia (VII, XIV).
1792 - 500 protestantes salen desde Marsella rumbo a París (IX, XXXIV).
1792 - Ataque a las Tullerías (IX, XXII).
1792 - Ataque al Palacio de las Tullerías (IX, LXXVII).
1792 - El Comité de los Doce (IV, XI).
1792 - Francia es declarada República (I, III).
1792 - La reina María Antonieta y su familia, presos en la Torre del Templo (X, XVII).
1793 - Ataque racionalista a la religión (VII, XIV).
1793 - Decreto de 23 de abril (I, XLIV).
1793 - Decreto del 1 de agosto (VII, XIV).
1793 - El duque de Normandía es entregado a Antoine Simon (IX, XXII).
1793 - Jeanne Bécu, condesa de Bary, decapitada (IX, LXXVII).
1793 - Luis XVI, ejecutado (X, XVII).
1793 - María Antonieta, desazonada (X, XVII).
1793 - Período de «El Terror» en Francia (I, LVII).
1794 - Robespierre fuerza a la Convención (IX, LI).

1794 - Tiranía de Maximiliano Robespierre (II, XLII).
1799 - María Teresa, duquesa de Angulema, delfina de Francia (X, XVII).
1804 - Josefina de Beauharnais, emperatriz de Francia (III, XXVIII).
1812 - Invasión de Napoleón a Rusia (IV, LXXV).
1814 - Congreso de Viena (I, XXXII).
1815 - Batalla de Waterloo (I, XXXII).
1830 - Época de desasosiego en Hungría (II, XC).
1837 - Hambruna en Inglaterra (VIII, XCVII).
1837 a 1901 - *Pompotans* (poder y ostentación), en Inglaterra (VIII, XCVII).
1837 a 1901 - Progreso de los transportes terrestres (VIII, XCVII).
1837 a 1901- Reinado de Victoria Alejandrina Regina (VIII, XCVII).
1848 - Independencia del estado húngaro (II, XC).
1867 - Coronación de Francisco José como rey apostólico de Hungría (II, XC).
1889 - Nacimiento de Adolf Hitler (III, XXXV).
1895 a 2255 - Era del Sol (I, XLVIII).
1918 - Fin de la monarquía Austria-Hungría (II, XC).
1918 - Los 14 puntos de Wilson, Liga de las Naciones (I, XLVII).
1918 - Victoria de San Quintín Primera Guerra Mundial (IV, VIII).
1921 - Mussolini, el *duce* (IX, LXXX).
1922 - Mussolini, primer ministro (IX, LXXX).
1922 - Mussolini, primer ministro italiano (VI, XXXI).
1929 a 1934 - Línea Maginot (IV, LXXX).
1936 - Batalla del Manzanares (IX, XVI).
1939 - Alianza de Alemania, Italia y Japón (IV, LXVIII).
1939 - América abastece a Inglaterra (IV, XV).
1939 - Hitler ordena atacar la industria inglesa (IV, XV).
1939 - Separación de familias durante la Segunda Guerra Mundial (VIII, LXIV).
1939 - Venus se aleja de la Tierra, comienzo de la Segunda Guerra Mundial (IV, LXVIII).
1940 - Alemania invade Bélgica y Holanda (II, XXIV).
1940 - Alemania ocupa Francia (V, XXIX).
1940 - Alianzas entre Francia, Inglaterra y Polonia (VIII, LXIV).
1940 - Francia cae ante Alemania, Segunda Guerra Mundial (IV, LXXX).
1943 - Ejecución pública en Milán (VI, XXXI).
1943 - Victor Manuel III depone de su cargo a Mussolini (VI, XXXI).
1946 - Naciones Unidas, se disuelve la Liga de las Naciones (I, XLVII).
1947 - Bombas atómicas sobre Hiroshima y Nagasaki (II, VI).
1948 - Creación del estado de Israel (III, XCVII).
1963 - Asesinato de John F. Kennedy (I, XXVI).
1967 - La guerra de los Seis Días (III, XXII).
1967 - Unión de Repúblicas Arábicas contra Israel (III, XCVII).
1968 - Muerte de Robert Kennedy (I, XXVI).
1972 - Prácticas antropófagas en la tragedia de los Andes (II, LXXV).
1978 - Exaltación al solio pontificio de Albino Luciani, Papa Juan Pablo I (X, XII).
1979 - Exilio del *sha* de Persia (I, LXX).
1980 - Comienza la guerra entre Irán e Iraq (I, LXX).
1980 - Guerra irano-iraquí (invasión de Sadam Hussein). (I, LV).
1980 - Muerte del *sha* de Persia (I, LXX).
1980 a 1988 - Guerra irano-iraquí (III, XXXI).
1990 - Guerra del Golfo, Iraq invade Kuwait (I, LV).
1991 - Guerra del Golfo, Tormenta del Desierto (I, LV).
1991 - Guerra del Golfo (III, XXXI).
1992 - Lucha entre Armenia y Azerbayán (III, XXXI).
1999 - Reacción nuclear en Japón (X, LXXII).
2000 - Alguien podrá interpretar las profecías (III, XCIV).
2001 - Atentado a las Torres Gemelas (I, LXXXVII).
2001 - Atentado a las Torres Gemelas (VI, XCVII).
2001 - Atentado a las Torres Gemelas (X, XLIX).
2002 - ¿Fecha astrológica de la Tercera Guerra Mundial? (VI, XXIV).

Otras interpretaciones

- Cómo Nostradamus recibe las revelaciones (I, I).
- Espíritu Santo en Nostradamus (I, II).
- Revelaciones sagradas (I, II).
- Revolución francesa (I, III).
- Invasión de Italia por Libia, Gadaffi (I, IX).
- Líderes comunistas en Rusia, problema ortodoxo (I, XIV).
- Gran diluvio (I, XVII).
- Invasión musulmana de Francia (I, XVIII).
- Atentado a las Torres Gemelas (I, XXIV).
- Nostradamus: aceptado por unos, rechazado por otros (I, XXV).
- Disturbios estudiantiles en Reims y Londres (I, XXVI).
- Inundación del río Arno (I, XXVI).
- Profetisa Jean Dixon (I, XXVI).
- Crisis espiritual en Francia, Revolución francesa (I, LIII).
- Muerte de Marat (I, LVII).
- Nacimiento de Napoleón Bonaparte (I, LX).
- Primera y Segunda Guerra Mundial (I, LXIII).
- Pérdida de poder del delfín Luis de Francia (I, LXV).
- Ejecución de Luis XVI, María Antonieta y la tía paterna del delfín (I, LXV).
- Roma: meca del mundo occidental (I, LXIX).
- Actos heroicos de María Estuardo, reina de los escoceses (I, LXXXVI).
- Las nuevas ciudades, según Nostradamus (II, XIX).
- Los falsos profetas (II, XXIII).
- Prrofecías de Nostradamus ocultas e indescifrables tras su muerte (II, XXVII).
- Primera y Segunda Guerra Mundial (II, XLVI).
- Muerte de Sadam Hussein (II, LXII).
- Aviso al Papa para que no vaya a Lyon (II, XCVII).
- Detención de Maximiliano María Isidoro de Robespierre (II, XCVIII).
- Horror durante el período de Robespierre (II, XCVIII).
- Quema de Roma (III, XVII).